KB220439

이슬람과
꾸란

이슬람과 꾸란

이주화 지음

이담
Books

머리말

『꾸란』과 이슬람의 참뜻을 알아보자

『꾸란』의 49장 13절은 다음과 같이 언급하고 있다.

> 오, 사람들이여! 실로 우리(알라)가 너희들을 창조하여 남성과 여성을 두고 종족과 부족을 만들었으니, 이는 너희가 서로서로를 알게 하기 위함이니라.

'서로를 알게 하기 위함'이라는 위 『꾸란』 구절은 많은 의미를 가지고 있다. 이는 이해를 통한 포용과 공존을 의미하며, 관용과 사랑을 말한다. 그러면 진정한 이슬람의 이해와 공존은 무엇이며 관용과 사랑은 무엇인가? 이와 같은 질문은 오늘날 지구촌 곳곳에서 볼 수 있는 이슬람과 관련한 다양한 형태의 분쟁과 사건들에서 볼 수 있는 『꾸란』의 가르침과 다른, 이슬람의 양면성을 말하는 것인가? 또한 많은 정치적·종교적 갈등과 분쟁이 있음에도 서구에서 불고 있는 이슬람 열풍은 무엇을 의미하는가?

2001년 9월 11일에 테러가 발생하기 전 미국의 이슬람 인구는 250만 명에 지나지 않았지만, 그동안 테러와의 전쟁을 구실삼아 미국은 이라크를 침공하고 아프가니스탄의 탈레반과 전쟁을 치른 이후, 오늘날 미국의 이슬람 인구는 800만 명을 넘어서고 있다고 한다. 심지어 영국과 프랑스 그리고 네덜란드와 같은 나라들은 이슬람 부흥(Islamic Renaissance)을 경계하여 잔뜩 긴장하고 있는 모습들을 볼 수 있다. 무엇일까?

반드시 사람을 부르는 무엇인가가 그곳에 있기 때문일 것이다.

1,400여 년 전, 예언자 무함마드가 40세 되던 해에 아랍어 **"이끄라 비쓰미 랍비칼라디 칼라까.(Iqra bismi rabbikalladi khalaqa, 너를 창조하여 주신 주님의 이름으로 읽어라.)"**로 시작한 『꾸란』은, 그가 63세를 일기로 생을 마감할 때까지 23년 동안 상황과 필요에 따라 그때그때 계시된 구절들을 모아 한 권의 책으로 집대성한 이슬람 경전이다. 오늘날 세계 18억 무슬림들이 삶의 지표로 삼아 읽고 있는 경전으로, 일부 국가들은 헌법을 대신하여 『꾸란』을 적용하고 있기도 하며 이슬람법을 해석하는 데 가장 기초가 되는 모법으로서 역할을 한다. 이러한 『꾸란』의 영향은 역사의 흐름 속에 그대로 반영되어 그 빛을 발하는데, 그중 가장 두드러진 것은 중세의 세계 문화를 주도한 것이다. 기독교 중심의 문화는 그 시기를 일컬어 암흑기로 표현하지만, 그때 세계 문화를 주도한 찬란한 이슬람문화는 황금기를 맞이한다. 그리하여 세계적 석학들이 정치, 경제, 사회, 문화, 과학을 배우기 위해 아바스 왕조의 수도였던 바그다드로 모였고, 『꾸란』의 진리를 통해서 학문적 발전을 기한 것이다. 또한 그 시기에 십자군 전쟁을 겪고 칭기즈칸의 말발굽 아래 초토화된 바그다드에

서 견디다 못해 그곳을 떠난 무슬림 이주자들은 또 다른 대륙에서 이슬람의 꽃을 피우기도 하였다.

『꾸란Quran』이라는 말과 함께 우리가 연상할 수 있는 것들은 너무나 많다. 광활한 사막과 오아시스 그리고 한 손엔 칼, 한 손엔『꾸란』, 예언자 무함마드에 의해 전파된 무력의 종교, 테러와 갈등의 중심에 있는 이슬람…….

이 책을 통해서『꾸란』이 전하는 참뜻과 우리가 알고 있는 허와 실의 실마리를 푸는 계기가 되었으면 좋겠다.

여는 글

『꾸란』,
암흑에서
광명으로 이끈
하나님의 성서

   아라비아 반도에서 유일신교를 주창하며 출현한 예수 이후 600여
년이 지난 그곳은 종교 박물관을 방불케 하는 다양하고 복잡한 수많
은 형태의 종교들이 난무하고 있었다. 페르시아 지역을 중심으로는
불을 숭배하는 배화교(조로아스터교) 사상이 뿌리 깊게 자리 잡고 있었
으며 창조주 하나님을 믿는 일신교로 유대교와 기독교가 반도 전역
에 폭넓게 분포되어 있었다.

   당시 『꾸란』의 계시가 시작된 메카는 반도의 서남부지역 홍해연
안에 위치하여 바다를 사이에 두고 아비시니아 지역으로, 그리고 내
륙의 남쪽으로는 예멘, 그리고 북쪽으로는 시리아를 관통하는 교역
의 중심지로서 항상 성시(成市)를 이루는 상업도시였다. 이러한 메카
의 중심에는 카으바(Ka'ba, 4면으로 이루어진 구조물로 북동쪽으로 면한 정면과

그 반대쪽은 폭이 약 12m이고 다른 두 면은 약 10m이며 높이는 약 15m, 대리석 기초 위에 회색 돌로 쌓아올린 건축물)가 자리 잡고 있었으며 그곳에는 360여 개의 각종 우상들이 모셔져 있었다. 메카 원주민이었던 꾸레이쉬 부족들은 이 신전을 관리하며 자신들도 우상숭배와 조상신을 믿으며 무역업에 종사하는 다신교도들이었다.

이슬람은 이 시기를 일컬어 무지의 시대라고 하는데 그것은 이성에 의해서 지배되었던 사회가 아니라 무력에 의해서 지배되었던 약육강식의 시대였기 때문이다. 대상을 이끌고 오아시스를 찾아다니며 강한 부족은 약한 부족을 힘으로 지배하고 피정복민을 노예로 삼으며 약탈과 갈취 그리고 살인을 일삼는 시대였던 것이다. 그래서 그들은 일 년 중 메카를 순례하는 특정한 달들을 정하여 그 기간 동안에는 전쟁과 살인을 금하고 성지를 방문하는 대상들이 안전하게 순례와 무역에 종사할 수 있도록 휴전기간을 두기도 했다.

이러한 혼란과 무지의 시대에 **'하나님은 오직 한 분이시다'**라는 계시의 깃발을 내걸고 자신이 하나님의 마지막 사도임을 주장한 사람이 있었는데 그가 바로 예언자 무함마드였다. 그는 유일신 하나님(알라)을 통해서 당시 성행했던 계급사회의 병폐를 바로잡고자 노예를 해방시켜주었고 신 앞에서 누구나 다 평등함을 주장하였으며 한낱 물건에 불과했던 여성들의 지위를 남성들과 동일한 존재로 격상시켰다. 또한 그는 『꾸란』을 통해서 민족과 부족이 다르고 종교가 서로 다른 사람들을 포용하고 공존할 수 있는 평화(平和)와 평등(平等)의 기틀을 세웠다. 만 40세에 첫 계시를 받아 63세를 일기로 생을 마감하던 그날까지 23년 동안 『꾸란』의 가르침을 그대로 실천한 그의 삶은 후세에 널리 귀감이 되어 오늘날까지 세계 3대 유일신 종교로서 그 믿음을 굳건히 지켜가고 있다.

1,400여 년 전 무함마드가 보여준 인류 전체를 포용하는 모범적인 삶은 이슬람이 아랍에만 국한된 아랍인들의 종교가 아니라 인류를 위한 보편적인 종교임을 입증해 주고 있으며 오늘날 지구촌 곳곳에 널리 퍼져 세계적 종교로서 그 역할을 다하고 있음은 우리가 알고 있는 상식의 틀을 벗어나 올바른 이해와 새로운 접근을 통해서 이슬람을 재조명해 볼 충분한 계기가 될 것이다.

이 책『이슬람과 꾸란』은 총 5부로 구성되어 있는데 1부에서는 아랍의 정의와 『꾸란』에서 말하는 이슬람 이전 부족중심의 시대적 상황을 소개한다. 그 당시 남성 중심의 사막문화에서 여아의 탄생은 불행한 일이었으며 그래서 여아가 탄생하면 산채로 매장했던 비이성적인 아랍의 풍습을 『꾸란』이 계시되어 강력하게 규제하고 새로운 대안을 제시하여 삶의 방향을 전환하는 계기를 만들어 주었던 것이다.

가난을 두려워하여 너희 자녀를 죽이지 말라, 우리가 너희들과 너희들의 자녀들을 부양할 것이니라. 실로 그들을 살해하는 것은 큰 죄악이니라.(17:31)

또한 2장에서는 예언자 무함마드의 출생과 성장에 관한 정확한 역사적인 근거를 제시하여 사실적으로 소개하였으며 척박한 환경에서 고아로 성장하면서 양을 치는 목동으로서의 유년 시절과 대상행렬을 이끌고 신뢰를 쌓아갔던 청년 시절 그리고 결혼 이후 그의 안정된 삶을 자세히 조명해 주고 있다.

2부에서 다루어질『꾸란』의 계시는 무함마드가 불혹(不惑)의 나이가 되던 해에 시작되었는데 계시의 시작은 무함마드에게 고난의 시작이었다. 사람들에게 계시를 전했을 때 사람들은 그를 미치광이로 여기고 불신하였으며 비웃고 조롱하며 협박과 회유로 일관했다. 그러나 그를 따르고 믿는 자들의 수는 점진적으로 늘어나기 시작했으며 그럴수록 불신자들의 박해는 극에 달했던 것이다.

2부에서는 불신자들의 박해에 의한 초기 입교자들의 순교와 그들이 이슬람을 받아들이고 실천한 모범적인 사례들을 통해서 이슬람이 아라비아 반도에 뿌리내릴 수 있었던 계기를 이해할 수 있으며 2장에서는 계시를 전하는 무함마드의 확고한 소신과 의지가 이주(히즈라 Hijrah)를 통해 완전한 전환기를 맞이하여 새로운 돌파구를 찾게 됨을 알 수 있다. 메카 불신자들의 박해에 견디다 못해 야반도주(夜半逃走)한 히즈라는 아랍과 이슬람의 역사뿐만 아니라 세계의 역사를 바꾸는 혁명적인 사건이었다. 이로 말미암아 이슬람은 대제국을 건설하는 주춧돌을 놓을 수 있었고 히즈라 후 처음으로 메디나에서 시도한 예언자 무함마드의 평화협정은 메카의 이주민들과 메디나의 원주민들, 그리고 메디나에 살고 있던 유대 부족들 모두를 다 포용할 수 있는, 다문화, 다종교, 다민족을 두루 아우를 수 있는 인류 최초의 평화와 공존을 위한 헌장이 되었던 것이다.

3부에서는 23년 동안 계시되어 한 권의 책으로 만들어진『꾸란』이 1,400여 년이 지난 오늘날까지 원본 그대로 보존되어 내려올 수 있었던『꾸란』집대성에 대한 역사적 근거들과 이를 바탕으로 잘 보존되어 전해져 오게 된 과정과 배경에 대하여 소개한다.

종(무함마드)에게 경전(『꾸란』)을 내려주신 하나님께 모든 찬미가
있을 것이니
그것(『꾸란』)에는 한 점의 오류도 없느니라.(18:1)

오, 무함마드! 너의 주님께서 너에게 전해주신 경전을 읽어라.
어떤 누구도 그분의 말씀을 변경할 수 없으며,
그분 이외에는 어떤 안식처도 찾지 못할 것이니라.(18:27)

또한 3부에서는 메카에서 박해받고 어려웠던 시기에 계시된 『꾸
란』의 장들과 메디나로 이주하여 이슬람이 팽창하고 제국의 면모를
갖추기 시작하면서 계시된 『꾸란』의 장들이 어떠한 특징과 차이를
가지고 있는지 구체적으로 소개하며 그 당시 사회적 이슈가 되었던
유일신 하나님을 믿는 성서의 가족들(유대교와 기독교)에 대한 『꾸란』
적 견해, 사회악으로 간주했던 술과 도박, 간음, 살인 등에 대한 일
벌백계(一罰百戒)의 종교적 원칙, 고리 대금, 전쟁과 가난으로 인한 고
아 문제, 허용과 금기 등 많은 사회 문제들에 대하여 『꾸란』은 어떻
게 정의하고 있는지에 대하여 자세하게 설명하고 있다.

4부는 『꾸란』에 등장하는 인물들을 중심으로 전개되는데 태초에
하나님께서 아담과 이브를 창조하신 후 유일신에 대한 믿음을 유지
하기 위하여 시대와 민족에 적합한 수많은 예언자들과 사도들을 보
냈지만 이를 불신하고 따르지 않았던 민족들과 그 시대의 사회상을
이해할 수 있는 계기가 된다. 『꾸란』에는 25명의 예언자와 사도들이
언급되어 있는데 하나님을 믿는 종교인 유대교와 기독교 그리고 이
슬람교는 모두 흙으로 창조한 아담을 인류의 조상으로 시작해서 같
은 계보를 이어 오고 있음을 알 수 있고 『꾸란』은 유일신 하나님

(Allah)에 대한 신관을 정립함에 있어서 유대교와 기독교에서 믿는 하나님(God)과 결코 다르지 않음을 정확히 규정함으로써 마지막 예언자로 일컫는 무함마드 이전에 하나님의 선택을 받아 말씀을 전한 예언자들과 사도들의 지위를 더욱 공고히 할 수 있었으며 이러한 확신이 있었기 때문에 시대를 초월하여 완성된 믿음의 계보를 이을 수 있음을 알게 된다.

> 우리는 우리에게 계시된 것(『꾸란』)과 너희들에게 계시된 것(구약과 신약)을 모두 믿으며 우리의 하나님과 너희들의 하나님은 같은 분이시니 우리는 모두 그분에게 순종하는 자들(무슬림)입니다라고 그들(유대인, 기독교인)에게 말하라.(29:46)

이 책의 마지막인 5부는 이슬람의 실상과 기본 교리, 축제의식 등 이슬람의 실천의식을 중심으로 소개하고 유일신교인 유대교와 기독교에 대한 『꾸란』적 견해에 대하여 자세하게 정리해 준다. 같은 하나님을 믿는 일신교로서 각 종교 간에 어떤 것이 신앙적으로 일치하고 또 어떤 교리에서 서로 다름이 있는지 정확하게 알 수 있는 계기가 될 것이다.

9.11 테러가 발생한 후 17년이 지난 오늘날 시중에는 아랍과 이슬람을 소개하는 수많은 책들이 홍수처럼 하루가 다르게 쏟아져 나오고 있다. '한 손엔 칼, 한 손엔 『꾸란』'으로 일관했던 이슬람 지식으로 우리사회에 이미 깊숙이 젖어든 이슬람문화를 다 이해하기엔 너무나 부족함이 많다.

이슬람 종주국으로 불리는 사우디아라비아의 국립 이슬람 신학대학에서 아랍어와 이슬람 신학을 전공한 저자는 이슬람 전문가로서 무슬림의 입장에서 객관적으로 이슬람을 조명해 보았다. 시중에 난무하는 수많은 이슬람 관련 서적들과 비교되어 이슬람을 올바르게 이해하는 지침서로서 그 역할을 다할 수 있기를 기대해 본다.

일러두기

1. 이 책에 소개된 꾸란의 장과 절은 아랍어로 된 꾸란 원전을 기본 텍스트로 하였으며, 최영길 교수의 ≪성꾸란 의미의 한국어 번역≫과 'The Noble Quran English Translation of the meanings and commentary'를 참고하였다.

2. 이슬람 전문용어와 인명은 가급적 아랍어 원음에 가깝게 표기하였으며, 지명은 우리에게 익숙한 외래어표기법을 따랐다.
   (예: 모슬렘→무슬림, 카바→카으바, 마호메트→무함마드, 마카→메카, 마디나→메디나)

3. 이 책의 본문에 인용된 꾸란 구절은 인용문 말미에 (장:절)의 형식으로 표기하였다.(예: (23:4)는 꾸란 23장 4절을 의미함)

목차

1부

『꾸란』 이전
아랍 세계와
무함마드의 출현

[개관] 아랍과 아랍인은 누구인가

아랍 국가들은 아시아 대륙 서남부 끝의 반도에 위치한 국가들을 일컬어 말한다. 북쪽으로 샴(Sham, 시리아 지역)과 팔레스타인, 알자지라 (al-Jazirah, 유프라테스 강과 티그리스 강 상류 중간 지역)가 있고, 남쪽으로 아덴 만과 인도양, 그리고 동쪽으로는 오만 만과 페르시아 만 그리고 서쪽으로 걸프 해협과 홍해와 수에즈 운하가 위치해 있는, 오늘날 영국을 기준으로 중동(Middle East) 지역으로 불리는 국가들이다.

서기 530년경 아라비아 반도의 면적은 300만 제곱킬로미터를 넘는 광활한 지역으로 대부분이 불에 타서 시커멓게 그을린 것 같은 검붉은 자갈과 용암, 모래 등으로 뒤덮인 불모의 땅이었다. 아랍에 대한 이해를 돕기 위해서는 고대 아랍인들의 뿌리를 찾아보는 것이 가장 쉬운 접근 방법이겠지만, 고대 아랍에 대한 역사적 사료들은 거의 남아 있지 않아 이를 이해하는 것은 쉽지가 않다. 그러나 일반적으로 순수 아랍인의 역사를 말할 때는 그 뿌리를 야끄딴(Yaqtān) 또는 까흐딴(Qahtān)으로 거슬러 올라가 찾아볼 수 있다.

아랍을 연구하는 역사학자들은 아랍민족의 전개과정을 주로 세 가지로 구분하여 설명한다. 그 첫째는 알바-이다(al-Bāida)로 부르며 아랍민족의 원조라고 할 수 있다. 그들에 대한 역사는 오늘날 고증할 수 있는 자료가 부족하여 정확한 근거를 제시할 수 없다고 한다. 그러나 그들은 아랍의 원조로서 아드(Ād)와 싸무드(Samūd), 따쌈(Tasam)과 자디쓰(Jadīs) 그리고 1세대 주르훔 등으로 이해될 수 있다. 아드의 백성들은 예멘과 오만에서 하다라무트까지 사막에 주로 분포되어 살고 있었는데, 그들은 우상숭배를 금하고 유일신을 믿는 민족으로 남아 있었다. 싸무드의 백성들은 히자즈(Hijāz, 메카와 메디나를 중심으로 한 사우디아라비아의 남서부 지역) 지역과 샴 지역 사이의 알꾸라(al-Qura) 계곡에서 돌로 집을 지어서 사는 민족이었다. 그들은 믿음이 없는 불신자들이었다. 그리고 자디쓰의 백성들은 야마마(Yamāmah, 예멘 남부 지역) 지역에 주로 분포되어 살고 있었으며, 그 지역은 가장 비옥하고 기름진 토지를 기반으로 부유하게 살 수 있었다. 그들의 원조는 예멘 지역에서 시작되었고, 그들은 이브라니어를 사용하는 민족으로서 아드 민족에 의해 멸망되었다고 전해진다.[1]

그리고 2세대 주르훔 민족은 까흐딴의 자손들로, 그들에 의해 계보가 이스마엘과 그의 아버지 이브라힘에 이르게 된다. 까흐딴 자손들의 거주지가 히자즈 지역이 되면서 예언자 이브라힘과 그의 아들 이스마일은 메카에 거주하게 되었으며, 그 지역 사람들과 섞여 살면서 결혼도 하고 자손이 번성하면서 아랍화 되기 시작하였다.

두 번째는 알아-리바(al-Āriba) 아랍민족으로 그들은 싸바(Saba')의 후

---

1) Muhammad Rida, ≪무함마드 알라의 사도≫, 11쪽.

『꾸란』 이전 아랍 세계와 무함마드의 출현

손들을 말한다. 싸바의 원래 이름은 압두샴스(Abd Shams)인데, 많은 전쟁을 치르고 자손들의 숫자가 늘어나면서 그를 '싸바'라고 부르게 되었는데, 그는 까흐딴의 후손이다. 예멘의 모든 아랍 계보는 싸바의 자손들에 의해서 시작되었으며, 그에게는 하미르(Hamir)와 카흘란(Kahlān), 우마르(Umar) 그리고 아쉬아르(Ashiar) 등 많은 아들이 있었다. 아랍의 계보는 싸바의 자손들 중에서 이어지는데, 그중 대부분은 하미르의 자손들에 의해 이어지고 있다. 그러나 이므란과 무지끼야아는 카흘란의 후손으로 그 계보를 잇고 있다. 이들 후손들을 일컬어 알아-리바(al-Āriba)라고 한다. 그들은 아랍 원주민인 알바-이다 민족들과 함께 생활했으나, 그들과는 다른 성품을 가진 사람들이었다.

세 번째 알무쓰타으라바(al-Musta'riba)는 이민족이 아랍 지역에 들어와 살면서 아랍화된 민족을 말하는데, 그들은 앞에서 언급한 2세대 주르훔 민족으로서 메카 지역으로 이주하여 거주하면서 아랍화되기 시작했으며, 원래 그들은 이브라니어를 사용하는 이브라니인들이었지만 아랍 지역으로 이주하여 자손들이 번성하면서 아랍화된 아랍인의 원조로 볼 수 있다.

01 계시 이전의 아랍사회

이슬람 이전 무지의 시대[2)]에 아랍인들 중에는 창조주의 존재와 계시에 대하여 부정하고 내세를 믿지 않으며 우주 만물이 하나님의 창조에 의해서 존재하는 것이 아니라 모든 것은 스스로 존재한다고 믿는 사람들이 있는가 하면, 창조주의 존재에 대해서는 인정하지만 계시에 대해서는 인정하지 않는 사람들도 있었다. 『꾸란』에는 이들에 대하여 다음과 같이 묘사한다.

> **그들은 "현세에서의 삶 외에 우리에게 어떤 것이 있단 말인가, 우리는 죽고 또 우리는 살 것이니 오직 시간만이 우리를 멸하게 할 것이니라."라고 말하니 실로 그들은 알지 못하고 추측할 뿐이니라.**(45:24)

> **우리(알라)가 태초에 창조함에 부족함이 있었는가, 그렇지 아니하니라. 실로 그들은 새로운 창조(부활)에 대하여 혼동하여 의심할 뿐이니라.**(50:15)

히자즈 지역에서 부족사회를 이루고 생활한 아랍민족들은 그들에게 특정된 우상을 믿었는데, 그들은 각 부족마다 각기 다른 우상을 숭배하여 자기 부족의 우월함을 과시하기도 했다. 그들이 숭배하던 우상들을 살펴보면 따이프 지역의 싸끼프 부족(Banu al-Thaqīf)이 경배한 우상은 라트(al-Lāt), 메카 지역에서 카나나(Banu al-Kanānah)의 자손들

---

2) 이슬람에서는 『꾸란』이 계시되어 그 가르침에 따라 올바른 이성적인 삶을 통하여 구원받을 수 있었던 시대라고 해서 계시 이후를 '광명의 시대(Ahd an-Nur)'라고 하고 우상숭배와 약육강식에 의해 지배되던 이슬람 이전 시대를 '무지의 시대(Ahd al-Jahiliyah)'라고 표현한다.

인 꾸레이쉬 부족들이 경배하던 우상은 웃자(al-Uzza), 메디나 지역에서 아우스(al-Aus)와 카즈라즈(al-Kazraj)부족이 경배한 우상은 마나트(Manāt)로 잘 알려져 있었다. 특히 후발(Hubal)이라고 불리던 우상은 메카의 카으바3)에 모셔져 있던 우상들 중에서 가장 대표적인 우상이었다. 이와 같이 당시 아라비아 반도에서 메카를 중심으로 한 히자즈 지역에는 조상신을 믿고 우상을 숭배하는 사람들이 있었는가 하면 유대인들과 기독교인들 그리고 천사들을 숭배하는 다양한 종류의 사람들이 함께 살고 있었다. 또한 그 시대의 풍습들 중에는 친어머니와 친딸들과는 절대 혼인을 하지 않는다거나 동시에 두 자매와 결혼하지 않는 것과 같은 풍습은 『꾸란』이 계시된 이후에도 그대로 이슬람화 되어서 지금까지 내려오면서 지켜지고 있다. 그들의 종교의식 중에도 메카의 카으바를 방문하는 의식이나 카으바 주변의 중요 성지들을 방문하는 순례의식은 오늘날 무슬림들이 카으바를 방문하여 순례 의무를 이행하는 의식과 비슷하게 이어져오고 있으며 그들이 사용하던 순수 태음력은 중국을 거쳐 우리나라에 전해지면서 달의 주기에서 부족한 일수를 3년마다 한 달씩 보충해 주면서 농수산업에 적합하도록 절기를 맞춘 새로운 태음력이 전해지기도 했으며 부부관계 후에 반드시 몸을 씻는 관습도 있었다. 이러한 관습들은 대체적으로 이슬람이 계시된 후에도 그대로 교리화 되어 지켜지거나 새로운 이슬람문화와 융화되어 지금까지 전해지고 있다.

---

3) 알 카으바(al-Ka'bah): 이슬람 이전에는 360여 개의 크고 작은 우상들을 모셔두던 신전이었다. 예언자 무함마드가 히즈라 8년에 메카에 입성하여 모든 우상들을 파괴하고 깨끗이 정비하여, 원래의 의도대로 무슬림들이 예배를 근행하는 방향(Qiblah)으로서 그 역할을 하도록 했다. 오늘날 무슬림들은 매년 성지순례월이 되면 메카 하람 성원의 중심에 위치한 이 카으바를 방문하여 순례의식을 거행한다.

왕에 의해 강요된 종교

서기 480년경 남부 아라비아는 사바의 아들 하미르에 의해 형성된 왕조가 대를 잇고 있었다. 이 왕국은 두 나와스(Dhu Nawas) 왕에 의해 통치되었는데, 그는 유대교를 신봉하는 독실한 신자였다. 그는 자신의 신앙을 신하들과 백성들에게 강요하여 그의 왕국은 모두 유대교인이 될 수밖에 없었다. 그럼에도 그는 만족하지 못하고 인접해 있는 부족들에게까지 자신의 종교로 개종할 것을 강요하였다.

그의 첫 번째 목표는 북부 나즈란(Najrān) 지역에 살고 있는 아랍 기독교인들을 개종시키는 것이었다. 나즈란은 루브울하리(Rub'ul-Hāri) 사막을 따라 약 100km에 달하는 비옥한 오아시스 지역으로 사통팔달의 지리적 요건으로 아라비아 반도를 지나가는 대상들은 반드시 그 지역을 거쳐서 이동할 수밖에 없는 중요한 이동경로였다.

두 나와스 왕은 자신의 강요에도 조금도 흔들림 없는 나즈란 기독교인들의 종교적 신념과 굳은 의지를 확인하고 그들을 제재할 구실을 찾고 있었는데 그러던 중 나즈란 성벽 안에서 유대교의 두 어린이가 누군가에 의해 살해당하는 사고가 발생하게 되었다. 두 어린이의 아버지가 이를 고하자 그는 이 기회를 이용하여 나즈란을 유대교로 바꿀 구실을 찾고자 했다. 그는 만일 살해자가 유대교로 개종한다면 이를 용서하겠다고 말했다. 범인이 누구인지 확실하지 않았지만 사막에서 율법을 어긴 경우에는 공동체 전체가 짊어져야 하는 연대 책임이 있기 때문에 두 나와스 왕은 이를 구실로 그들의 개종을 강력히 요구하였다. 나즈란의 기독교인들이 이 요구를 들어줄 수 없다는 것은 너무나 당연한 것이었다. 화가 난 두 나와스 왕은 병사들에게 나즈란을 포위하고 모든 주민들을 시의 중앙광장으로 끌고 나오도록 명령했다. 그리고 그는 광장의 몇 곳에 깊은 구덩이를 파도록 명령하고 그곳에 불을 피우도록 했다. 불기둥이 대추야자나무보다 더 높이 치솟자 그는 한 사람씩 불러 세워 산 채로 불에 태워질 것인지 아니면 개종을 할 것인지 선택을 강요했다. 그러나 그들은 강한 신념으로 그들이 숭배하는 신을 배반하기보다는 죽음을 선택하여 불 앞에 섰던 것이다. 이 사건에 대하여 기록한 연대기 작가들에 의하면 신을 배반하기보다는 산 채로 불태워져 죽음을 택한 사람들의 수는 4,400명이라고 전하기도 하고 또 20,000명이나 되었다고 전하기도 한다.(≪위대한 알라여 나에게 힘을─마호멧의 생애와 사상≫, 20쪽)

두 나와스 왕의 나즈란 대학살 사건은 아랍인들의 입에서 잊히지 않고 긴 시간 동안 회자되었고 이후 약 100년이 지난 다음 예언자 무함마드도 그 참사에 대하여 가슴깊이 새겨두고 있었다. 『꾸란』에는 이 참사를 '구덩이의 주인들(Ashāb al-Ukhdūd)'로 표현하여 언급하고 있다.

구덩이를 판 그들에게 저주가 있을 것이니, 그들은 화염 속 연료 위에서 불태워졌나니, 그들은 믿는 자들에게 행한 그들의 행위에 대해서 증언하리라.(85:4-7)

오아시스 중심의 부족사회─무함마드의 가족

나즈란의 대학살에 대해 예언자 무함마드의 조부(祖父) 압둘 무딸리브 또한 모든 아랍인들이 느끼는 것처럼 마음속 깊이 기억하고 있었는데, 무엇보다 신을 배반하기보다 죽음을 택한 그들의 희생에 대하여 그동안 깊이 생각해 보지 못하던 믿음에 대한 절대적인 힘과 같은 무엇인가를 생각하게 되었다. 정녕 그들의 신은 절대적이고 위대한 존재임에 의심할 여지가 없었다. 신에 대한 절대적인 신앙……. 압둘 무딸리브도 그들과 같은 신앙을 갖고 싶었던 것이다.

압둘 무딸리브는 메카를 지배하는 꾸레이쉬 부족의 10가족 중에 하나인 하쉼 가(家)의 가장으로서 대내외적으로 상당한 영향력을 행사할 수 있는 사람이었다. 유목 사회에서 일족은 각각 독립된 국가와 같은 개념이었는데, 어떤 누구도 일족의 내정을 간섭하거나 법을 집행하는 데 개입할 수 없었다. 그래서 메카 꾸레이쉬 부족 10가족은 서로 서로 동맹을 맺은 10개의 국가와도 같은 것이었다. 이러한 배경에서 하쉼 가의 장(長)은 군주와 같은 것이었고, 이에 더해서 그에게는 메가를 방문하는 순례자들에게 물을 분배할 수 있는 권한이 있었다. 왜냐하면 그가 소유한 땅에서 잠잠 샘물이 솟아나고 있었기 때문이다. 압둘 무딸리브의 잘생긴 외모와 부유한 살림 그리고 그의 관대한 인간성은 많은 사람들로부터 존경과 흠모의 대상이었지만, 아쉽게도 그에게는 자식이 없었다. 그는 온갖 수단과 방법을 다해서 자식을 얻고자 했지만, 별다른 해법을 찾을 수 없었다. 이러한 상황에서 나즈란 대학살 소식은 압둘 무딸리브에게 엄청난 충격이었으며, 무엇보다 신을 위해 산 채로 불태워지고 목숨을 바쳤다는 나즈란 주민들의 신에 대한 확신은 그에게도 절대적인 힘을 소유한 미지의 신에게 막연한 기대와 확신을 갖게 하였다.

당시 아라비아 반도는 다양한 종류의 수많은 신들을 경배하는 다신교 사회였다. 그래서 메카의 카으바4)를 중심으로 수많은 신들이

---

4) 카으바(Ka'bah)는 본문에서 언급된 것과 같이 최초에 아담에 의해 축조되었고 이후에 이

『꾸란』 이전 아랍 세계와 무함마드의 출현

모셔져 있었고 아랍인들은 이 많은 신들을 다 받아들였다. 카으바는 창조주를 찬양하기 위하여 인류가 최초로 지상에 축조한 구조물이었다. 최초에 아담이 축조한 것을 이브라힘이 재건하였고, 그리고 아랍인의 조상으로 불리는 이브라힘의 아들 이스마일에 의해 보존되었다.

압둘 무딸리브는 카으바에서 나즈란의 기독교인들이 화염 속에서 불타 죽으면서도 그들의 믿음을 잃지 않던 미지의 신에게 자식을 갖게 해 달라고 간절히 기도했다. 그리고 만일 10명의 아들을 내려 주신다면, 마지막 10번째 아들은 신에게 감사의 표현으로 산 채로 재물로 바치겠노라고 맹세도 했다. 그는 자신의 이러한 행위에 대해서 큰 기대는 하지 않았지만, 모든 희망이 다 좌절되었을 때 그것이 헛수고인줄 알았지만 지푸라기라도 잡고 싶은 간절한 마음으로 기도하고 카으바를 떠났다. 그러나 놀랍게도 기적은 일어났다. 카으바에서 기도를 드린 지 얼마 지나지 않아 압둘 무딸리브는 첫 아들을 얻었고 이어서 둘째와 셋째도……. 그리고 그의 집은 날로 번창해 갔다.

압둘 무딸리브는 행운을 얻은 사람이었다. 미지의 신에게 간절히 기도한 결과, 그 미지의 신은 그에게 10명의 아들을 내려 주셨다. 하지만 10번째 아들이며 이후 예언자 무함마드의 아버지인 압둘라(Abdullah)가 태어나던 날, 그가 누렸던 평화는 깨지고 말았다. 왜냐하면 미지의 신이 그에게 약속을 지킨 것처럼 그도 미지의 신에게

브라힘과 그의 아들 이스마일에 의해 재건되었다. 예언자 무함마드는 메디나로 이주한 후 메카를 다시 찾았을 때(히즈라 8년) 카으바 주변에 모셔져 있던 360여종의 우상을 다 파괴시켰으며 무슬림들이 예배를 근행하는 방향(끼블라)으로만 그 역할을 하도록 했다. 오늘날 지구상에 골고루 분포되어 있는 18억 무슬림들은 모두 이곳을 향하여 하루 다섯 번씩 예배를 근행하며 성지순례를 하게 되면 반드시 이곳을 방문하여 정해진 절차에 따라 7바퀴를 돌며 순례의식을 거행한다.(사진 참조-내가 찍은 사진으로)

한 약속을 지켜야 했기 때문이었다. 10번째로 얻은 아들 압둘라를 산 채로 희생시키기로 한 약속을 지켜야 했기 때문이었다. 사막의 베두인들에게는 척박한 환경에서 살아남기 위한 나름대로의 신조와 특성 그리고 기질이 있었다. 그것은 개인적으로는 강한 집념과 인내로, 부족 간에는 신뢰와 유대, 그리고 신(神)과 맺은 약속은 반드시 이행하는 것으로 자신과 부족의 명예를 지킬 수 있었던 결코 어길 수 없는 절대적인 것이었다. 압둘 무딸리브가 맹세한 미지의 신은 그에게 전능한 분이었으며 두려운 분이었기 때문에 그에게는 절대 거역할 수 없는 무엇인가가 더욱더 강하게 압박하고 있었다.

당시 아랍인들 사이에 구전되어 내려오던 이브라힘과 이스마일에 대한 이야기는 더욱더 그를 괴롭게 했다. 왜냐하면 이브라힘이 아들을 바친 신은 이브라힘 자신의 신이었지만 그가 약속을 지켜야 할, 열 번째 아들을 바쳐야 할 미지의 신은 이교도들의 신이었기 때문이다. 그는 해법을 찾기 위해서 카으바 주변에 모셔져 있는 후발 신전의 사제를 찾아갔다. 후발신(神)은 팔레스타인 지방에서 옮겨온 거대한 우상이었는데 메카의 카으바를 중심으로 숭배되었던 수많은 신들 중에 하나였다. 후발 신전의 사제는 아들을 제물로 바치기에 가장 적당한 장소는 싸파와 마르와 동산5)사이의 골짜기임을 알려 주었다. 또한 그는 압둘 무딸리브의 고뇌를 이해한 듯 이에 더하여 메디나6)에 가서 점술가의 도움을 받으라는 조언까지 해 주었다.

---

5) 싸파(Safa), 마르와(Marwa) 동산: 메카의 카으바 근처에 있는 두 언덕의 이름. 이브라힘의 처 하갈이 이스마일과 사막 한복판에 버려졌을 때 물을 찾아서 두 동산 사이를 뛰어다녔다고 한다. 그래서 성지순례자들은 물을 구하는 하갈의 절박한 심정을 체험해 보기 위하여 싸파 언덕에서 시작하여 마르와 언덕까지 7회에 걸쳐서 걷거나 뛰는 싸이(Sai) 행사를 한다. (사진 자료 참고)

6) 메디나(Madinah): 메카와 더불어 이슬람 제2의 성지이다. 메카에서 북쪽으로 약 400km

메디나는 메카에서 북쪽으로 약 400km 거리에 위치한 도시이다. 불타는 사막으로 모래먼지가 날리는 숨이 막힐 것 같은 메카와는 달리 메디나는 사방이 대추야자 숲으로 우거져 있는 물이 풍부하고 비옥한 오아시스의 도시이다. 사막을 가로질러 낙타를 타고 이동해도 10여 일이 소요되는 먼 거리에 위치해 있지만 아들의 목숨이 달려 있는 절박한 상황의 압둘 무딸리브는 이를 두려워할 수 없었다. 메디나에 도착한 압둘 무딸리브는 긴장감 속에서 점술가를 만나 자신의 고뇌를 털어놓고 해결 방법을 찾고자 했다. 그 점술가는 신의 뜻을 알아보기 위하여 정령들을 하늘로 보냈다. 이윽고 정령들이 하늘의 뜻을 전달해 주었는데 압둘 무딸리브가 약속한 미지의 신은 그의 아들 압둘라의 죽음을 원하지 않지만 그에 합당한 대가,[7] 즉 피(Diyah)를 원한다고 전한 것이다. 인간의 목숨 대신에 낙타의 피를 대신 받아들이겠다는 것이다. 그 당시 사막의 법은 인간의 목숨은 낙타의 머릿수로 정해져 보상되기도 하였다. 인간의 목숨뿐만 아니라 신체의 각 부위도 나름대로 낙타 숫자로 정해져 있었다. 이(齒牙) 하나에는 낙타 다섯 마리에 해당되는 값이 지불되어야 하며 눈이나 팔 그리고 다리의 경우에는 한 개당 낙타 50마리를 지불하는 것이 그 당시의 일반적인 관례였다고 한다.

떨어진 도시로 무함마드가 메카에서 계시를 받아 13년 동안 이슬람을 선교했으나 성공적이지 못해서 결국 이 도시로 이주하여 이슬람의 꽃을 피울 수 있었다. 예언자의 도시라고 더 많이 알려져 있으며 무함마드가 이주하여 건립한 예언자 성원이 이 도시에 있다. 그래서 성지순례자들은 메카에서 순례 일정이 끝나면 이곳 예언자 성원을 방문하여 예언자의 삶의 자취를 기억하고 더듬어 보는 것이 관례다.(메디나 예언자 성원 전경)

7) 피의 대가(Diyah): 디야는 사막의 유목문화에서 특히 많이 있어 왔던 일종의 보복 법을 말한다. 흘린 피에는 피로 갚아야 했다. 그래서 부족 공동체의 구성원이 살해당하면 살인자가 속해 있는 부족 구성원 중에서 살해된 사람과 대등한 조건의 한 사람을 죽임으로써 힘의 균형이 이루어지도록 한 법이다. 시대의 흐름에 따라 이러한 보복법의 형태는 인간의 목숨을 대신해서 합당한 물질로 보상을 대신 해 주는 보상법으로 개선되기도 했다.

이슬람과 꾸란

압둘 무딸리브는 아들 압둘라의 목숨과 대등한 값을 미지의 신은 어떻게 동의할 것인가에 대하여 점술가에게 확인했지만 그 답은 긍정적이지 못했다. 낙타의 마리 수가 올라갈수록 압둘 무딸리브의 심적 부담은 커갔지만 마침내 사랑하는 아들 압둘라의 피의 대가가 낙타 100마리임을 알고 가벼운 마음으로 메디나를 떠날 수 있었다. 메카로 돌아와 낙타 100마리를 제물로 바쳐 구한 그 생명이 바로 예언자 무함마드의 부친 압둘라였던 것이다. 압둘라는 아랍어로 신의 종이라는 의미를 가지고 있다.

『꾸란』에서 말하는 이슬람 이전의 아랍사회

『꾸란』에서 말하는 이슬람 이전의 아랍사회는 그야말로 무지와 혼동의 시대였다. 윤리적 타락은 물론 우상숭배와 미신 그리고 점성술과 같은 다양한 형태의 신앙이 난무하던 시기였다. 여아 매장 풍습이 대표적이다.

> 그들 가운데 한 사람이 여아가 탄생했다는 소식을 접하니 그의 얼굴은 검어지며 슬픔에 잠기더라. 그에게 전해진 나쁜 소식에 그는 수치스러워 이를 사람들에게 알릴 것인가 아니면 흙에 묻어 버릴 것인가 고민하였으니 실로 그들의 행위는 나쁜 것이었느니라.[8)]
> (16:58-59)

> 주님께서 너에게 금하신 것을 알려줄 것이니 내게로 오라. 그분과

---

8) 예언자 무함마드의 전승에 의하면 하나님께서 금하신 세 가지는 부모에게 불성실하게 대하는 것과 여자아이가 태어났을 때 산 채로 묻는 것, 그리고 다른 사람에게 부당하게 고통을 주는 것이며, 싫어하시는 세 가지는 다른 사람에 대하여 필요 이상의 많은 말을 하거나 남을 중상 모략하는 행위 그리고 불필요한 많은 질문을 하는 행위, 자신의 재산을 헛되이 낭비하는 행위들이라고 한다.(Saḥīḥ al-Bukhari, Vol. 3, No. 591)

는 어떤 것도 비유하지 말며 선으로 부모를 대하고 가난을 핑계로 너희 자녀들을 죽이지 말라. 우리(하나님)가 너희들과 너희들의 자식들을 부양할 것이니라.......(06:151)

가난을 두려워하여 너희 자녀를 죽이지 말라, 우리가 너희들과 너희들의 자녀들을 부양할 것이니라. 실로 그들을 살해하는 것은 큰 죄악이니라.(17:31)

당시 아랍사회는 남성 중심의 사회상을 띠고 있었다. 그래서 여아가 태어나는 것은 상당한 수치로 생각하였으며 가난과 빈곤이 만연한 사회였기 때문에 더욱더 여아의 탄생은 환영받지 못했다. 그러한 문화와 풍습이 만연한 사회에서 설사 여자아이가 성장을 했다고 하더라도 인간적인 대접보다는 물건이나 물질적 가치로밖에 평가될 수 없었던 것이다. 그래서 여자는 아버지나 남편의 술값이나 노름빚을 대신해 지불되거나 팔려가는 것이 일반적인 관례였던 것이다. 반면에 남아의 탄생은 곧 전사의 탄생을 의미했으며 부족의 세력을 강화시킬 수 있는 계기가 되었기 때문에 남아 선호사상이 더욱 심화된 시대였다. 그러나 이슬람이 계시되면서 이러한 풍습은 자취를 감추게 되었고 남녀평등의 신앙적 가르침은 핍박과 억압 속에서 힘들게 살았던 여성들에게 한줄기 빛이 되었다.

우상숭배와 미신

아라비아 반도 전역에서 미신을 믿고 우상을 숭배하던 관습은 넓게 확산되어 있었다. 각 부족을 상징하는 우상은 물론이고 가정에도 우상을 모셔 두고 있었다. 메카의 하람 성원(聖院)도 카으바를 중심으로 360여 개의 우상들이 모셔져 있었으며 온갖 제물을 우상에게 바쳤고 우상의 이름으로 짐승을 도살하여 제사를 지내기도 하였다. 그들은 우상 앞에서 절하면서 소원을 빌고 뭔가를 간절히 청하기도 하였고 그 우상들이 하나님과의 사이에서 중재자가 되어 그들이 원하는 것을 실현시켜 줄 것이라고 확신하고 있었다.

> **그들은 하나님 외에 다른 것을 숭배하지만 (우상들은) 그들에게 어떤 해로움도 유익함도 줄 수 없느니라. 그들은 또한 그 우상들이 하나님에게 우리의 중재자들이요라고 말하니, (오, 무함마드 그들에게) 말하라, 너희는 하늘과 땅에 있는 것들 중에서 과연 하나님께서 알지 못하는 것이 있는지 그분께 말할 수 있겠는가? 실로 하나님은 그들이 숭배하는 어떤 것들보다도 더 지고지존 하신 분이시니라.(10:18)**

그뿐만 아니라 사람들은 점쟁이나 무당 그리고 점성가들의 말을 믿고 따랐다. 그들은 앞으로 있을 일들에 대하여 안다고 자처하여 사람들을 현혹되게 하였던 것이다. 이러한 다양한 행위의 미신과 우상숭배가 성행했던 아랍사회에서도 이브라힘의 종교 의식은 여전히 그 명맥을 유지했다. 그래서 그들은 카으바를 신성시하였으며 정해진 절기가 되면 카으바를 방문하여 순례의식을 거행하거나 동물을 희생시켜 재단에 바쳤다. 특히 메카의 카으바를 중심으로 부족사회를 형성하여 그 세력을 키워왔던 꾸레이쉬 부족9)은 이브라힘의 후

---

9) 꾸레이쉬(Quraishi) 부족, 그들은 예언자 무함마드의 부족으로 주로 대상을 이끌고 겨울철이 되면 따뜻한 남쪽 지방으로 그리고 여름에는 북쪽으로 오가며 무역업에 종사했다. 또한 그들은 메카의 지정학적 이점을 이용하여 남북으로 오가며 메카를 방문하는 대상들을 상대로 상거래를 통하여 이익을 남겼으며 이러한 이유로 비교적 풍족하고 안정적인 삶을 누릴 수 있었다.

손으로 그리고 카으바와 메카 성역의 관리자로서 자부심과 우월감이 대단히 강했는데 『꾸란』은 꾸레이쉬 부족에 대하여 다음과 같이 묘사하고 있다.

> 꾸레이쉬 부족의 보호를 위하여,
> 그들에게 겨울철에는 남쪽(예멘)으로 여름철에는 북쪽(시리아)으로 두려움 없이 안전하게 대상을 이끌도록 하였느니라.
> 그러니 이 집(카으바)의 주인(하나님)을 경배토록 하라.
> 그분께서 배고픈 그들에게 양식을 주셨고 두려움으로부터 평화를 주셨느니라.(106:1-4)

술과 도박이 난무한 시대

이슬람 이전의 아랍사회는 술과 도박 그리고 우상숭배와 각종 미신으로 사회악이 만연해 있었다. 술과 도박으로 인한 사회적 병폐는 가정파괴는 물론 사람들 사이의 신의뿐만 아니라 인간의 본성까지 망각하게 하는 동서고금의 문제였던 것이다. 『꾸란』이 계시되면서 이러한 악습과 관행은 단계적으로 개선되기 시작했는데 계시 초기에는 음주와 도박과 같은 행위들을 금지하기보다는 그 행위들의 위험성과 불합리성을 사람들에게 경고하고 선도하는데 더 중점을 두었다.

> 술과 도박에 관하여 그대에게 물을 때 그들에게 말하라. 그 두 가지는 인간들에게 해로움과 유용함이 있으나 실로 그로 인한 해악이 유용함보다 더 크니라.(2:219)

위 『꾸란』 구절이 의미하는 것과 같이 『꾸란』의 계시는 그 시대의 사회적 배경을 잘 반영하고 있다. 술과 도박으로 인하여 찌들어 있는 사회적 문제점을 지적하고 이러한 행위들이 믿는 자들에게 어떻게 해로운지를 먼저 설명하고 그로 인하여 빚어질 수 있는 문제들을 제시해 보여줌으로써 스스로 멀리하도록 한 것이다.

그러나 술과 그 해악에 대한 경고가 있었음에도 초기의 무슬림들은 술을 멀리하기가 쉽지 않았다. 불신자들과 다신교도들이 주류를 이루었던 메카의 삶은 이슬람을 새롭게 접하고 개종한 소수의 무슬림들에게는 가혹하리만큼 냉정하고 힘든 생활이었고 이슬람을 선택하였다는 이유 하나만으로도 그 사회에서 격리되는 심한 박해와 어려움 속에서 하루하루를 보낼 수밖에 없었다.

어느 날 알리(Ali bn Abi Tālib)[10]는 친구의 초청을 받아 음식과 술을 대접받고 교우들의 권유로 예배를 인도하게 되었다. 그는 예배를 인도 하면서 『꾸란』 109장(불신자들의 쌍)을 읽었는데 **"오, 불신자들이여, 너희가 경배하는 것을 나는 경배하지 않고, 내가 경배하는 것을 너희는 경배하지 않으니······."**라고 읽어야 할 상황에서 "오, 불신자들이여, 너희가 경배하는 것을 내가 경배하며, 우리는 너희가 경배하는 것을 경배하느니라."라고 읽게 되었다. 술이 만연하던 당시의 사회적 배경을 그대로 보여 주는 단면이었다. 유일신 신앙 한 가지만 가지고 많은 박해와 고통을 감내한 초기 이슬람 공동체에서 알리의 행위는 충격이었고 받아들이기 힘든 사건이었던 것이다. 이 일이 있은 후에 술과 관련한 아래의 『꾸란』 구절이 계시되었으며,(Safwat al-Tafasīr, Vol. 2, p. 98) 그것은 그 다음 단계인 술에 취한 상태에서 예배

---

10) 알리 븐 아비 딸립(Ali bn Abi Tālib)은 예언자 무함마드의 4촌 동생이자 사위였다. 초기 메카에서 예언자의 계시를 전적으로 믿고 추종하여 그의 신뢰를 얻었으며 메디나로 이주한 후에는 예언자와 함께 각종 전투에 참가하여 장수로서 그 역할을 다했다. 예언자 사망 후 4대 칼리파로 등극하여 이슬람제국의 수장으로서 이슬람이 제국화 되는데 크게 기여했다.

에 참석하지 말라는 경고이기도 했다.

오, 믿는 자들이여, 술에 취한 상태에서 예배[11]에 참석하지 말라.
너희들이 무슨 말을 하는지 알 때까지니라……(4:43)

이 『꾸란』 구절의 계시로 말미암아 이슬람 공동체는 항상 술에 절어 있는 불신자들의 집단과 다르게 예배를 근행하는 동안만이라도 온전한 정신으로 결속과 단합을 보일 수 있는 계기가 되었다. 이후 메카사회는 술을 마시고 도박을 하며 변화 없는 일상을 그대로 보여주는 불신자들의 무리들과 정신을 가다듬고 하루 일과 중에 자기를 성찰해 볼 수 있는 시간을 갖고자하는 무슬림들로 구분되기 시작했으며 종교적 가르침을 떠나 사람들에게 유익한 것이 무엇인지 그리고 해로운 것이 무엇인지 생각해 볼 수 있는 계기가 될 수 있었다.

이러한 사회적 분위기에 힘입어 이슬람은 더 많은 사람들로부터 호응을 얻을 수 있었다. 특히 메카에서 불신자들의 박해를 견디지 못하고 메디나로 선교의 근거지를 옮겨간 후에는 이슬람 공동체가 조직화되고 제도화 되면서 술과 도박 그리고 사회악을 초래할 수 있는 다양한 형태의 비신앙적인 행위들을 척결할 수 있었던 것이다. 취한 상태에서 예배에 참석하지 말라고 한 계율은 더 강화되어 술을 마시는 것 그 자체가 인간으로서는 가까이 해서는 안 될 위험하고 백해무익한 행위로 간주하여 금하게 되었던 것이다.

---

11) 여기서 예배(Salāt)의 의미는 두 가지로 이해될 수 있다. 하나는 말 그대로 경배 행위인 예배를 의미하고 또 다른 하나는 예배를 근행하는 장소, 즉 성원을 의미할 수도 있다. 그래서 술에 취한 상태에서는 예배를 근행하는 것뿐만 아니라 예배소에 가는 것도 금지된 것이다.

오! 믿는 자들이여, 술과 도박과 우상숭배와 점(占)은 사탄이 행하는 혐오스러운 것이니 그것들을 금하라. 그러면 너희는 번성하리라. 사탄은 술과 도박으로 너희들 사이를 증오와 적개심으로 멀게 하고 하나님을 염원하고 경배하는 것을 방해하니 너희들은 이를 그만두지 않겠는가?(5:90-91)

이러한 단계적인 과정을 거쳐 이슬람법에서 술은 금기사항으로 규정되었다. 술과 도박 그리고 조상신과 우상을 숭배하는 각종 행위들이 금기시 되면서 이슬람 공동체는 다른 양상을 띠고 발전하기 시작했으며 교리적으로 사회적 변화를 강력히 요구하는 교리로 인해 초기 이슬람에는 불신자들로부터 받는 고통과 박해가 더 클 수밖에 없었던 것이다. 그러나 시간이 지나면서 이슬람은 『꾸란』이 계시되기 진 무지의 시대에서 보였던 많은 사회적 병폐들은 없어지고 암흑 속에서 비추는 한 줄기 빛처럼 사회구제 차원에서 새로운 전기를 맞이한 것이다.

불신자들의 장(109장) 소개

오! 무함마드여 불신자들에게 말하라,
너희가 경배하는 것을 내가 경배하지 아니하며,
내가 경배하는 것을 너희가 경배하지 아니하니라.
또한 너희가 경배하던 것들을 나는 경배하는 자가 아니며
너희들 또한 내가 경배하는 것을 경배하는 자들이 아니니라.
너희들에게는 너희들의 종교가 있고 나에게는 나의 종교가 있느니라.(109:1~6)

02 예언자 무함마드의 출생과 성장

무함마드의 출생

서기 570년, 압둘 무딸리브가 그의 막내아들 압둘라의 생명을 대신하여 낙타 100마리를 제물로 바친 일이 있은 후 25년이 지났다. 그는 이미 100세가 넘었지만 아직도 정신적으로 영원한 안식을 찾지 못했다. 그 무렵 그는 막내아들인 압둘라의 아내로 아미나를 선택하였는데 그녀는 꾸레이쉬 부족 출신으로 가문이나 미모 어느 한 가지 빠지지 않는 당시에 가장 아름답고 훌륭한 여성으로 알려져 있었다. 하지만 압둘라는 메카에서 결혼한 지 얼마 되지 않아 아버지의 뜻에 따라 대추야자를 구입하기 위하여 메디나에 들렀다가 그곳에서 병을 얻어 세상을 떠나고 말았다. 일설에는 그가 대상을 따라 샴(시리아) 지역으로 갔다가 돌아오는 길에 병을 얻어 메디나에서 사망했다고도 한다.

그때 압둘라의 나이 2 5세였으며, 그가 죽은 지 두 달 후 이슬람력으로 3월(Rabi' al-Auwal) 12일(570년 8월 30일) 월요일 이른 아침(Fajr)에 예언자 무함마드는 메카에서 탄생하였다.(Muhammad Rasūlullāh, p. 25) 무함마드를 출산한 후 아미나는 사람을 보내 할아버지 압둘 무딸리브에게 손자의 출생을 알렸다. 할아버지 압둘 무딸리브는 크게 기뻐하여 그를 카으바 신전12)으로 안고 가서 감사 기도를 올렸다.(Ibn

---

12) 카으바는 예언자 무함마드가 탄생할 그 당시에는 360개 이상의 우상들을 모셔두고 꾸레이쉬 부족과 그 곳을 방문하는 대상들이 경배 드렸던 신전이었다. 그러나 예언자 무함마드가 히즈라 8년 메카를 무혈 입성한 후에 그곳에 있던 모든 우상들을 파괴했으며 지금은 단지 무슬림들이 하루 다섯 번의 예배를 근행하는 방향으로서만 그 역할을 하기 때문에 이를 신전으로 표현하는 것은 바르지 않다.

Hisham, 1/159-160) 그리고 그를 무함마드라고 이름 지어 불렀는데 당시 아랍사회에서 무함마드는 생소한 이름이었다. 무함마드의 아버지 압둘라는 선조로부터 물려받은 재산도 없었고 가난했으므로 아내와 아들에게 물려준 것은 단지 낙타 다섯 마리와 약간의 양들 그리고 에티오피아 출신의 늙은 노예 움무 아이만(Umm Aiman) 한 사람뿐이었다. 압둘라의 사망 소식은 노쇠한 부친 압둘 무딸리브와 아내 아미나에게는 너무나 큰 충격이었고 갓 태어난 무함마드의 양육은 할아버지 압둘 무딸리브에게 힘겨운 도전이 될 수밖에 없었다.

코끼리의 해

예언자 무함마드의 출생에 즈음하여 아라비아 반도에는 아주 큰 사건이 있었는데, 그것은 예멘의 총독으로 있었던 아브라하 알 아쉬람(Abraha al-Ashram)이 카으바(Ka'bah)를 파괴하기 위하여 군대를 이끌고 메카로 진격한 사건이었다. 당시에 남아라비아(예멘)를 점령한 아비시니아13) 황제는 그 지역 총독으로 아브라하를 파견하였다. 황제는 그에게 두 나와스 왕의 강압적인 개종에 항거하여 불에 타서 죽어간 나즈란 지역의 기독교인들의 넋을 기리도록 하고 남은 유족들을 위로하여 편의시설을 제공하는 등 굶주리지 않도록 각별한 신경을 쓰라고 지시하였다. 아브라하는 호전적인 기독교인이었는데 그가 북부 지역을 시찰하면서 목격한 메카와 그 중심부에 위치해 있는 카으바는 그에게 아주 강렬한 이미지를 남겼다. 사실 메카는 기후뿐만 아니라 사막 한가운데 위치한 불모지이기 때문에 어떤 농작물도 재배

---

13) 오늘날 에티오피아, 에리트레아, 수단 지역을 일컬어 아비시니아로 불렀다. 당시 아비시니아의 황제는 유일신 하나님을 믿는 기독교인이었다.

가 불가능한 지역이었다. 그럼에도 그곳에는 항상 사람들로 붐볐고 번성하고 있었던 것이다. 그것은 메카가 성지였고 사방으로 뻗어 있는 대상로의 중심에 위치해 있었기 때문이었다. 이러한 지리적 이점을 살려 연중 4개월 동안은 그곳을 지나는 대상들에게 어떤 전쟁이나 폭력도 금하는 신의 휴전기간이 있었으며 이 기간 동안에는 메카를 지나는 어떤 대상들도 어려움 없이 성지를 방문하여 순례도 하고 모여든 상인들을 대상으로 수익을 낼 수 있는 기회를 가질 수 있었다. 아브라하는 메카에 대한 강렬한 인상을 뒤로하고 돌아와 메카에 대적할 수 있는 거대한 기독교 성역을 남아라비아 수도 사나아에 건설하기로 결심하고 곧바로 성지 건설을 착수했다. 각종 보석을 이용하여 화려하고 웅장하게 장식된 기독교 성지를 보고 아랍인들이 기독교로 개종하도록 하는 것이 그의 속셈이었다. 그래서 각종 신들을 믿고 있는 사막의 베두인들이 기독교로 개종하면 그들은 메카에 있는 초라한 카으바와 각종 우상들을 버리고 사나아로 모여들고 이와 더불어 새로운 상권이 형성될 것이라고 생각한 것이다. 그러나 그의 의도와는 달리 메카 주민들은 움직이지 않았고 그의 의도에 동조하기는커녕 아랍인들 사이에 새로 건축한 교회를 파괴하려는 의도가 있다는 첩보를 접하게 되었다. 이에 크게 화가 난 아브라하는 대군을 이끌고 메카를 점령할 계획을 세웠다. 아브라하는 코끼리 떼를 앞세우고 6만여 병력을 이끌고 메카를 향해 진격해 갔다. 메카의 아랍인들에게는 처음으로 경험하는 거대한 동물 코끼리는 너무나 큰 충격이었으며 6만 명의 대군은 그들에게 감히 상상도 할 수 없는 병력이었다. 그러한 상황에서 그들이 할 수 있는 것은 빠르게 메카를 등지고 도주하는 것뿐이었다. 아브라하가 메카에 도착했을 때 사람들은 모두 도망가고 없었으며 단지 무함마드의 조부 압둘 무딸리브와 카으바만 휑하게 남아 있는 상황이었다. 압둘 무딸리브는 원래 아비시니아 인들과 친분관계가 있었기 때문에 도망갈 이유가 없다고 생각했다. 아브라하의 군인들은 사람들이 도망간 메카를 쉽게 점령할 수 있었고 압둘 무딸리브 역시 군인들에 의해서 자신의 소유물인 낙타들과 가축들을 빼앗겼다. 아브라하가 메카에 들어오자 압둘 무딸리브는 자신의 소유물인 가축들을 돌려 줄 것을 강력히 요구하고 카으바는 신들의 집이니 마음대로 하라고 하였다. 아브라하는 압둘 무딸리브의 가축들을 돌려주고 원래 계획대로 카으바를 향해 진격해 갔다. 그러나 아브라하가 코끼리 떼를 이끌고 메카를 향해 진격하고자 했을 때 갑자기 이상한 일이 생겼다. 코끼리 떼가 뒤쪽이나 옆쪽으로 옮겨갈 때는 이상 없이 갈 수 있었지만, 카으바가 있는 앞쪽으로 진격하려고 하면 무릎을 꿇고 일어서지를 않았던 것이다. 이와 함께 일어난 또 다른 현상은 하늘에서 검은 비구름이 몰려와 돌로 된 비가 쏟아지기 시작했던 것이다. 검은 구름으로 보이는 것은 수많은 새 떼로, 부리와 두 발톱에 작은 돌멩이를 물고 급강하하면서 군인들과 코끼리 떼를 공격하였는데 그 숫자가 마치 검은 구름과 같았던 것이다. 새들의 공격으로 군인들과 코끼리 떼는 죽어 갔으며 아브라하 또한 전염병에 걸려 사나아로 돌아왔지만 이내 죽고 말았다. 이 사건에 대하여 『꾸란』은 다음과 같이 언급하고 있다.

> 오! 무함마드여, 너의 주님께서 코끼리의 주인들에게 어떻게 하셨는지 보지 못했는가? 그분께서 그들의 음모를 방황 속에 있게 하지 않았던가? 그들에게 새 떼를 보내어 진흙으로 뭉쳐진 돌멩이를 던지게 하니 그들은 다 갉아 먹힌 앙상한 잎처럼 되었느니라.(105:1-5)

꾸레이쉬 부족 사람들은 메카로 무사히 돌아올 수 있었고 코끼리의 해(Ām al-Fil)에 발생한 이 사건이 있고 50여 일이 지난 후에 예언자 무함마드는 탄생했다.

무함마드의 유년기

무함마드의 할아버지 압둘 무딸리브는 유복자로 태어난 손자 무함마드와 며느리 아미나의 양육을 맡았다. 예언자 무함마드의 출생으로 많은 이변이 있었지만 메카의 일상은 큰 변화 없이 그렇게 지나가고 있었다. 단연코 예언자의 출생이 아랍사회에서 중요한 일이었음에도 쉽게 지나친 이유는 아라비아 반도에서는 태고 이래로 십만 명이 넘는 예언자들이 나왔고 특히 그들 중의 수백 명은 성서의 역사에 기록되어 증명될 만큼 흔한 일이었던 것이다. 그래서 예언자 무함마드의 등장은 또 다른 한 사람의 예언자가 메카에 나타난 것에 불과했다.

당시 아랍인들의 풍습에는 남자아이들이 태어나면 도시에서 멀리 떨어진 사막의 베두인들에게 아이를 보내서 양육시키는 관습이 있었다. 사막의 신선한 공기를 마시며 건강하게 성장하고 순수한 아랍어를 배울 수 있게 하는 것이 그 목적이었는데 이면에는 사막에서 생존하기 위한 치열한 경쟁의 한 축으로 이해할 수도 있었다. 사막을 떠도는 유목민들에게 도시의 부족장과 인연이 닿는다는 것은 막강한 힘을 얻는 것과 같았으며 또한 젖을 나눈 형제들은 피를 나눈 형제들과 똑같은 사막의 계율에 따라 부족 간에 강한 유대와 결속을 나누기 위한 방법이 되기도 하였던 것이다. 그래서 가난한 베두인의 여인들은 메카로 와서 유복한 가정의 어린이를 돌보기를 원했고 그것은 유모로서 보수를 얻는 것뿐만 아니라 장차 어린이가 성장하여 역할을 할 때 중요한 인연으로 작용할 수 있다는 기대감도 내면에 자리 잡고 있었던 것이다. 어린아이들을 양육하기 위하여 메카에 나온 사막의 유모들 사이에서 아버지 없이 태어나 늙은 조부의 보살핌 하에 있던 고아 무함마드는 기대감에 미치지 못하고 선호하는 대상이 되지 못했다. 사막의 많은 유모들이 메카에서 자신들의 취향에 맞는 어린이를 선택하여 사막으로 돌아갈 준비를 끝낼 때까지도 할리마(Halimah al-Sa'diyah)와 그녀의 남편은 적당한 양자를 찾지 못했다. 유모 할리마는 무함마드를 선택하는 것이 마음에 들지 않았지만 달리 선택의 여지가 없었으므로 남편에게 사정하여 그를 사막으로 데려가기로 했다.

가축들이 뜯어먹을 풀 한 포기마저 태워 버릴 것 같은 사막의 열기와 건조함으로 인해 어린이들은 지쳐서 울고 낙타의 젖은 말라붙어 한 방울도 나오지 않았다. 그러나 무함마드를 데려온 할리마는 이후에 많은 새로운 것을 발견할 수 있었다. 이변이 일어났던 것이다. 항상 젖이 부족해서 힘들었던 그녀의 아이들은 무함마드가 젖을 빤 이후로 모두가 흡족하게 배불리 마실 수 있었고 말라붙었던 낙타의 젖도 온 가족이 다 마실 수 있을 만큼 충분한 양이 항상 준비되어 있었던 것이다. 그뿐만 아니라 낙타와 양들이 풀을 뜯기 위해 나가면 풀 한포기 찾기 힘든 사막에서 풀을 찾지 못하고 주린 배로 다시 돌아오는 이웃의 가축들과는 달리 할리마의 가축들은 배불리 풀을 뜯고 오는 것을 발견할 수 있었다.

할리마의 남편은 그녀에게 놀라움을 감추지 못하고 "신께 맹세하지만 당신은 정말 축복받은 아이를 데려온 것 같군요."라고 말했다.

무함마드는 2살이 되어서 젖을 뗐지만 할리마 가족이 그로 인해서 입은 축복은 더해만 갔으며 어린 무함마드 역시 사막 환경에 잘 적응하여 병치레 없이 건강하고 튼튼하게 자랐다. 계약기간이 끝나갈 무렵 유모 할리마는 무함마드를 메카로 돌려보내는 것이 못내 아쉬워 무함마드의 모친 아미나를 찾아가 무함마드를 좀 더 보살필 수 있도록 해달라고 사정을 했다. 그 당시 메카에는 각종 전염병이 창궐하여 많은 어려움이 있었던 시기였으므로 할리마의 청을 들어 무함마드는 사막의 깨끗한 환경에서 좀 더 머물 수 있었다.

그로부터 2년이 지난 후 4살이 되었을 때 무함마드는 메카로 돌아 왔는데,(Ibn Saad, 1/112)[14] 그 후에도 가끔씩 사막으로 돌아가 그들과 함께 생활하곤 하였다.

모친 아미나의 죽음

사막에서 메카로 돌아온 무함마드는 할아버지와 홀로된 모친 아미나와 불우한 환경에서 생활하였다. 할아버지 압둘 무딸리브도 100세를 훌쩍 넘긴 나이였으므로 무함마드 모자에게 큰 힘이 되지는 못했다. 그러던 중 아미나는 무함마드의 나이 6세가 되었을 때 그를 데리고 몸종 움무 아이만과 함께 가재도구를 챙겨 메디나의 친정집과 남편 압둘라의 무덤을 방문하기로 했다.

메디나는 메카의 척박한 사막 환경과는 달리 사방이 대추야자 나무로 둘러쳐져 있는 먹을 것이 풍부한 오아시스였기 때문에 어린 무

---

14) 그가 사막에서 메카로 돌아온 시기에 대해서는 사가(史家)들 간에 차이가 있다. 이븐 압바스는 그의 나이 5세 때 그리고 이븐 이스학은 세 살이 되기 전에 돌아왔다고 전한다.

함마드에게는 너무나 신기하고 새로운 것이 많은 도시였다. 메디나에 도착한 무함마드는 약 한 달간 머물렀는데 비가 온 후에 빗물을 모아 그 물에서 멱을 감는 어린이들의 모습이나 사방이 병풍처럼 펼쳐져 있는 그림 같은 오아시스에서 자라는 나무들과 풀들은 어린 무함마드에게 막연한 동경의 대상이 되었고 잊을 수 없는 경험이었다. 아미나는 약 한 달간의 메디나 방문을 마치고 메카로 돌아오는 길에 병을 얻어 세상을 떠났다. 어린 무함마드에게는 참으로 가혹하고 안타까운 일이었지만 어쩔 수 없는 신의 선택이었던 것이다. 할아버지는 손자에게 각별한 사랑을 베풀었지만 어머니를 잃은 슬픔은 무엇과도 견줄 수 없는 큰 아픔이었다. 무함마드는 세상에 태어나기도 전에 이미 부친을 잃었고 여섯 살이 되었을 때 모친까지 잃는 어려운 처지가 되었다. 여기에 더해 얼마 지나지 않아 그가 8세가 되었을 때 항상 든든한 후견인이자 보호자였던 할아버지도 세상을 떠나고 말았다. 할아버지는 생전에 꾸레이쉬 부족의 족장 회의가 있을 때면 항상 어린 무함마드를 데리고 다녔다. 족장회의에는 40세 이상의 꾸레이쉬 부족장들만 참석하는 것이 원칙임에도 할아버지는 항상 무함마드를 데리고 다니면서 어려운 결정을 할 때면 꼭 몇 번씩 그의 의견을 묻고 이를 반영하는 것이었다. 압둘 무딸리브의 처사에 부족장들은 불만을 품고 그를 비난하기도 했지만 손자에 대한 애정과 그의 장래에 대한 확신은 어느 누구도 그를 꺾지 못했다.

삼촌 아부 딸립의 보살핌과 기독교 수도자 부하이라

할아버지가 돌아가신 후 무함마드는 숙부(叔父) 아부 딸립(Abu Ṭālib)

『꾸란』 이전 아랍 세계와 무함마드의 출현

의 손에 의해서 양육되었다. 그는 물심양면으로 친자식들과 구분하지 않고 최선을 다하여 무함마드를 보살폈다. 아부 딸립은 카라반을 이끌고 사막을 가로 질러 무역업을 하는 긴 여행에 무함마드를 자주 데리고 갔으며 이러한 이유로 무함마드는 12세가 되었을 때 이미 의젓한 낙타몰이꾼으로 성장할 수 있었다. 숙부와 함께하는 카라반 행렬은 무함마드에게 새로운 미지의 세계를 경험하는 기회였고 도전이었으며 끝없이 펼쳐진 사막에서 생존하기 위한 강한 몸부림이기도 했다.

어느 날, 삼촌 아부 딸립이 이끄는 대상 행렬은 시리아의 바스라 지역에 도착해서 쉬고 있었다. 바스라는 기독교 수도자 부하이라 (Buhairah)가 동굴에 칩거하면서 수도 생활을 하는 것으로 유명한 곳이었다. 그 지역을 지나는 카라반들은 부하이라가 칩거하고 있는 동굴에서 긴 여정을 달래며 쉬기도 했지만 그는 절대 대상들과 어울리거나 그들 앞에 나타나 자신의 존재를 드러내는 일이 없었다. 그러던 그가 메카에서 온 아랍 대상들의 행렬에 무함마드가 있다는 것을 미리 알고 그들의 야영지로 찾아와 그동안 기다리고 있었다면서 무함마드와 그 일행들을 식사에 초대하는 것이었다. 이전에는 결코 없었던 그의 행동에 다들 놀라워했다. 그는 무함마드의 손을 잡으며 "이 소년은 인류를 인도할 안내자입니다. 그는 온 우주의 주인이신 하나님의 사도입니다. 하나님께서 그에게 모든 피조물에게 자비가 될 메시지를 내려 보내실 것입니다."라고 말했다. 이에 아부 딸립이 그에게 어떻게 그러한 사실에 대하여 아는지 묻자 그는 무함마드의 대상 행렬이 나타나자 나무와 돌과 모든 것들이 그를 향하여 절하는 것을 보았으며 이러한 일은 결코 예언자가 아니면 일어날 수 없는 불가능한 것이며 또한 무함마드의 양 어깨사이에 새겨져 있는 예언자의 표시는 자신들의 책에 있는 것과 같다고 했다. 그는 무함마드와 그 일행들에게 환대하고 그가 만일 대상 행렬을 따라 샴(시리아) 지역으로 갔을 때 자신이 무함마드를 예언자로 인정한 사실에 대하여 유대인들이 알게 된다면 그를 해치지 않을까 염려된다는 이유를 들어 가능하다면 무함마드를 메카로 돌려보내는 것이 좋겠다는 조언까지 했다. 당시 아랍인들 사이에는 그들 민족에서 예언자가 올 것이라는 소문이 나돌고 있었던 상황이었기 때문에 아부 딸립은 서둘러 시리아에서의 일정을 마치고 메카로 돌아왔다.

우까즈 시장에서의 경험

바스라에서 돌아온 무함마드는 숙부 아부 딸립의 집에서 넉넉하지는 못했지만 어린 시절을 행복하게 보낼 수 있었다. 잔심부름을 하기 위하여 대상 행렬에 동행하지 않을 때는 양 떼를 이끌고 목초지를 찾아다니며 양을 치는 목동으로 살면서 평범하면서도 항상 우수에 차 생각에 잠겨있는 청년으로 성장해 갔다.

당시 메카 외곽에는 신(神)의 휴전기인 순례기간 동안에 우까즈 (Uqāz) 시장이 열려 성시를 이루었다. 이 기간 동안에는 누구에게나 통행이 보장되고 대상을 이끌고 이동하는 카라반을 공격하는 행위도 금지되는 시기였다. 그래서 이 기간 동안에 메카를 방문하는 순례자들이나 우까즈 시장을 지나는 대상 행렬을 공격하는 행위는 사막의 금기를 깨는 반역 행위에 해당되었으므로 누구나 안전하고 자유롭게 다닐 수 있었다. 우까즈 시장은 이렇게 무장 해제된 사막의 대상들이 모여 정보를 교환하고 무역을 활성화 시키며 사막의 여흥과 풍류를 즐길 수 있는 화합과 결속, 그리고 교류의 장이 되었던 것이다. 우까즈 시장은 어렵고 힘들게 어린 시절을 보낸 무함마드에게 새로운 발견이었고 그곳에 모인 다양한 사람들의 삶은 경이로움 그 자체였다. 특히 시장의 한 모퉁이에서 부족들 간에 벌어지는 설전(舌戰)은 그에게 엄청난 영감을 주었고 칼의 힘보다 더 강한 그 무엇인가가 세상을 지배할 수도 있다는 이미지가 내내 머릿속에 남아 있었다. 말을 이용하여 자신을 표현하고 칼보다 더 강한 시인의 기교는 이미 시인이 아니라 군인이었으며 지도자이고 부족을 이끄는 족장으로서 역할을 한 것이다. 시인은 말에 독(毒)을 바르는 기술이 있어 마치 독화살처럼 말로써 적을 사살할 수 있는 힘을 가지고 있었다.

신의 휴전기에 열리는 우까즈 시장은 연례행사로 아라비아 반도 전역에서 모여드는 시인들이 그들의 실력을 겨루었는데 여기서 이기는 우승자의 시는 비단에 금 글씨로 써져 성지를 방문하는 사람들이 외울 수 있게 신전에 걸어 두기도 했다.

아라비아 반도 전역에서 모인 시인들의 열띤 경연들 중에서 무함마드가 처음으로 깊이 감명 받고 매료된 것은 나즈란에서 온 기독교 사제의 연설이었다. 그는 단상에 올라가 군중들을 향해 유대인들에 의해 수많은 나즈란의 기독교인들이 화형 되었음에도 예수의 은혜로 나즈란은 다시 기독교를 따르는 도시로 변화했음을 차분한 말로 전했다. 청중들은 그의 연설에 매료되었고 수많은 아랍인들이 그의 연설로 인하여 이후에 기독교로 개종했던 것이다. 칼보다 더 강한 힘을 보여준 기독교 사제의 연설은 무함마드에게 큰 변화를 주었고 그것이 사람들을 어떻게 바꿀 수 있는지에 대한 큰 교훈을 얻을 수 있었다. 무함마드는 우까즈 시장을 통해서 삶의 새로운 활력소를 찾았다.

'알-아민' 신뢰할 수 있는 사람

무함마드의 어린 시절은 가혹할 만큼 참담한 나날이었다. 할아버지와 삼촌은 메카 부족들을 아우르는 지도력과 중재자로서의 역할은 충분했지만 재력을 갖춘 부자로서는 충분하지 못했기 때문에 어린 무함마드 역시 항상 쪼들리고 궁핍한 생활을 할 수밖에 없었다. 그럼에도 무함마드는 항상 정의의 편에서 성실하고 올곧은 청년으로 성장해 갔다. 당시 사람들은 그를 알-아민(al-Amin)이라고 불렀는데 그의 이름에서 성품을 충분히 이해할 수 있었다. 어느 날 중요한 일로 무함마드와 약속을 한 친구는 그와의 약속을 까마득히 잊고 3일이 지난 후에 길을 가다가 우연히 한 장소에 서 있는 무함마드를 만났다. 그때서야 그 친구는 그와의 약속을 기억하고 3일 동안 기다린 무함마드의 인내심과 신의에 대하여 감사하고 이후부터 그를 '알-아민' 즉 신뢰할 수 있는 사람이라고 불렀다고 한다. 이성보다는 감정이 지배하는 약육강식의 법칙이 통용되었던 시절, 아라비아 반도에서 정의와 신의는 그들의 자존심이었음에도 잘 지켜지지 않았다. 그러나 젊고 혈기왕성한 무함마드에게 불의와 부당한 처사들은 결코 용납될 수 없는 것이었다. 학대받거나 약탈당한 약자들의 편에 서서 그들의 권리를 찾을 수 있도록 대변하는 일들은 이전에 결코 쉽게 이루어질 수 없었던 사막의 불문율을 깨는 것이었으며 스스로 자신들의 이권에는 누구도 간섭할 수 없다는 부자들과 권력자들의 사고에 일침을 가하는 정의의 실천에 무함마드는 자부심과 긍지를 가졌으며 이를 명예롭게 여겼던 것이다.

결혼과 안정된 삶

숙부 아부 딸립의 경제 상황은 무함마드가 성장하여 25세가 되었을 때도 크게 달라지지는 않았다. 아부 딸립은 무함마드의 성실성과 근면함 그리고 신뢰할 수 있는 성품을 추천하여 당시 메카 부호들 중의 한 사람이었던 여자상인 카디자(Khadijah bint Khawailid)에게 그녀의 대상을 이끌고 무역업을 대행할 수 있도록 했다. 그래서 무함마드는 그녀의 대상을 이끌고 메카에서 시리아를 오가는 무역업을 도왔다. 무함마드는 이전의 다른 고용인들보다 더 많은 실적을 올려 카디자에게 경제적인 도움을 주었고 이로 인하여 그의 믿음직한 외모와 성실함은 그녀에게 인간적인 호감을 살 수 있었다. 이미 메카 사회에 잘 알려져 있던 그의 정직성과 신뢰성 그리고 좋은 품성은 카디자의 마음을 빼앗기에 충분했으며 미망인이었던 카디자의 마음속에 무함마드는 든든한 믿을 수 있는 남성으로 자리 잡아 가고 있었다.

당시 카디자는 40세[15]의 미망인으로 혼자서 장사를 하면서 부를 축척한 여장부로 명성을 떨쳤으며 메카의 좋은 가문의 훌륭한 남성들로부터 많은 청혼을 받았지만 그때마다 다 거절한 상황이었다. 그러한 그녀에게 무함마드의 출현은 신선함 그 자체였으며 25세의 젊고 성실한 청년이라는 것 이외에는 내세울 것이 없는 가난한 무함마드 또한 새로운 삶의 전기를 맞이할 수 있는 중요한 선택이었다.

카디자는 무함마드에게 매파를 보내서 그녀의 마음을 전했다. 이

---

15) 일설에는 그녀의 나이에 대하여 이견을 가지는 학자들도 있다. 무함마드와 결혼 후에 카디자가 출산한 자녀들을 보면 장남이었던 알까심과 자이납, 루까이야, 움무꿀숨, 파띠마, 압둘라까지 6남매를 두고 있다. 출산 가능한 연령을 고려할 때 40세보다는 좀 더 젊은 나이에 결혼했을 것으로 보는 견해도 있다.

소식을 전해들은 무함마드는 삼촌들에게 그녀의 제안을 말하자 삼촌들은 이를 흔쾌히 받아들여 두 사람의 결혼은 성사될 수 있었다. 결혼식에는 무함마드의 유모인 할리마와 그녀의 가족들도 초대 되었으며 이후에도 할리마는 어려울 때마다 메카에 와서 무함마드로부터 경제적인 도움을 받았다고 한다. 무함마드는 가정을 이룬 후에는 더욱더 후덕해졌으며 관대함과 남을 배려하는 포용심은 해를 거듭할수록 깊이를 더해 갔다.

무함마드의 혼인은 하쉼 가(Banu Hāshim)와 무다르 가(Banu Mudār)의 공고한 결속과 동맹을 의미하였으며 무함마드 자신에게는 지금까지 살아왔던 삶의 방식에서 탈피하여 새로운 삶을 살게 되는 중요한 전환기가 되었다. 당시 무다르 가(家)는 메카의 다른 부족들과 다르게 부족 구성원 모두가 대체적으로 부자들이었으며 지식과 교양 면에서도 다른 부족들과는 차이를 두고 있었다. 그들 중에는 기독교 신앙을 가진 자들도 있었고 다신행위와 우상숭배의 부당함을 이해하고 있었던 사람들이 많았다. 특히 절대자, 창조주에 대한 확실한 개념이 없었음에도 천국과 지옥에 대한 확신을 가지고 있었으며 일상생활에서 선을 베풀고 구원을 믿었던 사람들이었다. 무함마드는 이러한 배경을 등에 업고 막연한 미지의 신의 존재에 대하여 숙고하는 계기가 되었으며 우상숭배의 부당함과 미신의 허구에 대하여 확신을 가질 수 있었다. 특히 그의 아내 카디자는 많은 것을 소유한 부자였음에도 부족사회의 계율이나 계급, 그리고 신분의 귀천을 떠나 삶의 동반자로서 그리고 조력자로서 무함마드를 편하게 하는 이상적인 아내였으며 무함마드 역시 그녀에 대하여 항상 감사하는 마음을 가지고 있었다. 무함마드는 그의 결혼생활을 묘사하여 만일 아담이

천국에서 그의 삶을 본다면 슬픔에 잠겨 다음과 같이 외칠 것이라고
말했다.

"신께서 나보다 무함마드를 더 사랑하셨으니, 그의 아내 카디자는
신의 뜻을 실현케 하기 위하여 도움이 되었지만 하와는 나에게 신을
배반케 하는 하수인에 불과했으니……."

무함마드는 처음으로 카디자와 결혼하여 아들 둘과 딸 넷을 두었
으며 부인 카디자가 세상을 등질 때까지 다른 여자와 결혼하지 않
았다.

카으바 재건축

무함마드가 메카에서 두각을 나타낸 것은 서기 605년경 그의 나
이 35세가 되었을 때였다. 어느 날 화재로 인하여 카으바는 불길에
휩싸였고 전소되지는 않았지만 많은 피해를 입었다. 이에 더하여 대
홍수가 나서 메카 외곽으로부터 카으바 쪽으로 물이 밀려들어와 카
으바가 파괴되기도 하였다. 그래서 카으바를 관리하고 운영해왔던
꾸레이쉬 부족들에게는 빠른 시일 안에 이를 재건하는 것이 절대적
인 과제였다. 꾸레이쉬 부족은 카으바의 재건에 대하여 사람들에게
알리고 메카 주민들은 물론 메카를 방문하는 모든 사람들을 통해서
깨끗하고 합법적인 신의 재단을 건립하기 위한 모금활동을 대대적
으로 실시했다. 다양한 종류의 많은 사람들이 모금에 참여하고자 했
지만 신성한 카으바를 재건하기 위한 기금은 정당하고 깨끗하게 만
들어진 돈만 모금해야 했기 때문에 고리대금을 통하여 부당하게 축
재한 재산이나 매춘을 통하여 번 돈과 같이 부정한 돈은 모금에서

제외하기로 했다. 카으바를 재건할 수 있을 만큼의 적당한 기금이 모금되자 부서진 벽을 허무는 일이 문제가 되었다. 왜냐하면 신전을 마음대로 허무는 것은 신의 분노를 살 수 있는 일이라고 생각해 누구도 이를 헐기 위해 선뜻 나서지 않았기 때문이다. 조상 대대로 이 카으바를 통하여 알라를 숭배하고 각종 우상들과 신들을 모시고 관리해온 꾸레이쉬 부족에게 성역에 곡괭이질을 한다는 것은 결코 용납될 수 없는 어려운 일이었다. 다행히 많은 논쟁 끝에 이 일이 신전을 파괴하여 없애는 것이 아니라 더 크고 훌륭한 신전을 재건하는 일이라는데 의기투합하여 화재와 홍수로 허물어진 카으바의 벽들을 허물 수 있었다.

새로운 모습의 웅장한 카으바가 그 위용을 드러내기 시작했을 때 재건을 주도한 꾸레이쉬 부족들에게는 또 다른 시련이 닥쳐왔다. 그들은 큰 혼란에 빠질 수밖에 없었다. 그것은 카으바의 한 모퉁이에 설치되어 있었던 흑석(al-Hajar al-Aswad)을 다시 원위치에 두는 것이었다. 흑석을 원래의 자리에 다시 두는 것에 대해서는 부족 간의 합의가 이루어졌지만 어느 부족이 흑석을 옮기느냐에 대해서는 합의가 이루어지지 않았고 각각의 부족들이 자기들만이 그 일을 할 수 있다고 주장하면서 의견을 달리했던 것이다. 모든 부족들이 다 흑석을 제 자리에 두는 영광을 누리고자 했기 때문에 한 치의 양보도 불가능했으며 급기야 부족 간에 전투가 야기될 상황에까지 이르게 되었다. 그러던 중 중재안이 나왔는데 그것은 카으바에 제일 먼저 도착한 사람의 의견을 따르고 그 의견을 받아들이기로 하자는 것이었다. 이에 각 부족들은 모두 찬성했다. 다음날 제일 먼저 모습을 나타낸 사람은 무함마드였다. 그래서 무함마드는 생각지 않은 일에 중재인으로서 역할을 하게 되었고 지혜를 발휘할 기회를 가질 수 있었다. 그의 제안은 흑석을 넓은 천에 올려놓고 각 부족 대표들이 모두 함께 흑석을 카으바로 옮기자는 것이었다. 그의 제안은 모두를 만족시킬 수 있었고 그래서 흑석은 꾸레이쉬 부족 구성원 전원이 동참하여 안전하게 옮겨져 제 자리에 놓일 수 있었다. 카으바의 재건과 관련한 무함마드의 지혜로운 중재는 극으로 치닫는 분쟁을 해결할 수 있었고 부족들 간의 통합을 이루는 계기가 되었다. 나아가 이 사건은 무함마드가 메카 사회에서 그의 존재를 확실히 각인시키는 계기가 되기도 하였다.

계시 전 무함마드의 삶

꾸레이쉬 부족은 메카에서 카으바를 관리하며 그곳에 각종 우상과 여러 가지 형태의 신들을 모셔두고 그곳을 방문하는 대상들과 순례객들을 상대로 무역에 종사하던 사람들이었다. 풀 한 포기 물 한 방울을 찾기 위하여 양떼를 이끌고 오아시스를 찾아 삶을 영위하는 유목민들의 척박한 삶에서 볼 수 있듯이 사막에서의 하루하루는 긴장의 연속이며 스스로를 지키지 못하면 어떤 형태의 공격도 받을 수 있는 약육강식의 시대에 무함마드는 태어나 성장했던 것이다. 이러한 무지의 시대를 배경으로 그리고 꾸레이쉬 부족의 특성과 전통을 그대로 지켜오던 조부와 숙부의 보살핌하에 성장해 왔음에도 무함마드는 결코 우상을 숭배하거나 미신을 믿는 행위를 하지 않았다. 그는 또한 우상숭배를 위하여 도살된 고기나 재단에 올리기 위하여 준비된 음식들도 먹지 않았다. 그뿐만 아니라 술과 도박 그리고 매춘이 만연한 사회였지만 그는 단 한 번도 이러한 것들을 가까이 하지 않았다. 그는 불우한 환경과는 다르게 항상 밝고 환한 모습으로 사람들을 대했고 그의 선천적으로 타고난 순수함은 삶 전반을 통해서 그대로 반영되었으며 말보다는 실천을 중시하고 침묵과 명상으로 진리의 본질을 찾고자 하는 의지의 청년으로 성장했던 것이다. 문제에 대한 정의로운 판단력과 인간관계에서 묻어나는 신뢰는 그를 '알-아민'이라고 부를 만큼 사람들에게 믿음을 심어줄 수 있었다. 카디자와의 결혼은 그에게 많은 것을 이루게 해 주었는데 삶의 안정은 그에게 더 많은 명상의 시간을 가질 수 있게 하였고 특히 카으바 재건에서 보여준 지혜로움은 사람들을 감동시키기에 충분했다. 그는 모든 사람들에게 친절하였으며 헌신적인 자세로 어떤 일이든 사람들에게 도움을 주고자 했고 그의 이러한 희생정신은 각박한 사막생활에 사람들의 입에서 훈훈한 덕담으로 전해졌고 부족들을 대하는 그의 성실한 자세는 차기 꾸레이쉬 부족의 지도자로 알려지기도 하였다.

『꾸란』 이전 아랍 세계와 무함마드의 출현

2부

『꾸란』의

계시

[개관] 혁명과도 같은 변화의 시작

『꾸란』은 지금으로부터 1,400여 년 전 하나님(알라)께서 예언자 무
함마드에게 계시하신 계시서이다. 『꾸란』이 계시되기 전 아랍사회는
메카를 중심으로 남쪽으로는 예멘 그리고 북쪽으로는 메디나와 시
리아를 두고 크고 작은 오아시스를 중심으로 목축과 대상을 이끌고
무역에 종사하는 부족사회였다. 『꾸란』은 이러한 크고 작은 부족사
회를 정치와 종교를 하나로 통일하는 계기가 되었으며, 계시 이후
아랍은 물론 주변국들까지도 이슬람제국이라는 이름으로 『꾸란』에
의한 통치하에 있게 되었다. 『꾸란』의 계시로 인한 사회적 변화는
걷잡을 수 없는 혁명과도 같았으며 급기야 첫 계시 이후 예언자 무
함마드의 타계까지 총 23년이라는 짧은 선교배경을 뒤로 하고 이슬
람은 아라비아 반도 전역은 물론 북아프리카의 아비시니아 지역, 터
키를 포함한 중앙아시아 지역 그리고 중국에 이르기까지 방대하게
알려지는 획기적인 변화를 가져오게 되었다. 『꾸란』은 약육강식의

혼란한 사회상을 접고 성문화된 법에 의해 신정일치(神政一致)의 통치이념을 실현하여 종교적 가르침을 바탕으로 무력이 아닌 이성으로 이슬람제국을 건설할 수 있는 충분한 근거가 될 수 있었다.

『꾸란』이 계시될 당시 아랍사회는 구성원 대부분이 문맹이었다. 글을 읽거나 쓸 수 없는 사람들이 많았기 때문에 부족들 간에 성행한 것이 시를 읊고 암송하면서 서로를 표현하고 이를 통하여 풍류를 즐기는 것이었다. 특히 매년 신의 휴전기가 되면 우까즈 시장에서 열리는 시 경연대회는 아라비아 반도 전역에서 모인 사람들이 자신들과 부족을 대표하여 스스로를 표현하기 위한 각축장이 되기도 하였다. 그것은 말(言)의 힘이 칼보다 더 강하다는 것을 실험하는 무대였으며 여기서 이긴 최고 시인은 곧 그 부족을 대표하는 장으로 추대되기도 하였다. 또한 우승한 시는 카으바 벽에 걸어두고 기념하기도 하였다. 이 시대의 특징 중 또 다른 하나는 남자들이 일정한 연령에 도달하면 연중 한 달 정도를 카으바 인근의 산이나 동굴 속에 들어가 외부와 접촉을 끊고 은둔생활을 하는 것이 관례였다. 그들은 은둔생활을 통하여 신과 만나고 진리를 찾으며 명상과 기도로 세월을 보냈다. 결혼 후 경제적으로 안정을 찾은 무함마드 역시 해마다 조부 압둘 무딸리브가 매년 은둔생활을 하던 동굴에서 한 달 동안 명상과 기도를 하면서 보냈다.

01 『꾸란』의 계시

예언자 무함마드와 계시

무함마드는 40세가 되었을 때 매년 해왔던 것처럼 그의 집에서 1km쯤 떨어진 누르산(Jabal an-Nūr, 빛의 산)에 있는 히라 동굴에서 명상을 하고 있었다. 누르산은 그 모양이 특이해서 멀리서도 쉽게 분간할 수 있었다. 히라 동굴은 우연의 일치인지 메카의 카으바 방향으로 향해 있었고 그 크기가 사람이 일어서도 머리가 닿지 않을 정도의 높이에 누울 수 있을 만큼 충분히 넓었다. 『꾸란』은 무함마드가 라마단 달에 명상을 하고 있던 중 처음으로 계시되었는데 『꾸란』이 계시된 신성한 그 밤을 다음과 같이 『꾸란』에는 묘사되어 있다.

> 실로 우리(알라)는 권능의 밤[16]에 『꾸란』을 계시했나니,
> 권능의 밤이 무엇인지 그대에게 알려주리라.
> 권능의 밤은 천 달(月)보다 나으니,
> 그 밤에 천사들과 지브리일이 하나님의 뜻에 따라 갖가지 명을 가지고 강림하여
> 새벽 동이 틀 때까지 머물며 평화를 기원하리라.(97:1-5)

히라 동굴에서 망토에 의지하여 명상을 하고 있던 무함마드는 어디선가 빛으로 둘러싸인 흰 눈보다 더 하얀 옷을 입은 한 남자의 부름을 들을 수 있었다. 그는 하나님의 명을 가지고 온 지브리일 천사

---

16) 라일라툴 까드르(Lailat al-Qadr)는 권능의 밤 또는 거룩한 밤, 성스러운 밤 등으로 해석할 수 있다. 이 밤은 라마단 달의 마지막 10일 중 홀수 되는 날의 하룻밤을 뜻하는데 이 밤에 천사들과 지브리일(Ruh)이 강림하여 새벽 동이 틀 때까지 머무르며 믿음을 가진 신앙인들에게 축복과 평화를 기원한다. 또한 이 밤에 행하는 기도와 선행의 가치는 천 개월(83년4개월) 동안 행하는 것보다 더 값진 것으로 『꾸란』은 표현하고 있다.

였다. "**이끄라**(Iqra, 읽어라)!" 무함마드는 심한 전율을 느끼며 자신은 읽을 줄도 또 쓸 줄도 모르는 문맹이라고 말했다. 그러자 천사는 그를 숨 쉴 수 없을 정도로 꽉 안았다 풀면서 다시 한 번 더 "**이끄라!**" 라고 말했다. 무함마드는 여전히 자신은 읽고 쓸 수 없는 사람이라고 말하자, 천사는 무함마드를 더욱더 강도 높게 옥죄이며 읽을 것을 명령했다. 숨이 막힐 것 같은 강력한 옥죄임은 세 번이나 계속되었다.

무엇을 읽으라는 것인가? 어리둥절해 하는 무함마드를 세 번째에는 풀어 주며 천사는 다음과 같이 낭송했다. 무함마드는 천사 지브리일의 낭송에 따라 천천히 낭송해 갔다.

> 자비로우시고 자애로우신 하나님(알라)의 이름으로
> 읽어라!
> 너를 창조하여 주신 주님의 이름으로
> 그분은 인간을 한 방울의 정액으로 창조 하셨느니라.
> 읽어라!
> 가장 고귀하신 너의 주님은
> 펜으로 (표현할 수 있도록) 일깨워 주셨으며
> 인간들에게 그들이 알지 못하는 것도 가르쳐 주셨느니라.(96:1-5)

천사의 부름과 강한 옥죄임으로 인해 충격을 받은 무함마드는 자신도 모르게 천사를 따라서 낭송했던 것이다. 그리고 천사를 따라 읊었던 그 구절들이 한 구절씩 머릿속에 선명 하게 새겨졌다. 무함마드는 강한 공포와 두려움에 동굴을 나와 하늘을 쳐다보았다. 그 순간 어디에선가 소리가 들려왔다.

"오, 무함마드! 너는 하나님의 사도(使徒)이니라. 그리고 나는 지브리일 천사이니라."

그리고는 그의 눈길이 가는 곳마다 그 곳에는 지브리일 천사가 있었다.

무함마드는 앞으로 나가지도 못하고, 뒤로 물러서지도 못한 채 전방을 주시하고 있었다.(Ibn Hisham as-Sirat an-Nabawiyah, 1/237)

이렇게 신의 계시는 마치 새벽을 서서히 밝히는 미명의 빛과 함께 시작되었다.

지브리일 천사의 모습이 멀어진 후 겁에 질려 집으로 돌아온 무함마드는 아내 카디자에게 동굴에서 있었던 일에 대하여 소상히 전했다. 카디자는 남편의 말을 신뢰하고 이를 확인하기 위하여 그녀의 사촌오빠인 와라까 븐 나우팔(Waraqa bn Naufal)을 찾아가 남편 무함마드에게 있었던 일들을 상세히 설명했다. 당시 와라까 븐 나우팔은 독실한 기독교 신자였는데 성서들을 많이 읽고 천사와 악마 그리고 예언자들에 대하여 자세히 알고 있었으며 구약과 신약에 대해서도 해박한 지식을 가지고 있었던 사람이었다. 카디자로부터 무함마드에게 일어난 일에 대하여 전해들은 와라까 븐 나우팔은 이야말로 일찍이 하나님께서 모세에게 내려 주셨던 계시와 같은 것이며 무함마드는 이 공동체에 보내진 하나님의 사도라고 말했다. 그리고 그는 이에 부연하여 이전의 예언자들이 그랬듯이 무함마드도 하나님의 말씀을 전하면서 동족들로부터 버림을 받고 추방되는 아픔을 겪을 것이며 만일 자신이 그때까지 살아 있다면 무함마드를 적극 도울 수 있을 것이라고 말했다.(Ibn Hisham as-Sirat an-Nabawiyah, 1/238)

히라 동굴에서 천사 지브리일을 만난 후 무함마드는 한동안 불안과 초조함으로 우울한 나날을 보냈다. 그러나 이른 아침에 집을 나와 누르산 동굴에서 명상을 할 때면 천사 지브리일과 조우한 기억들이 생생해지며 이러한 불안함과 초조함은 없어졌다. 또한 그 무엇인가에 이끌리는 듯한 기운을 느낄 때면 일순간 강한 자신감과 용기가 솟는 것을 알 수 있었다. 그러나 또다시 집으로 돌아오면 불안감은 계속되었으며 오한에 떨었다. 이러한 나날이 반복되면서 지브리일 천사의 계시는 재개되었다. 누르산에서 돌아와 오한에 떨면서 망토에 의지하고 있는 무함마드를 부르는 소리가 들렸다.

> 오! 망토를 걸친 자(무함마드)여,
> 일어나서 경고하라.
> 그리고 너의 주님을 찬양하라.
> 너의 의복을 정결히 하고
> 모든 부정한 것들(우상들)을 멀리하라.(74:1-5)

> 주(하나님)께서 너에게 은혜를 베풀 것이니 너는 이를 기뻐할 것이니라.
> 그분께서 고아였던 너를 보호하지 않았던가?
> 그분께서 방황하던 너를 바른 길로 인도하지 않았던가?
> 그분께서 가난하던 너를 부유하게 하지 않았던가?
> 그러니 고아들에게 거칠게 대하지 말고
> 불쌍한 자들을 욕하지 말라.
> 그리고 너의 주님의 은혜에 대하여 말하라.(93:5-11)

이렇게 하여 지브리일 천사를 통한 하나님의 계시는 지속되었으며 불안과 초조함 그리고 확신할 수 없었던 여러 가지 일들이 현실로 다가옴에 따라 무함마드는 자신이 하나님의 부름을 받은 사도[17]

---

17) 신학적 견해에서 예언자(an-Nabi, Prophet)와 사도(ar-Rasūl, Messenger)는 의미가 다르다.

임을 확신하게 되었다. **"읽어라"**로 시작된 계시에 이어지는 확신에
찬 하나님의 말씀들은 무함마드를 대중 앞에 설 수 있는 용기와 자
신감을 심어 주었고 자신이 하나님의 예언자임을 공공연하게 말할
수 있게 되었다.

부인 카디자의 이슬람과 초기 입교자들

무함마드의 예언을 처음으로 믿고 따랐던 사람은 그의 부인 카디
자였다. 예언자 무함마드가 히라 동굴에서 내려와 계시에 관한 말을
전달했을 때 그녀는 처음으로 유일신 알라에 대하여 확신에 찬 믿음
을 보였고 무함마드가 사도로서 하나님의 부름을 받았음을 인정하고
그의 말을 신뢰했던 것이다. 카디자의 믿음은 무함마드가 세상을 향
해 용기 있게 나설 수 있도록 확신을 주었다. 무함마드는 생전에 부
인 카디자를 회상할 때마다 그녀에 대한 사랑과 감동 그리고 감사의
마음으로 가득 차 있었다. 그래서 카디자는 예언자 무함마드의 부인
으로서 무슬림들에게 존경과 사랑의 대상으로 믿음의 상징이 되었으
며 무슬림들은 그녀를 일컬어 믿는 자들의 어머니(Ummu al-Mu'minin)
라고 불렀다.

카디자에 이어서 처음으로 남자 중에 이슬람에 입교한 사람은 예
언자의 사촌 동생인 알리(Ali bn Abi Tālib)였는데 그는 어릴 때부터 무
함마드의 집에서 머물며 그의 보살핌을 받고 있었다. 이슬람으로 귀
의할 때 그의 나이는 열 살이었다. 그는 어른으로 성장하면서 항상

예언자는 하나님의 말씀을 예언하는 자이며 사도는 성문화된 하나님의 말씀(계시)을 인
간들에게 전달하는 전령으로서 역할을 한다. 그래서 모든 사도는 예언자이지만 모든 예
언자는 사도가 아닐 수도 있다.

예언자 무함마드의 든든한 기둥으로 힘이 되었으며 이후에 이슬람이 성장하는 데 큰 역할을 한다. 알리는 예언자 무함마드 사후 4대 칼리파로 등극하여 이슬람제국의 지도자로서 이슬람발전에 크게 기여한다. 자이드(Zaid bn Harithah al-Kalabi)는 알리에 이어서 남자 중에서 2번째로 입교한 사람이다. 그는 시리아 출신으로 무함마드의 노예였지만 그가 자유의 몸으로 해방시켜준 사람이었다. 그는 자유의 몸이 된 이후에도 무함마드를 떠나지 않고 그의 곁에 머물며 계시에 대한 신뢰와 확신을 그대로 보여 주었다.

자이드 다음으로 입교한 사람은 아부 바크르(Abu Bakr as-Siddiq)였는데 그의 이슬람 입교로 인하여 무함마드는 이슬람선교에 새로운 전기를 맞이하게 된다. 메카의 부유한 상인이었던 아부 바크르는 예언자 무함마드의 가장 절친한 친구로서 부드러움과 훌륭한 인품을 갖춘 사람이었다. 그는 입교한 그날부터 예언자의 가르침을 사람들에게 전했으며 그의 풍부한 지식과 따뜻한 마음은 사람들을 이슬람으로 초대하기에 충분했다. 아부 바크르는 일생을 통하여 예언자의 가장 충실한 교우이자 동반자였다. 아부 바크르의 훌륭한 언변과 신념에 찬 적극적인 선교는 더 많은 사람들을 이슬람으로 초대할 수 있었다.

오스만 븐 아판(Usman bn A'faan), 주베이르 븐 알 아왐(Zubair bn al-A'wam), 압두라흐만 븐 아우프(Abdurrahman bn Auf), 싸아드 븐 아비 와까스(Saa'd bn Abi Waqas), 딸하 븐 우베이둘라(Talhat bn Ubeidullah)가 아부 바크르의 선교에 의해 예언자를 찾아와 이슬람으로 입문한 초창기 무슬림들이다.(Ibn Hisham, as-Sirat an-Nabawiyah, 1/240-252)

계시 이후 첫 3년간, 무함마드는 신도수를 늘리기 위하여 많은 노력을 했지만 그 숫자는 지극히 제한적이었고 이어지는 메카 주민들

의 냉대와 무시는 무함마드를 많이 힘들게 했다. 다신행위가 주류를
이루었던 메카 주민들과 주변의 아랍부족들에게 무함마드의 유일신
하나님에 대한 믿음의 선교는 어색하기만 했고 일부 사람들의 입에
서 비난의 대상이 되기도 하였지만 아직까지는 큰 관심을 가질 만큼
문제가 되지는 않았다. 수없이 많은 예언자와 사도들이 출현한 아랍
의 민족들에게 한사람이 길거리에서 자신이 예언자라고 칭하며 신
의 계시에 대해서 말했다고 해서 그들이 가던 길을 멈추고 귀 기울
일 정도의 사건은 아니었던 것이다.

예배와 가까운 친척들에 대한 선교

> 너의 가까운 친척들에게 경고하라. 그리고 너를 따르는 믿는 자들
> 을 위하여 날개를 낮게 내려라.(26:214-215)

부족들의 냉대와 무시를 뒤로 하고 지브리일 천사를 통하여 새로
운 메시지가 전달되었다. 지금까지 움츠리고 밖으로 나가기가 쉽지
않았던 무함마드는 이 계시를 통하여 당당히 밖으로 나갈 수 있었
다. 무함마드의 가까운 친척들은 할아버지 압둘 무딸리브의 자손들
로 그들을 상대로 이슬람을 알리는 것이 얼마나 힘든 것이라는 것을
무함마드는 누구보다 잘 알고 있었다. 어린 시절의 무함마드를 보호
하고 돌보아 주었던 아부 딸립은 성실하고 든든한 기둥이었지만 조
상들이 믿고 따랐던 신앙을 버릴 수 있는 용기 있는 사람은 아니었
다. 또한 그의 동생 아부 라합은 비교적 형제들 중에서는 가장 안정
적인 삶을 누렸는데 그는 무역을 통하여 많은 돈을 모았고 경제적으
로 가장 나은 위치에 있긴 했지만 무함마드에게는 어떤 도움도 되지

못했다. 그에게는 오직 물질적 풍요와 현실적인 삶이 전부였다. 무함마드의 숙모이자 아부 라합의 아내인 움무 자밀(Ummu Jamil)은 학식과 교양을 갖춘 여자였다. 그녀는 시를 쓰면서 풍류를 즐기는 사람이었다. 그러나 그녀는 조카의 유일신 초대에 대하여 악의에 찬 시를 써서 반기를 들고 사람들을 선동하여 무함마드를 많이 힘들게 하는 역할을 했다. 무함마드에게 마지막 희망은 압둘 무딸리브의 셋째와 넷째 아들인 함자와 압바스 두 삼촌 밖에 없었다. 함자는 사냥과 운동을 즐기는 건장한 전사 출신으로 메카에서 누구도 그를 대적하여 싸울 수 있는 사람이 없었다. 그리고 압바스는 메카와 인근 지역을 상대로 무역업에 종사하는 사람들에게 돈을 빌려주고 이자를 받는 고리대금업자였다.

무함마드는 『꾸란』의 가르침에 따라 그와 가장 가까운 친척들을 상대로 선교를 시작했지만 이를 받아들이는 그들의 자세는 너무나 달랐다. 어린 시절부터 어른으로 성장할 때까지 정신적으로 항상 의지하고 아버지의 역할을 해 주었던 아부 딸립은 무함마드의 삶에서 모든 것을 친자식처럼 아낌없이 지원해 주었지만 이슬람에 대해서만은 절대 수용할 수 없는 완고한 자세였다. 그리고 아부 라합은 가장 사악한 메카의 불신자들 중의 한 사람으로 일상생활을 제쳐두고 무함마드의 뒤를 쫓아다니며 계획적으로 선교를 방해하고 사람들을 선동하는 역할을 했다. 그의 아내는 그보다 더 심하게 무함마드를 저주하며 그가 사람들에게 이슬람을 알리고자 하는 한, 어떤 방법으로든 그를 저지할 것이라고 공공연하게 사람들에게 말하고 다녔다.

가까운 친척들과 이웃들에게 그의 마음을 다 표현할 수 없는 안타까운 시간이 한동안 흐른 후 지브리일 천사가 다시 하나님의 계시를 전달하기 위하여 내려 왔다. 그리고 무함마드에게 예배를 근행하기 위해서 꼭 필요한 의식인 몸을 정결히 하는 우두[18]를 가르쳐 주었다. 예언자 무함마드는 지브리일이 거행하는 청결의식을 한 동작도 놓치지 않고 주시하여 그대로 따라서 했다. 우두의식이 끝나자 지브리일 천사는 무함마드를 일으켜 세우고 예배를 근행하는 것을 가르쳐 주었다. 그리고는 무함마드가 자신이 행한 예배 방식을 그대로 수행하는 것을 확인한 후에 떠났다.(Ibn Hisham, as-Sirat an-Nabawiyah, 1/244)

이것이 예언자 무함마드가 계시를 받은 후 처음으로 거행한 예배이다. 무함마드는 집으로 돌아와 부인 카디자에게 지브리일 천사로부터 배운 우두와 예배 방식을 그대로 재현해 보여 주었고 카디자도 그를 따라서 우두와 예배를 거행하기 시작했다. 우두에 관한 『꾸란』의 가르침은 아래의 구절에서 설명하고 있다.

오! 믿는 자들이여, 만일 너희들이 예배를 근행하고자 한다면 얼굴을 씻고 팔꿈치까지 씻으며 너희들의 머리를 쓰다듬어 단정히 하고 발목까지 씻어야 하느니라.……(05:06)

그 뒤부터 예배 시간이 되면 예언자 무함마드는 알리를 데리고 메카 주민들이 보는 곳까지 나가서 예배를 거행했는데 이때만 해도 어렸던 알리는 그의 아버지 아부 딸립의 눈치를 보며 두려움을 감추지 못한 채 무함마드와 함께 예배를 거행했다. 묵묵히 예배를 근행하고 있는 조카와 아들의 모습을 지켜보던 아부 딸립은 무함마드에게 관

---

18) 우두(Udu), 무슬림들이 예배를 근행하기 전에 몸을 깨끗이 닦는 청결의식을 말한다. 신체의 더럽혀진 부분을 정해진 순서에 따라 깨끗이 닦고 몸이 정결해지면 예배를 근행할 수 있다.

심을 보이며 그가 하고 있는 그 종교가 무엇인지 물었다. 이에 무함
마드는 이것은 하나님의 종교이며 천사들의 종교이고 사도들의 종교,
그리고 우리들의 아버지인 이브라힘의 종교라고 말하고 하나님께서
자신을 사도로 보내 주셨다고 설명하면서 자신을 양육하고 거두어
준 삼촌이야말로 누구보다도 먼저 조카를 인정하고 좋은 충고와 도
움을 줄 것을 호소했다. 그러나 아부 딸립은 자신은 조상들의 믿음을
거부할 수 없어서 무함마드와 함께할 수 없지만 무함마드를 싫어하
거나 그의 선교를 방해하지 않겠다고 약속했다. 그리고 그는 아들 알
리에게 너의 종교가 무엇이며 무엇을 믿고 있는지 물었다. 이에 알리
는 "오! 아버지, 하나님을 믿고 그 분의 사도(무함마드)를 믿으며 그가
가져온 것(『꾸란』)을 확신하며 그분과 함께 예배를 근행하고 그분을
따르고 있습니다."라고 말했다. 아들의 확신에 찬 말을 들은 아부 딸
립은 그에게 "무함마드는 너에게 선(善)한 것 외에는 어떤 것도 요청
하지 않을 테니 그를 믿고 따르라."라고 말하고 그가 무함마드를 따
르도록 허락했다.(Ibn Hisham, as-Sirat an-Nabawiyah, 1/246-247)

꾸레이쉬 부족의 불신과 박해

빛의 산에서 천사 지브리일을 통해 계시가 시작된 지 4년째가 되
었다. 처음 3년간은 메카의 꾸레이쉬 부족들도 무함마드의 선교에
대하여 조소와 비난 정도로 가볍게 받아 들였지만 시간이 지나면서
우상숭배의 허구와 미신타파를 부르짖는 무함마드의 유일신에 대한
선교는 조상신을 믿고 우상들을 카으바에 모셔두고 다신행위를 일
삼던 그들에게는 정면으로 도전장을 내미는 것과 같았다. 왜냐하면

꾸레이쉬 부족들에게 카으바에 모셔둔 360개가 넘는 각종 우상과 다양한 형태의 미신행위들은 그들의 자존심이자 아랍인들을 지탱해 주는 전통이자 정신이었기 때문이다. 시간이 지나면서 꾸레이쉬 부족과의 골은 점점 깊어만 갔고 무함마드를 따르는 신도들은 수적으로 많이 늘어나지는 않았지만 그들의 신념과 확신은 어떤 누구도 꺾을 수 없었다. 그들은 비폭력과 무저항으로 "라 일라하 일랄라(La illaha illallah, 하나님 외에는 어떤 것도 신이 아니다)"를 외치며 그들의 회유와 박해에도 굴하지 않고 앞으로만 나갔다. 어느 날 아부 라합 일행은 무함마드가 카으바에 들어가서 예배를 근행하는 것을 막고자 했다. 그러나 무함마드는 이에 아랑곳하지 않고 묵묵히 들어가서 예배를 근행하고 있었다. 뒤에서 그를 야유하는 소리가 가까워지는가 싶더니 한 사람이 순식간에 무함마드가 걸치고 있던 망토를 뒤집어씌우고 모두들 그에게 달려들어 때리고 코와 입을 막아 질식시켜 죽이려고 했다. 무함마드는 겨우 위기를 모면하고 피투성이가 되어서 집으로 돌아왔다. 그러나 그 다음날도 그는 어제 있었던 일을 잊기라도 한 듯 똑같은 자세로 카으바에 나타나 어제와 같이 예배를 드렸다.

꾸레이쉬 부족의 박해가 심해지면서 무함마드의 아픔과 고뇌도 더 커져만 갔다. 특히 누구보다도 더 가까이서 도와주고 힘이 되어주어야 할 가장 가까운 가족들과 친척들의 반감과 불신은 무함마드를 더욱더 아프게 했다. 무함마드의 고뇌에 찬 아픔이 커지면 커질수록 아부 라합과 불신자들의 저주와 박해는 그 농도가 짙어져만 갔고 무함마드를 더욱더 힘들게 했다.

아부 라합[19]의 두 손은 멸망하고 또 멸망할 것이니

그의 재산과 그가 가진 모든 것은 그에게 어떤 도움도 주지 못하
리라.

그는 곧 타오르는 불지옥에 들게 되리라.

그의 아내는 (불지옥의) 장작을 운반하며

그녀의 목에는 단단히 묶인 동아줄이 매어져 있을 것이니라.(111:1-5)

빌랄과 야시르 가족의 이슬람

박해와 고문의 강도가 점점 심해져 감에 따라 무함마드의 의지와 그가 전하고자 하는 메시지에 대하여 관심을 갖는 사람들도 조금씩 늘어나기 시작했다. 그가 하나님의 말씀을 전달하기 위하여 몸으로 감당한 고통은 꾸레이쉬 부족과 메카의 기득권자들에게는 웃음거리에 불과했지만 그 시대에 소외되고 버림받은 삶을 살았던 또 다른 사람들에게는 구원이요 새로운 세상이 열리는 것이었다. 무함마드가 전하는 메시지는 간결하면서도 확신에 차 있었으며 새롭게 믿음의 길을 선택한 자들에게는 큰 위안과 방향을 제시하는 길이 되었다.

진실로 우리(하나님)는 비웃는 자들로부터 너를 보호할 것이니

하나님과 함께 다른 신을 두는 자들은 곧 깨닫게 될 것이니라.

그들의 그릇된 행위로 너의 가슴이 미어지는 것을 우리는 알고 있
나니

---

19) 아부 라합(Abu Lahab Abdul-Uzzah bn Abdul Mutalib): 화염의 아버지라는 별명을 가진 무함마드의 삼촌들 중의 한 사람, 형제들 중에서 경제적으로 가장 풍족한 사람이었다. 그는 무함마드의 선교에 대하여 메카 주민들과 함께 조직적으로 방해했으며 무함마드를 저주하고 그를 파멸시키기 위하여 다양한 방법을 시도했다. 그의 박해와 저주의 강도가 최고에 달했을 때 위『꾸란』구절이 계시 되었으며 그가 가진 많은 재산이나 사회적 배경은 무함마드의 유일신 선교를 저지할 수 없었고 어떤 종류의 박해도 그에게 무의미했음을 전하고 있다. 또한 그의 아내 움무 자밀(Ummu Jamil)은 무함마드의 선교를 막기 위하여 중상과 모략으로 사람들 사이를 이간질하여 선교를 방해한 것으로 유명하다.

너의 주님의 영광에 찬미 드리고 엎드려 절하라.
그리고 죽음을 맞이할 그때까지 너의 주님을 경배하라.(15:95-99)

특히 사회적으로 소외되고 보호받지 못하던 계층의 사람들에게 그의 메시지는 단비와 같은 희소식이었다. 만인평등에 대한 부르짖음은 피부색이나 민족, 그리고 빈부(貧富)와 귀천(貴賤)에 따라 구분되었던 제도적 허점을 드러내게 했고 그동안 기득권자들의 학대 속에서 모든 고통을 참아왔던 노예들이나 흑인들 그리고 이방인들과 가난한 자들은 누구나 다 대등한 자격으로 유일하신 한 분 하나님 앞에 설 수 있다는 것 이외에 더 큰 위안은 있을 수 없었다.

빌랄(bilāl bn Rabāh al-Habashi)은 메카의 부호 우마이야(Umaiya bn Khalaf)의 흑인 노예였다. 무함마드의 메시지를 전해들은 그는 이슬람으로 바로 귀의했고 이를 안 우마이야는 크게 노하여 그의 목을 밧줄로 묶어 동네 아이들에게 끌고 다니도록 했다. 그런 상황에서도 그는 오직 "알라후 아하드(Allah Ahad, 하나님은 한 분이시다.)"라고만 외쳤다. 그럴수록 우마이야의 고문은 더욱더 악랄해져 갔다. 타는 사막의 모래 위에 며칠을 굶긴 채 큰 돌로 움직이지 못하게 눌러놓고 그에게 이슬람을 버릴 것인가 아니면 죽음을 택할 것인가를 물었다. 심한 배고픔과 갈증, 그리고 엄습해오는 죽음의 공포에도 불구하고, 그는 신음하며 오직 "알라후 아하드"라고 말했다. 흑인 노예 빌랄은 죽음을 택했고 주인은 그를 버리고 사막을 떠났다. 이러한 사실을 안 아부 바크르는 우마이야를 찾아가 죽어가는 노예를 자신에게 양도해 줄 것을 부탁했다. 그리고 그는 비싼 값을 치르고 빌랄을 데려와 해방시켜 주었다. 이후 빌랄은 최초의 무앗진(Muazzin, 예배시간을 알리는 사람)으로 예언자를 따르며 조력자의 역할을 다했다.

또한 최초의 순교자 암마르(Ammar bn Yāsir)의 가족은 마크줌 가(家)의 노예들이었다. 암마르와 함께 그의 아버지 야시르(Ammar bn Yāsir)와 어머니 수마이야가 이슬람으로 귀의하자 그의 주인이었던 아부 자흘20)은 그들을 묶어 이글이글 타오르는 사막으로 내쫓았다. 그늘도 없는 사막에서 채찍을 맞으며 당하는 고통은 어떤 무엇과도 비교할 수 없었다. 이 광경을 본 예언자 무함마드가 그들에게 할 수 있는 말은 오직 "오! 야시르의 가족들이여, 참고 견디세요. 여러분은 천국을 보장받을 것입니다……"뿐이었다. 그들을 위하여 기도 이외의 어떤 조치도 취할 수 없는 무함마드는 너무나 슬펐다. 이에 반하여 무함마드의 고뇌와 슬픔을 안 아부 자흘은 희열을 느꼈고 그의 고문과 박해는 더욱더 심해져만 갔다.

아부 자흘의 가혹 행위에 대하여 알게 된 아부 바크르는 빌랄을 매입하여 노예의 신분에서 해방시켜 주었던 것과 같이 야시르의 가족도 해방시켜 주기 위하여 아부 자흘에게 암마르의 가족을 풀어 줄 것을 제안했다. 그러나 아부 자흘에게 이미 돈은 어떤 역할도 하지 못했다. 그는 아부 바크르의 제안을 무시하고 먼저 암마르의 어머니 수마이야를 사람들 앞으로 데리고 나와서 물었다. 카으바의 우상들에게 경배할 것인가 아니면 무함마드의 신에게 경배할 것인가? 그녀는 추호의 의심이나 미련도 없었다. "알라후 아하드" 한 분 하나님에 대한 신앙뿐이었다. 아부 자흘은 늙어서 힘없는, 고문으로 지칠 대로 지친 암마르의 어머니를 창으로 찔러서 죽였다. 이어서 그녀의

---

20) 아부 자흘(Abu Jahl)은 광기(狂氣)의 아버지라고 불렸다. 아부 라합과 함께 무함마드의 선교를 막았던 대표적인 우상숭배자들 중의 한 사람으로, 특히 무함마드에 대하여 편집적이라고 할 만큼 격렬한 증오심을 가지고 있었다.

남편 야시르도 계속되는 고문의 고통을 견디지 못하고 결국 사망했다. 그들은 이슬람을 위하여 죽음을 선택한 최초의 순교자들이었다. 부모를 잃은 암마르는 계속되는 고문과 냉대에도 불구하고 흔들림 없이 그의 신앙을 지켜 갔다.

점점 심해지는 꾸레이쉬 부족의 박해와 압박은 무함마드를 더욱더 힘들게 했다. 하지만 묵묵히 지속되는 무함마드의 선교에 꾸레이쉬 부족은 더욱더 잔인해졌다. 그들은 무함마드와 그를 따르는 사람들이 카으바에 진입하는 것을 금지했고, 그가 길거리에 나타나면 등 뒤에서 어김없이 돌을 던지며 야유와 조소를 보냈다.

이렇듯 꾸레이쉬 부족들이 무함마드를 절대적으로 증오하고 박해를 가하는 이유는 유일신에 대한 계시가 내려지면서 우상숭배가 배격되었기 때문이다. 이는 우상들을 숭배해온 그들의 조상들을 공격하는 것이었고, 조상신을 믿었던 그들의 전통을 송두리째 뒤흔드는 것이었다. 또 다른 이유는 경제적 문제 때문이었다. 메카의 꾸레이쉬 부족들은 4개월간의 신의 휴전기간에 아라비아 반도 전역에서 모인 사람들을 대상으로 무역을 하고, 카으바에 모아둔 우상들의 순례를 주도한 수입으로 생계를 유지하였다. 그러나 이슬람에 입교하는 사람들이 많아지면 카으바로 모여드는 사람이 줄어들어 그들의 수입도 줄 수밖에 없었기 때문이었다.

무함마드의 유일신에 대한 선교는 메카를 중심으로 모든 종교와 문화의 전시장처럼 이해하고 받아들였던 꾸레이쉬 부족들에게는 모든 것을 포기해야 하는 것이었다. 다시 말해서 조상 대대로 전해져 오던 아랍인들의 정체성은 물론 자신들만이 가질 수 있는 모든 기득권을 포기해야 하는 것이었다. 이러한 이유 때문에 그들은 무함마드가 주장하는 종교에 대해서만은 모두가 하나로 뭉쳐 반기를 들고 나섰던 것이다.

다룰 아르깜 선교

카으바에서 모여 예배를 드리던 무슬림들은 꾸레이쉬 부족들의 조직적인 박해 때문에 더 이상 카으바에 모일 수 없게 되었다. 죽음을 무릅쓰고 카으바에서 예배를 드리려고 했지만, 다수의 그들을 상대하는 것은 불가능한 일이었다. 그래서 무함마드는 부득이 집안에서 선교를 하거나, 꾸레이쉬 부족의 눈을 피해 메카 시내에서 조금 떨어진 싸파 동산의 계곡에 있는 다룰 아르깜에서 교우들을 그곳에 모이게 하고 『꾸란』을 가르쳤다.

다룰 아르깜(Dar al-Arqam)[21]은 카으바에서 조금 떨어진 계곡에 있었기 때문에 꾸레이쉬 부족들의 눈에 잘 띄지 않았다. 다룰 아르깜은 박해로 인하여 공개적으로 선교를 할 수 없는 상대적 약자였던 무슬림들에게 큰 위안이었으며 그곳에서 시작된 무함마드의 가르침은 입에서 입으로 교우들에게 전달되었다. 그러나 무함마드를 따르는 사람들이 수적으로 조금씩 늘어나자 다룰 아르깜의 안정도 보장되지 못했다. 무슬림들은 언제 어떻게 불신자들의 공격을 받을지 모르기 때문에 경계를 늦추지 않은 상태에서 집회를 열고 함께 예배를 드리곤 했다.

---

21) 다룰 아르깜(Dār al-Arqam): 불신자들의 박해가 심해지면서 카으바에서 예배를 근행할 수 없게 되자 무함마드는 그의 교우들을 싸파 동산의 계곡 외진 곳에서 비밀스럽게 모여 회합을 하고『꾸란』을 공부하도록 했다. 그 집을 제공한 사람의 이름을 따서 '아르깜의 집'이라고 불렀다.

아비시니아[22] 이주

무함마드를 추종하는 신자들의 수가 40여 명에 달하고 그들의 신념이나 의지가 강한 결속력으로 세력화되자 메카의 다신교도들과 불신자들은 그들에 대한 경계를 강화하고 더욱 조직적으로 박해하기 위해 준비했다.

무슬림들의 결속과 수적 증가는 지금껏 대수롭지 않게 대처했던 꾸레이쉬 부족들에게 큰 위협으로 다가왔다. 또한 날이 갈수록 죽음조차 두려워하지 않고 "라일라하 일랄라(La illaha illallah, 하나님 외에는 어떤 것도 신이 아니다)"라는 그들의 외침은 꾸레이쉬 부족들에게 메카의 정체성을 송두리째 흔드는 커다란 사회적 문제로 여겨졌기 때문이다. 이에 메카 불신자들은 더욱더 강하고 구체적으로 박해를 더해갔고 무함마드와 그의 추종자들이 다룰 아르깜에서 모이는 것은 이미 어렵게 되고 말았다.

빛의 산에서 계시가 시작된 후 5년 반이 지나고 불신자들의 박해가 최고 절정에 달하자, 무함마드는 늘어나는 신도들을 갈수록 심해지는 고문과 박해로부터 보호하고 안전하게 신앙생활을 할 수 있는 방법을 고민하게 되었다. 해결방법은 멀리 있지 않았다. 그때 그들에게 다른 지역으로 이주해서 하나님의 말씀을 전하라는 계시가 있었다. 하나님을 믿을 수 있는 땅은 넓고 또 넓었다.

오! 무함마드, 믿음을 가진 나의 종들에게 말하라, 너희 주님을 두려워하라. 보상은 현세에서 선을 행하는 자들에게만 있느니라. 그

---

22) 아비시니아(Abyssinia)는 에티오피아의 옛 이름으로 오늘날은 국명이 아니라 지리적 명칭으로 쓰이고 있으며, 또 에티오피아 민족 중에서 가장 중요한 위치를 차지하는 암하라족(族)을 지칭하기도 한다.

리고 하나님의 땅은 넓고 넓으니, 실로 인내하는 자들만이 천국의
보상을 받게 되리라.(39:10)[23]

그 당시 아스하마 안 나자쉬(Ashama an-Najāshi) 아비시니아(Abyssinia)
왕은 기독교 신자로서 공정하고 정의로운 통치자로 안정되고 평화
롭게 나라를 이끌어 가고 있었다. 그래서 박해받고 힘들게 이주해온
같은 하나님을 믿는 사람들을 거부하지 않을 것으로 무함마드는 확
신한 것이다. 12명의 남자와 4명의 여성 무슬림들이 이주를 결심하
고 오스만 븐 압판이 그들을 인솔했다. 그의 부인이자 예언자의 딸
인 루까이야도 남편을 따라 나섰다.(Zād al-Ma'ad, 1/97) 그들은 불신자
들의 눈을 피해 한밤중에 한 사람씩 슈에이바 항(Mināa al-Shuaibah)[24]
으로 나갔고 그곳에는 2척의 배가 미리 준비되어 있었다. 무슬림들
의 이주에 대하여 뒤늦게 알게 된 꾸레이쉬 불신자들은 그들의 뒤를
추적했지만 이미 배는 안전하게 항구를 벗어나 있었다. 아비시니아
에 도착한 무슬림 이주자들은 왕의 환대를 받으며 안전하게 머물 수
있었다.

무슬림들의 첫 번째 이주는 수적으로는 적었지만 이슬람 역사에
서 큰 흔적을 남긴 중요한 사건이었다. 메카에서 받아들여지지 않았
던 유일신 하나님에 대한 믿음이 그들에게는 통했으며, 불신자들에
게는 무함마드의 메시지가 믿음의 증거가 됨을 확인하는 계기가 되
었다.

---

23) 아부 딸립의 아들이자 무함마드의 사촌이었던 자으파르와 그의 동료들이 무함마드의 아
   비시니아 지역으로 이주할 것을 결심했을 때 본 절이 계시되었다.

24) 슈에이바 항(Mināa al-Shuaibah)은 메카 앞바다에 위치한 작은 항으로 이슬람 이전부터
   아비시니아 지역과 교역하기 위해 사용되던 항구이다. 아비시니아 지역에서 출발한 배
   들은 슈에이바 항을 거쳐 제다 항으로 갔다고 한다.

아비시니아의 나자쉬 왕이 무슬림들에게 환대하고 그들을 편안하게 머물도록 배려한 사실이 꾸레이쉬 부족과 메카의 불신자들에게 알려지자 그들은 무슬림들뿐만 아니라 그들의 친척들에게까지 노골적으로 적대감을 나타내기 시작했다. 그럼에도 아비시니아로 이주한 무슬림들이 박해받지 않고 편안히 지낸다는 소식은 메카에 남아 있는 무슬림들에게는 희소식이었고 불신자들의 박해를 피할 수 있는 희망이었다. 신도수가 점점 늘면서 메카 불신자들의 박해도 심해지자 같은 해 말에 무함마드는 2차 아비시니아로의 이주를 결심하고 이번에는 100명(Zād al-Ma'ad, 1/98)[25])이 넘는 남녀 무슬림들이 아비시니아로의 이주에 동참하게 했다. 메카 불신자들은 무슬림들의 이주로를 차단하여 경계하고 철저히 방해하고 있었기 때문에 1차 때보다 더 힘들었다. 그들의 방해에도 불구하고 아비시니아에 도착한 무슬림들은 나자쉬 왕의 환대를 받으며 그곳의 주민들과 섞여 편안하게 정착할 수 있었다.

메카의 불신자들에게 아비시니아에 이주한 무슬림들이 왕의 도움으로 종교적 보호는 물론 환대까지 받고 있다는 사실은 도저히 용납할 수 없는 중대한 사안이었다. 그래서 그들은 아비시니아 왕과 협상하여 무슬림 이주민들을 돌려받기 위한 방법을 찾았다. 그것은 그들 중에 가장 부드럽고 협상력이 있는 두 사람 아므루 븐 알 아쓰(Amru bn al-Ās)와 압둘라 븐 아비 알 라비아(Abdullah bn abi ar-Rabia'h)를 내세워 사절단을 구성하여 아비시니아 왕을 만나 그들을 추방하도록 요청하는 것이었다. 나자쉬 왕과 그의 신하들에게 줄 갖가지 진귀한 선물들

---

25) 이븐 알-까이임은 2차 이주에는 이슬람에 입교하여 처음으로 순교자가 된 야시르의 아들 암마르를 포함해서 101명(남자 83명, 여자 18명)이 아비시니아로 이주했다고 전한다.

을 가지고 왕궁에 도착한 아므루 브 아스와 압둘라는 왕에게 그들을 데려갈 수 있도록 해줄 것을 간청했다. 이 말을 듣고 있던 신하들도 그들의 말에 동조하여 메카에서 온 이주민들을 인계하는 것이 좋겠다고 왕에게 청했지만 나자쉬 왕은 정의롭고 공정했다. 그는 무슬림들을 불러 무엇이 진실인지 물었다. 왜 조상들이 믿어 왔던 종교를 부정하였으며 또한 자신의 종교는 물론 다른 어떤 종교도 따르지 않는지에 대하여 물었다. 자으파르 브 아비 딸립(Ja'far bn abi Talib)이 이주 무슬림들을 대표해서 말했다. "폐하! 저희는 참으로 무지한 사람들이었습니다. 우상을 숭배하고 죽은 고기를 먹었으며 수많은 악행을 저지르며 인간의 본성을 저버리고 살았습니다. 그러던 중 하나님께서 저희 중의 한 사람을 선택하여 그분의 말씀을 전해주셨습니다. 그는 저희들에게 오직 한 분이신 하나님의 유일성에 대하여 알게 해 주었으며 저희들의 조상들이 숭배하던 각종 우상들로부터 벗어나 한 분이신 창조주 하나님만을 경배하도록 가르쳤습니다. 그는 정의롭고 신뢰할 수 있는 사람으로 이전부터 잘 알려져 있었으며 그의 가르침은 진실하고 확신에 차 있었습니다. 그는 형제들과 친척들의 결속을 중시하고 이웃을 가족처럼 사랑하라고 했습니다. 그리고 고아와 여성들을 보호하고 그들에게도 인격적으로 대해야 하며 거짓말을 하지 말도록 가르쳤습니다. 저희들은 그분께서 금하신 것을 멀리하고 그분께서 권하신 것을 서로서로 권장하며 이를 실천하였습니다. 그러나 그들은 저희들의 이러한 새로운 삶을 학대하고 고문하였으며 우리의 신앙을 버리고 우상을 숭배하도록 강요했습니다. 그래서 저희는 폐하의 나라로 피신하였습니다. 저희는 폐하께서도 저희들과 같은 하나님을 믿고 있으며 신앙으로 믿는 자들을 박해하지 않는 왕이시라는 것을 알

고 있었습니다."(al-Rahiq al-Makhtum, pp. 145-146)

조용히 듣고 있던 왕은 그들이 믿고 있는 하나님에 대한 확신할 수 있는 증거가 있는지 다시 물었다. 이에 자으파르는 알리에게 『꾸란』의 마리얌장26)을 읽도록 했다.

> 그리고 가족들을 떠나 동쪽으로 향한 마리아에 관한 성서의 내용을 언급하라,
> 사람들로부터 보이지 않도록 그녀가 얼굴을 가렸을 때 우리(하나님)는 그녀에게 사람과 똑 같은 모습의 천사를 보냈노라,
> 그때 그녀가 (천사에게) 말하기를 만일 당신이 나를 해하고자 한다면 실로 하나님의 자비로우신 보호를 구하나이다.
> 이에 (천사가) 나는 오직 하나님께서 보내신 사도로 너에게 정의로운 아들의 소식을 전하기 위하여 왔노라고 말하니,
> 나는 어떤 남자와도 접촉하지 않았고 부정한 행위도 하지 않았는데 어찌 아이를 가질 수 있다는 것인가라고 말하니, 천사가 말하길 그렇게 될 것이니라.(19:16-21)

알리가 암송하는 『꾸란』 구절을 듣고 있던 왕은 긴 수염이 흠뻑 젖을 만큼 눈물을 흘렸다. 알리가 낭송한 마리아장은 왕을 감동시키기에 충분했다. 그뿐만 아니라 왕은 자신이 믿고 있는 것과 메카에서 이주해온 사람들이 믿고 있는 것이 크게 다르지 않은 것에 스스로 놀라며 자신은 메카에서 이주해온 무슬림들을 결코 돌려보내지 않겠다고 신하들과 사절단 앞에서 공언하고 무슬림들에게 자기의 백성들과 어울려서 편안하게 살 수 있도록 허락했다. 왕을 회유하여

---

26) 마르얌 장(Surat Maryam)은 창조주의 존재와 유일성 그리고 부활과 심판에 대한 기본교리로 이루어져 있으며, 이 장이 마리아(마르얌)장으로 불린 것은 남자의 손길이 닿지 않은 마리아가 하나님의 뜻에 따라 처녀의 몸으로 예수를 잉태한 것에서 유래한다.

무슬림들을 그곳에서 추방하고자 한 불신자들의 계획은 물거품이 되었고 사절단은 목적을 달성하지 못한 채 쓸쓸히 왕궁을 떠났다.

함자와 오마르의 이슬람

두 차례에 걸쳐 성공적으로 피신한 무슬림들은 간간이 메카를 오가며 불신자들의 눈을 피해 세를 키워가고 있었다. 이에 반하여 아비시니아 왕으로부터 송환을 거절당한 메카의 불신자들은 그들의 잔인성과 포악함이 극에 달했다. 그러나 아직까지 메카에 남아 있던 몇몇 무슬림들은 높은 지위에 있는 사람들이거나 신분이 보장된 사람이었기 때문에 불신자들도 그들을 쉽게 대할 수 없는 상황이었다. 그럼에도 그들도 불신자들의 눈을 피해 신앙생활을 할 수 밖에 없었다. 그들의 박해가 이성을 잃어가고 있었기 때문에 가능한 한 그들과 부딪히지 않는 것이 가장 좋은 방법이었다. 그러나 무함마드는 달랐다. 그들의 박해가 심해질수록 그의 인내와 의지는 더욱더 결연했으며 그들의 박해에 굴하지 않고 앞으로만 향한 것이다.

너에게 명한 것을 따르라 그리고 불신자들로부터 멀리하라.(15:94)

예언자 무함마드가 계시를 받은 지 6년이 지났다. 그해 말 어느 날 무함마드는 싸파 동산 근처에서 마크줌 가(家)의 아부 자흘을 만났는데 그는 이유 없이 무함마드에게 심한 욕설과 폭행을 가했다. 심하게 당했음에도 어떠한 저항도 하지 않는 무함마드에게 아부 자흘은 더욱 흥분하여 자신의 분을 삭일 수 없었다. 그래서 그는 여기에 더해 돌로 무함마드의 머리를 때려 피가 흐르게 했다. 그런 후 아부 자흘은 아무 일도 없었던 것처럼 카으바에서 꾸레이쉬 부족의 모임에 참석했다. 이 사실을 목격한 압둘라 자드안(Abdullah bn Jad'ān)의 몸종은 자신이 목격한 그대로를 길을 가던 함자(Hamzah bn Abdul Mutalib)에게 전했다. 함자는 화가 머리끝까지 나서 아부 자흘을 만나면 바로 죽여 버리겠다고 그를 향해 달려갔다. 함자는 꾸레이쉬 부족 중에서 가장 힘이 세고 용맹한 사람이었다. 그는 순식간에 아부 자흘을 찾아 제압하고 그의 목에 걸터앉아 그에게 다음과 같이 말했다. "이 천하에 나쁜 놈아, 네가 감히 나의 형님의 아들을 욕보였어? 내가 그 종교를 따른다면 어떻게 하겠느냐?" 그리고 그는 가지고 있던 화살로 그를 사정없이 때렸다. 아부 자흘은 자신이 그의 조카를 폭행하고 굴욕적인 욕을 해서 그를 화나게 한 것에 대하여 인정하고 그에게 사과했다. 그렇게 해서 함자는 이슬람에 입교했으며 함자의 이슬람은 무함마드에게 많은 위안과 힘이 되었고 그의 용맹과 기지는 이후에 이슬람 발전에 크게 기여하게 되었다.(al-Rahiq al-Makhtum, pp. 150-151)

함자의 이슬람은 메카의 불신자들에게는 큰 위협이었고 무슬림들에게는 결속과 수적 증가를 가져올 수 있었다. 또한 이러한 변화는 꾸레이쉬 부족들을 자극하기에 충분했으며 여기에 더해서 아비시니아로 이주한 무슬림들이 그곳의 왕으로부터 환대받고 안정적인 생활을 하고 있다는 소식은 그들을 더욱더 광분하게 만들었다. 특히 하루하루 더해 가는 무함마드의 유일신에 대한 선교는 더 이상 두고 볼 수 없는 그들의 자존심에 대한 큰 상처였고 조상들에 대한 심한 모독으로 받아들여졌다.

함자가 이슬람에 입교한 3일 후 꾸레이쉬 부족의 장들은 대책을 마련하기 위하여 한자리에 모였다. 무함마드와 그를 따르는 사람들을 처리하기 위한 가장 합리적인 해결책을 모색하기 위한 모임이었지만 의견만 분분하고 뾰족한 해법은 찾지 못했다. 이를 지켜보던 오마르 븐 카땁(Umar bn Khatab)은 그의 불같은 성질을 이기지 못하고 벌떡 일어나 자신이 책임지고 무함마드를 살해해서 이 사태를 종결짓겠다는 말을 남긴 채 자리를 박차고 나갔다. 오마르는 부족 구성원들 중에서도 항상 바른 말을 하였고 정의로운 사람이었기 때문에 모두들 그가 반드시 어려움을 해결할 수 있을 것으로 기대했다. 그는 무하마드가 있는 다룰 아르깜을 향해서 빠른 걸음으로 갔다. 오마르는 가는 길에 그의 친구를 만났는데 그의 친구는 살기등등하여 무함마드를 살해하기 위하여 가고 있는 그에게 여동생 파티마가 그녀의 남편 싸이드와 함께 무함마드의 말에 따라 입교하였으며 매일같이『꾸란』을 읽고 있으니 무함마드를 살해하기에 앞서 가족들 단속부터 먼저 하라고 충고했다. 타는 불에 기름을 부은 듯 크게 화가 난 오마르는 가던 길을 돌려 집으로 향했다. 만일 친구의 말이 사실이라면 이 일은 결코 용서할 수 없는 집안의 수치이자 불명예였던 것이다.

　오마르가 집에 도착했을 때 그의 여동생과 그녀의 남편은『꾸란』을 읽고 있었다. 오마르는 나뭇잎에 적어서 읽고 있는『꾸란』을 빼앗아 찢어버리고 사정없이 여동생과 그녀의 남편을 때렸다. 그들은 맞으면서도 설사 죽는 한이 있더라도 결코 이슬람을 포기하지 않겠다고 외쳤다. 오마르는 혼란스러웠다. 이슬람이 무엇이기에 죽음보다도 더 소중히 여기는 것일까? 신앙을 버리기보다는 죽음을 택하겠다는 여동생의 의지가 이해되지 않았던 것이다. 오마르는 피를 흘리며 울고 있는 여동생에게 측은한 생각이 들어 그녀가 읽고 있는『꾸란』을 한번 보자고 했다. 그러나 그녀는 단호하게『꾸란』은 청결하고 정갈

한 상태의 믿는 자들만 만질 수 있는 것이니 불신자이고 불결한 오빠 같은 사람은 만질 수 없다고 말했다. 하지만 오마르는 개의치 않고 그들이 읽고 있던 『꾸란』을 읽어 내려갔다.

> 따- 하-[27], 우리(하나님)가 너(무함마드)에게 『꾸란』을 보냈으니 그것은 너를 힘들게 함이 아니니라. 단지 (하나님을) 두려워하는 자들에게 상기시켜 주기 위함이니라.
> 그것은 더 높은 하늘과 땅을 창조하신 하나님으로부터 내려진 것이니,
> 자비로우신 하나님께서는 권좌(權座)에 앉아 계시니라.
> 하늘에 있는 모든 것과 땅에 있는 모든 것, 그리고 그 사이에 있는 모든 것과 땅속에 있는 모든 것이 다 그분을 위한 것이니라.(20:1-6)

이보다 더 훌륭한 말이 있을 수 있을까? 오마르는 『꾸란』 구절을 읽어 내려가면서 스스로 소스라치게 놀랐다. 그리고 자신이 행한 만행에 대하여 누이동생 부부에게 용서를 구했다. 그리고 그의 불같은 성격처럼 이것이 만일 이슬람이라면 당장 이슬람으로 입교하겠다고 무함마드에게 데려다 줄 것을 요청했다. 그는 맞아서 피투성이가 된 여동생 부부의 인도를 받아 다룰 아르깜으로 향했다. 그리고 무함마드를 만나 이슬람에 입교했다. 오마르의 입교는 초기 이슬람에서 많은 것을 의미한다. 그동안 불신자들의 박해에 숨어서 밖으로 나올 수 없었던 이슬람이 그의 입교로 인하여 빛을 보게 되었던 것이다.

---

27) '따하'는 예언자 무함마드의 이름들 중의 하나로 그 의미를 다양하게 해석할 수 있다. 그 의미를 두고 『꾸란』 학자들은 "오! 무함마드", "오! 믿는 자들이여", 또는 "따- 하-" 두 철자에 숨겨진 하나님만 알고 있는 숨겨진 뜻이 따로 있다고 설명한다. 『꾸란』이 계시되자 꾸레이쉬 부족들은 계시가 무함마드를 힘들게만 하고 아무도 이를 믿지 않을 것이라고 비아냥될 때 그것은 무함마드를 힘들게 하기 위함이 아니라 믿음을 가지고 하나님을 두려워하는 자들에게 은혜로운 선물이며 하나님의 자비로우신 권능을 상기시켜 주기 위함임을 본 구절에서 가르치고 있다.

그는 다룰 아르깜에서 조심스럽게 회합을 갖고 신앙을 쌓아가던 무슬림들을 이끌고 밖으로 나갔다. 그리고 꾸레이쉬 부족들과 불신자들을 향해서 크게 외쳤다. 무함마드에게, 그리고 이슬람에 적의를 품고 있는 사람이 있다면 나를 상대하라고.

예언자 무함마드는 그가 입교하여 이슬람이 밖으로 나올 수 있게 됨을 기뻐하며 그를 알-파루끄(al-Farūq)라고 불렀다. 그것은 어둠과 빛의 구분이며 구속과 자유 그리고 불의와 정의의 구분이었다.

슬픔의 해, 삼촌 아부 딸립과 부인 카디자의 사망

함자와 오마르의 입교로 인하여 메카의 불신자들과 다신교도들은 무슬림들에 대한 박해와 고문이 그들의 신앙을 저지하는데 어떤 도움도 되지 못한다는 것을 깨닫게 했다. 그럼에도 그들의 선교 행위를 방치해 둘 수도 없는 상황임은 누구나 다 동의하지 않을 수 없는 사실이었다. 그래서 꾸레이쉬의 수장들은 방법을 바꿔 무함마드를 회유하기 위하여 갖가지 방법을 다 동원했지만 어떤 것도 도움이 되지 못했다. 때로는 위협하여 궁지에 몰리게 하기도 하고 메카를 지배할 수 있는 모든 권한을 무함마드에게 이양하겠다는 유혹에 찬 권유를 하기도 했다. 그러나 무함마드의 태도는 조금도 변함이 없었다. 오직 하나님 외에는 어떤 것도 경배의 대상이 아님을 외칠 뿐이었다.

하- 밈-, (『꾸란』은) 자비로우시고 자애로우신 하나님으로부터 보내진 것이니,
그 구절들은 알고자 하는 사람들을 위하여 아랍어로 자세히 쓰여졌노라.

기쁜 소식과 경고의 말씀을 전하지만 그들의 대부분은 이를 외면
하고 듣지 아니하니라.
그리고 그들이 말하기를,
우리의 마음은 닫혀져 있어 그대의 초대를 받아들일 수 없고
우리의 귀는 막혀 있어 들을 수 없으며,
우리 사이에는 장벽이 쳐져있으니
그대는 그대의 일을 하고 우리는 우리의 일을 하리라.(41:1-5)

　시간이 지나면서 꾸레이쉬 부족들이 무함마드와 그의 추종자들을
축출하기 위하여 총 공세를 가해올 때 무함마드가 속해 있는 하쉼가와
압둘 무딸립의 자손들은 그래도 무함마드를 보호해야 되지 않겠는가
하는 변화의 움직임이 있었다. 특히 무함마드의 삼촌 아부 딸립은 이
슬람을 받아들이지 않았지만 무함마드에 대한 각별한 사랑으로 그를
보호하기 위하여 종교와 신앙생활에 대해서는 상호 간에 간섭하지 말
자는 대안을 내놓기도 하였다. 그러나 아부 딸립은 이미 80이 넘은 노
구(老軀)에 엄청난 변화를 모두 다 감수하기에는 너무나 힘이 부쳤다.
　무함마드가 계시를 받기 시작한 지도 10년이 지났다. 그해 7월,
아부 딸립은 노환으로 세상을 떠났다. 무함마드에게 아부 딸립은 꾸
레이쉬 불신자들에 대항해서 이슬람을 알리는데 큰 힘이었고 버팀
목이었다. 그럼에도 아부 딸립은 끝내 이슬람을 거부한 채 죽음을
맞이하게 되었던 것이다. 무함마드는 하나님의 말씀에 복종하고 눈
물을 닦았다.

　예언자와 믿는 자들은 우상을 숭배하여 불지옥에 머물 자들이 그
　들의 가까운 친척이라 할지라도 그들을 위하여 하나님의 용서를
　구하는 것은 옳지 않느니라.

이브라힘이 그의 아버지를 위하여 용서를 구했으나 이는 그가 그의 아버지에게 한 약속 때문이라. 그러나 아버지가 하나님을 거역하고 있다는 것이 분명해졌을 때 그는 아버지와 의절하였노라. 실로 이브라힘은 순한 마음으로 슬픔을 참았노라.(9:113-114)

아부 딸립이 사망한 후 약 2개월이 흘렀다. 무함마드가 비탄에 빠져 있을 때 25년 동안 든든한 기둥으로 무함마드를 신뢰하고 받쳐주었던 사랑하는 아내 카디자마저 세상을 등지고 말았다. 카디자는 예언자 무함마드에게 알라께서 보내주신 가장 큰 축복이었다. 고아로 태어나 어렵게 살아온 그에게 삶의 질을 향상시켜 주었고 가족의 소중함을 일깨워 주었으며 무함마드가 처음으로 계시를 받고 당황하여 산에서 내려왔을 때 그를 위로하고 지지하며 누구보다도 먼저 이슬람에 귀의한 여성이었다. 모든 사람들이 그를 미친 자라고 비웃음에도 한결같은 신뢰와 사랑으로 후원하였던 든든한 버팀목이었다. 그 또한 아내 카디자에게 절대적인 사랑으로 보답했다. 무함마드는 노환으로 세상을 하직하기 전까지 그녀를 생각할 때마다 항상 감사하며 눈시울을 적시곤 하였다.

삼촌 아부 딸립과 부인 카디자의 죽음은 무함마드가 비탄의 구렁 속에서 벗어나기 힘들만큼 슬픈 사건이었으며 이 해는 무함마드에게 슬픔의 해(Āam al-Huzn)였다.

알 이스라아(al-Isrāa)와 알 미으라즈(al-Mi'rāz)

10여 년 동안 지속된 예언자 무함마드의 선교는 수적으로 많은 증가를 가져왔고 이와 동시에 메카 불신자들과 다신교도들에게는 더 이상 그를 용인할 수 없는 마지막 상황에까지 다다르게 되었다. 여기에 더해서 그동안 버팀목 역할을 하고 있었던 삼촌 아부 딸립의 사망은 무함마드와 그를 따르는 무슬림들의 입지를 더욱 좁게 만들었다. 이러한 내적 아픔을 겪고 있던 무함마드에게 어느 날 기적이 일어났다. 천상을 여행할 수 있는 기회가 주어졌던 것이다. 천상여행 시기에 관해서는 다양한 견해가 있지만 대체적으로 메카에서 메디나로 이주하기 1년 전쯤으로 이슬람 학자들은 의견을 모으고 있다. 왜냐하면 예언자 무함마드의 부인 카디자가 사망할 당시, 즉 계시 후 10년 9월 이전에는 무슬림들에게 5번의 예배가 의무화되지 않았었고 그녀가 사망한 이후 예언자 무함마드의 하늘여행을 통해서 무슬림들에게 예배가 5번으로 규정된 것으로 이슬람 학자들이 의견을 모으고 있기 때문에 천상여행의 보다 정확한 시기는 메디나 이주 1년 전쯤으로 보는 것이다.(al-Rahiq al-Makhtum, p. 201)

이 사건은 무함마드가 어느 날 메카의 하람 성원 근처의 집에서 휴식을 취하고 있었는데 지브리일 천사가 나타나 그의 가슴을 열고 잠잠 성수28)로 깨끗이 씻은 후 지혜(al-Hikmah)와 신앙(al-Īmān)을 그 속에 가득 채운 다음 닫았다. 그리고 지브리일 천사는 그를 이끌어 부라끄(al-Burāq)라고 부르는 날개가 달린 신비로운 흰말에 태우고 하룻밤 사이에 메카 하람 성원에서 예루살렘에 있는 아끄싸 성원을 거쳐 7층으로 이루어진 하늘을 여행하게 되는 것이다. 메카 하람 성원에

---

28) 잠잠 성수(B'ir zamzam): 싸파 동산과 마르와 동산 사이에 있는 샘물, 이브라힘이 어린 아들 이스마일과 처 하갈을 메카 사막 한가운데 두고 떠나자 이스마일과 하갈이 물을 찾아 사막을 헤매며 땅을 치고 흐느낄 때 갑자기 사막 한 가운데서 물이 솟아나기 시작했고 물이 흘러나가지 않도록 하기 위하여 손으로 흙을 모으며 잠-잠이라고 했다는 데서 유래한다. 지금도 잠잠 샘물은 풍부하게 솟아나고 있으며 매년 수백만 명의 성지 순례객들이 이 물을 마시며 치유를 기원하기도 하며 고국으로 가져가 나누어 마시기도 한다.

서 출발하여 예루살렘에 있는 알 아끄싸 성원까지의 여행을 일컬어 알 이스라아(al-Isrāa')라고 하는데 부라끄를 타고 알 아끄싸 성원에 도착한 무함마드는 부라끄를 문설주에 묶어두고 이전의 예언자들과 함께 예배를 인도하여 근행하였다. 그리고 그는 지브리일 천사의 안내를 받으며 알 미으라즈(al-Mi'rāj, 천상여행)를 시작하였는데 일찍이 이브라힘이 메카에서 그의 오른쪽 발자국을 남긴 것처럼 그도 지상을 떠나면서 예루살렘의 바위로 된 둥근 돔(Qubat al-Sakharah) 위에 자신의 발자국을 남겼다. 빛처럼 빠른 부라끄는 하늘을 날아 순간적으로 가장 낮은 하늘인 현세의 하늘에 도착하니 지브리일 천사가 무함마드를 위하여 천국의 문을 열어 주었다. 그리고 그곳에서 인류의 조상인 아담(Ādam)을 만나 서로 인사를 나누었다. 아담 역시 그를 반가이 맞아주며 그에게 평화의 인사로 화답하면서 그가 예언자임을 증언해 주었다. 그리고 하나님께서는 그의 오른쪽으로 행복한 사람들의 영혼들을, 그리고 왼쪽으로는 불행한 사람들의 영혼을 보여 주셨다. 첫 번째 하늘 여행을 마치고 두 번째 하늘로 향했는데 그곳에서 그는 야흐야(Yahya bn Zakariyah, 요한)와 이사(Īsa bn Maryam, 예수)를 만나 그들과 평화의 인사를 주고받았다. 세 번째 하늘에서는 유숩(Yusuf, 요셉)을 만났으며 네 번째 하늘에서는 이드리스(Idris, 에녹)를 만났고 다섯 번째 하늘에서는 하룬(Harun bn Imran, 아론)을 만났으며 여섯 번째 하늘에서는 무사(Musa bn Imran, 모세)를 만났다. 무사를 만나고 헤어질 때 무사는 감회의 눈물을 흘렸는데 그것은 무함마드가 자신 이후에 인류를 천국으로 가장 많이 인도할 예언자임을 알았기 때문이다. 일곱 번째 하늘에 도착하여 이브라힘(Ibrahim, 이브라힘)을 만나 인사를 나눈 후 무함마드는 빛으로 가득하여 눈으로는 볼 수 없는, 마치 하늘과 땅이 하나가 되는 것 같은, 감히 형언할 수 없는 더 높은 곳으로 인도되어 갔는데 그곳이 인류의 주(主)이신 하나님께서 권좌에 앉아 계신 곳이었다. 그곳에서 무함마드에게 처음으로 하루 다섯 번씩 근행하는 예배가 의무화 되었다. 이 다섯 번의 의무예배는 처음에는 매일 50번씩 근행하도록 명령되었지만 현실성을 감안하여 다섯 번으로 줄어든 것이다. 한 번 근행하는 예배를 10번 행하는 것처럼 순수하고 진실하게 근행하도록 배려하신 하나님의 사랑이었다.(al-Rahiq al-Makhtum, pp. 201-203)

메카로 돌아온 무함마드는 예루살렘의 밤 여행과 천상여행에 대하여 사람들에게 말했다. 이 사건은 메카의 불신자들로 하여금 무함마드는 물론 무슬림들에게 더 큰 조롱과 야유의 계기가 되었다. 예루살렘을 여행한 적이 없었던 무함마드는 한 치의 오차도 없이 알 아끄싸 성원에 대한 정확한 묘사와 주변 정황에 대해서 설명했지만 그들의 불신은 끝이 없었다. 그렇지만 많은 사람들의 불신에도 아부 바크르는 무함마드의 천상여행에 대하여 어떤 의혹이나 의심도 갖지 않고 그대로 믿었으며 그에게 굳건한 신뢰를 보내면서 그를 지지하였다. 이 사건을 통하여 무함마드와 아부 바크르의 신뢰는 더욱 공고해졌고 이후부터 무함마드는 그를 앗-씨디끄(al-Siddiq, 신뢰할 수 있는 사람)라고 불렀다. 『꾸란』은 천상여행에 대한 믿음의 근거로 다음의 구절을 제시하고 있다.

> 어느 날 밤, 종(무함마드)을 하람 성원에서 축복받은 아끄사 성원으로 여행케 해주신 그분(알라)께 더 큰 영광이 있을 것이라, 그것은 우리(알라)가 (무함마드에게 믿음의) 징표들을 보여 주기 위함이니라. 실로 알라께서는 모든 것을 듣고 보시는 분이시니라.(17:1)

02 히즈라

메카 불신자들의 박해가 심해지면서 무함마드는 더 이상, 선교는 물론 그곳에 머무는 것조차 어렵게 되었다. 꾸레이쉬 부족과 불신자들은 무함마드와 그를 추종하는 사람들을 메카에서 살지 못하도록 추방령을 내렸고 누구든 그들을 도와줄 경우 꾸레이쉬 부족과의 동맹관계가 끊어지고 처절한 응징만이 있을 것이라는 경고가 이미 메카와 주변 다른 부족들에게는 잘 알려진 주지사항이었다. 무함마드는 진퇴양난의 상황에서 무엇인가 결정해야 할 어려운 처지가 되었다. 우선 막연하지만 할아버지 압둘 무딸리브의 사촌들이 살고 있는 따이프29)에 가서 보호를 요청하기로 했다. 그러나 무함마드에 대한 따이프 주민들의 적대감은 메카 불신자들보다 결코 덜하지 않았다. 시내로 향하는 그에게 돌을 던져 죽이려 한 것이다. 무함마드는 간신히 그곳을 피해 나왔지만 돌에 맞아 피를 흘리며 몸을 가누기조차 힘든 상황이 되었다. 그는 더 이상 갈 곳이 없었다. 굶주리고 상처입고 절망하여 무함마드는 또다시 메카를 향하여 걸어가고 있었다.

"오! 주여, 저에게 힘을 주소서." 무함마드는 간절히 하나님을 찾았다.

1차 알 아까바(Baia't al-A'qabah) 서약30)

무함마드가 하나님의 계시를 받은 지 11년째 되던 해에 무슬림들

---

29) 따이프(Taif): 메카에서 남쪽으로 약 70킬로미터 떨어진 해발 1,600미터의 고산도시, 공기가 맑고 시원한 주변 환경으로 이전부터 아라비아 반도의 부호들이 즐겨 찾는 휴양도시로 잘 알려져 있다.

30) 바이아트(Baia't): 충성서약을 말하며 왕이나 부족장이 바뀌면 새로운 우두머리에게 충성을 서약하는 관습으로 오늘날에도 왕정이 많은 아랍의 국가들은 전통에 따라 왕이 바뀌면 바이아를 통하여 충성을 서약한다.

에게는 새로운 돌파구를 찾을 수 있는 기회가 왔다. 신의 휴전기인 순례월을 맞이하여 아라비아 반도 이곳저곳에서 카으바를 찾는 많은 부족들을 만날 수 있는 기회가 왔던 것이다. 무함마드는 몇몇 부족의 수장들을 만나 자신의 처지를 설명하고 유일신 하나님을 받아들여 줄 것을 요청했다. 그러나 대부분의 부족들은 꾸레이쉬 부족의 강력한 경고와 그들과의 동맹에 더 큰 비중을 두고 무함마드를 경계하고 그의 말을 들으려고도 하지 않았다. 무함마드가 비통한 마음으로 실의에 빠져 있을 때 마침 메디나에서 온 순례객들을 만날 수 있었다. 그들은 무함마드의 말에 귀 기울이고 그를 흔쾌히 받아들였다. 그들은 여섯 명으로 구성된 순례객들이었는데 무함마드의 말을 듣고 이슬람으로 입교한 후 메디나로 돌아가서 그곳 주민들에게 이슬람을 알리고 도와줄 수 있는 길을 찾아보겠다는 약속을 하고 헤어졌다.

메디나로 돌아온 그들은 메카에서 만난 무함마드의 곧고 정직한 성품과 그가 선교하고 있는 유일신 하나님에 대한 신앙을 그들의 부족장들에게 소개하고 그와의 약속을 지키기 위해 협의했다. 관대하고 포용적인 메디나의 부족장들에게 무함마드는 결코 생소한 인물이 아니었다. 왜냐하면 일찍이 무함마드의 할아버지 압둘 무딸리브는 메디나 출신 여성의 몸에서 태어났고 무함마드의 아버지 압둘라는 메디나에서 운명을 달리하여 그곳에 묻혔기 때문에 무함마드의 일가와 행적에 대해서 이미 알고 있었던 것이었다.

이듬해 계시 12년 성지순례월, 무함마드의 메디나 이주 계획은 급물살을 타고 은밀히 진행되었다. 지난해 메카에서 만난 메디나 순례객들이 사절단을 이끌고 무함마드를 만나기 위하여 메카를 찾아온 것이다. 12명으로 구성된 사절단은 메카 성지 외곽에 위치한 미나[31]

의 아까바에서 무함마드를 만나 하나님의 유일성과 무함마드를 그분의 사도로 인정하는 선서를 하고 무함마드와 서약을 맺었다. 예언자 무함마드는 그들에게 상기된 목소리로 말했다. 우바다 븐 앗 싸미트(U'badah bn as-Sāmit)[32]가 전하는 알-아까바 서약 내용은 다음과 같다.

"하나님을 경배함에 어떤 대등한 것도 두지 않으며, 도둑질을 하지 않으며, 간음하지 않으며, 삶이 힘들다는 핑계로 어린아이들을 살해하지 않으며, 남을 비방하거나 거짓 증언을 하지 않으며, 정당한 일이면 어떠한 경우에도 나를 배반하지 않겠다고 서약하시오. 그렇게 하는 여러분에게 하나님의 큰 축복이 있을 것입니다. 서약한 대로 행하는 자는 하나님의 보상을 받을 것이며 이를 소홀히 한다면 회개하여 하나님의 용서를 받을 수도 있을 것입니다. 하나님께서 원하신다면 벌을 주실 수도 또한 그분께서 원하신다면 용서해 주실 수도 있을 것입니다."(Sahih al-Bukhari, 1/550-551)

메디나에서 온 사절단 12명은 예언자 무함마드에게 충성을 서약하였고 이후에 그들은 무함마드의 원조자(al-Ansāri)로 불리며 그들과 함께 파견된 최초의 선교사 무스압 븐 우마이르(Mus'ab bn Umair)를 적극 지원하여 메디나에 이슬람이 급속도로 전파되는데 큰 역할을 하게 된다. 무스압은 메디나에서 원조자들의 지원을 받으며 그동안 예언자 무함마드에게 배운 관용과 포용의 훌륭한 이슬람의 장점들을 최대한 활용하여 사람들에게 알렸다. 메디나 주민들은 우호적으로 이슬람을 받아들였고 그곳에서 이슬람은 새로운 모습으로 발전하기

---

31) 미나(Muna): 메카 성지의 북동쪽에 위치해 있는 평원, 성지순례 시 이브라힘의 전통에 따라 이곳에 체류하면서 사탄에게 돌을 던지는 의식이 오늘날에도 행해지고 있다.

32) 우바다 븐 앗 싸미트(U'badah bn as-Sāmit)는 이 서약에 참석한 12명 중 메디나 카즈라즈 부족의 대표들 중 한 사람이었다.

시작했다.

2차 알 아까바 서약

계시 13년, 70여명의 메디나 주민들이 성지순례를 틈타 예언자 무함마드를 만나기 위하여 다시 미나의 알 아까바를 찾아왔다. 1년 전에 그곳에서 맺었던 충성서약 때와는 사뭇 다른 분위기였다. 그들에게는 메카에서 박해받고 있는 예언자를 보호하고 지켜야 한다는 결연한 의지가 묻어났던 것이다. 무함마드는 당시 심한 내적갈등 속에 있었다. 그동안 자신이 속해 있는 부족으로부터 엄청난 박해와 고문 그리고 비난을 받았음에도 그들을 구원해야 한다는 의지 하나로 버티고 있었는데 그들의 지속되는 박해와 고문은 무함마드를 더이상 버틸 수 없게 한 것이다. 무함마드는 이미 피의 소속감보다 더 중요한 것이 신앙임을 알고 있었고 그가 만들고자 하는 새로운 세상은 같은 민족 같은 조상을 믿는 피의 결속이 아니라 같은 신앙을 가진 사람들이 차별받지 않고 살 수 있는 이슬람 움마 공동체를 꿈꾸고 있었기 때문이다. 무함마드의 의지는 결연했다. 더 이상의 타협은 있을 수 없었다.

메디나의 사절단은 무함마드에게 물었다.

"오, 하나님의 예언자시여! 어떻게 하면 당신에게 충성을 서약할 수 있겠습니까?"

이에 예언자 무함마드는 그들의 결연한 의지에 답하여 하나님의 이름으로 다음 조건들에 서약할 것을 그들에게 청했다.

"어떠한 상황에서든 예언자 당신의 말에 답하고 따르겠습니다.

좋은 형편이든 나쁜 형편이든 메디나로 이주하면 모든 경제적 부담을 지겠습니다.

선을 권장하고 악을 멀리하는데 앞장서겠습니다.

하나님을 위하여 어떠한 어려움과 고통도 다 감수하겠습니다.

내가 여러분에게 갔을 때 여러분이 여러분 자신과 부인들 그리고 자녀들을 보호하는 것처럼 나를 보호해 주겠다고 맹세하시오, 그러면 여러분에게 천국이 보장될 것입니다."(Ibn Hisham, 1/454)

70여 명의 메디나 사절들은 소리 맞춰 예언자 무함마드의 말에 따라 엄숙하게 선언했다. "당신을 보내주시고 진리를 알게 해 주신 하나님의 이름으로 우리는 맹세합니다. 우리가 우리를 지키고 아내를 지키고 자식들을 지키는 것처럼 당신을 보호하고 지키겠습니다." 예언자 무함마드는 메디나 사절단 한 사람 한 사람씩 손을 잡아 서로에 대한 신뢰와 충성을 확인했다. 그리고 그들에게 메디나로 돌아가서 아까바의 서약을 충실히 이행하고 이슬람을 올바르게 가르칠 수 있도록 지도할 수 있는 12명의 대표를 선출하도록 했다. 사절들은 그들 중 메디나를 대표하는 카즈라즈 부족 출신에서 9명, 그리고 아우스 부족에서 3명을 각각 선출하여 예언자 무함마드의 가르침을 전하는 전도사로서 그리고 새로운 무슬림들의 지도자로서 자격을 부여해 줄 것을 예언자 무함마드에게 청했다. 무함마드는 그들의 충성서약을 다시 한 번 확인하고 그들에게 임무와 역할을 부여했다.

혁명을 위한 새로운 역사는 시작되었다. 피의 결속이 신앙의 결속으로 바뀌었던 것이다. 두 차례를 통하여 이루어진 알 아까바 서약은 의욕과 사기로 충만한 메디나의 새로운 무슬림들과 불신자들의 박해와 시달림으로 지칠 대로 지친 메카 무슬림들을 연결하는 중요한 연결고리가 되었으며 사랑과 신의를 나누는 형제애의 표현이 되었다. 이러한 사랑과 신뢰의 형제애는 단순한 친목과 일시적인 향락에서 시작된 것이 아니라 하나님에 대한 믿음과 그분의 사도 무함마드에 대한 신의에서부터 시작된 것이기 때문에 어떤 누구도 이를 갈라놓을 수 없었다. 그들의 확신에 찬 믿음과 결속이 이슬람의 기적을 이루어낼 수 있는 기초가 되었다.

메디나 원조자들과의 서약이 성공적으로 이루어지자 무함마드는 메카 무슬림들을 소단위로 나누어 대상행렬 틈에 끼워 메디나로 이주시켰다. 꾸레이쉬 부족들과 불신자들이 그들의 모든 행동을 감시하고 있었기 때문에 아주 조심스럽게 행동으로 옮기고 있었던 것이다. 그러나 꾸레이쉬 부족들은 이러한 모든 사실들에 대하여 이내 알게 되었고 무슬림들의 메카 탈출은 더욱더 어려워졌다. 그럼에도 무슬림들의 이주는 끊임없이 계속되었으며 그들의 숫자는 시간이 흐르면서 점점 늘어나고 있었다. 아비시니아로 이주한 무슬림들에게도 이러한 소식이 전해지면서 그들도 메디나 무슬림들과 합류하기 위하여 메디나로 이주해왔다. 메디나의 원조자(al-Ansāri)들은 메카에서 그들이 누렸던 모든 것들을 다 포기하고 죽음을 무릅쓰고 이주해온 이주민(al-Muhājirun)들을 따뜻하게 환대하고 그들이 정착할 수 있도록 성심을 다해 적극적으로 지원했다.

예언자 무함마드의 이주(Hijrah)

무슬림들이 가족 단위로 이주하기 시작하면서 그들의 빈자리가 늘어남에 따라 메카 불신자들은 당황스러움과 초조함을 감추지 못했다. 문제 해결을 위해서는 극단의 조치를 취할 수밖에 없었다. 그것은 모든 문제의 원인이 되는 무함마드를 살해하여 이슬람의 확산을 막고 메디나로 이주해간 사람들을 다시 불러오는 것뿐이었다. 꾸레이쉬 부족의 수장들은 무거운 마음으로 모여 의견을 나누었다. 그들의 최종적인 결정은 각 부족에서 한 사람씩 대표를 추천하여 암살단을 조직하고 그들이 한꺼번에 무함마드를 공격하여 그를 살해한다면 이후에 야기될 수 있는 모든 일들에 대하여 책임을 공유할 수 있으므로 문제를 쉽게 해결할 수 있다는 것으로 의견을 모았다.

꾸레이쉬 부족의 움직임을 감지한 아부 바크르는 무함마드에게 한시바삐 메카를 떠날 것을 건의했다. 그러나 예언자 무함마드는 전혀 불안해하지 않았다. 왜냐하면 그는 자신이 단 한순간이라도 혼자라는 생각을 해본 적이 없었고, 항상 어떠한 어려움에서도 하나님께서 길을 제시해 주셨기에 지금껏 그 길을 꿋꿋이 지켜올 수 있었다고 생각했기 때문이었다.

한편 꾸레이쉬 부족들의 암살계획은 보다 더 구체화되었다. 그들은 이미 계획한 대로 각 부족에서 한 명씩을 차출하여 암살단을 조직하였고 다음날 밤에는 그들이 무함마드를 암살할 것이라는 소문이 메카에 파다하게 퍼지기 시작했다. 무함마드는 충분히 예견하고 있었던 일이었으므로 당황하지 않고 아부 바크르와 알리를 불러 차분히 계획을 세웠다. 아부 바크르도 언젠가 이러한 날이 오리라는 것을 충분히 알고 있었기 때문에 예언자를 보필하여 침착하게 대처해 갔다. 아부 바크르는 이미 튼튼하고 발이 빠른 낙타 두 마리를 준비해서 메카 외곽의 은밀한 장소에 숨겨두고 언제라도 출발할 수 있

『꾸란』의 계시

도록 만반의 태세를 갖추고 있었던 상황이었다.

무함마드의 계획은 집을 감시하고 있는 암살단에게 자신이 마치 집에 있는 것처럼 보이게 하기 위하여 알리에게 그의 망토를 주고 집 근처에서 누군가를 기다리는 것처럼 서성거리다가 어두워지면 태연하게 집으로 들어와 자는 척을 하게 하였다 그리고 자신은 재빨리 아부 바크르와 함께 그들의 눈을 피해 메카에서 멀리 떨어진 동굴에 몸을 숨기기로 한 것이다. 그들의 계획은 무리 없이 진행되었다. 한밤중에 암살단이 무함마드의 집을 습격하여 그를 살해하려는 순간 침대에서 일어난 사람이 알리라는 사실을 알았을 때는 무함마드와 아부 바크르는 이미 메카 외곽의 한 동굴에 피신한 상태였다. 그곳에서 2-3일 머물다가 상황이 정리되면 메디나로 이주할 계획이었다. 『꾸란』에는 메카의 불신자들과 꾸레이쉬 부족의 살해 음모에 대하여 다음과 같이 언급되어 있다.

불신자들이 너에게 대항하여 음모를 꾸며 너를 구속하거나 살해하거나 추방하고자 하지만 그들의 음모는 무의미하니, 실로 하나님께서도 모든 것을 계획하시니라. 그분이야말로 가장 완벽한 계획자시니라.(8:30)

실로 우리(하나님)는 그들의 손 앞에 장벽을 두었고 등 뒤에도 장벽을 두었으며 그리고 그들의 머리 위에는 덮개를 씌웠으니 그들은 어떤 것도 볼 수 없을 것이니라.(36:9)

다음날 아침, 무함마드가 도주한 사실이 알려지자 꾸레이쉬 부족은 거리마다 사람을 풀어 샅샅이 뒤져 무함마드를 찾았다. 그리고 무함마드의 은신처를 알려 주는 사람에게는 낙타 100마리의 포상금을 주겠다고 대대적으로 공표했다. 그러나 무함마드와 아부 바크르는 불신자들의 추적에 대비하여 메카 북쪽에 위치한 메디나 방향으로 피신하지 않고 정 반대 방향인 예멘으로 향하는 남쪽에 있는 동굴을 은신처로 삼았다. 당연히 메카의 불신자들은 무함마드가 메디나로 도주했을 것으로 짐작하고 북쪽으로 추적하여 그를 찾을 것이라고 생각했기 때문이다. 그들은 암살단의 추적을 피하기 위해 한밤중에 사막의 험한 길로만 5km 이상을 맨발로 걸었다. 그들의 발은 찢어지고 부르터서 간신히 싸우르 산의 꼭대기에 있는 동굴에 도착할 수 있었다. 아부 바크르는 동굴에 먼저 들어가서 입고 있던 옷을 찢어 동굴에 난 구멍들을 막고 뱀이나 독충들이 침입하지 못하도록 조치를 한 후 예언자를 불러 함께 휴식을 취했다. 무함마드는 그의 교우이자 인생의 동반자인 아부 바크르의 무릎을 베고 곤히 잠들었다. 그러나 아부 바크르는 그와 함께 잠들 수 없었다. 잘 막았다고 생각한 동굴의 입구 한 쪽이 막혀져 있지 않아 부득이 그의 발을 뻗어 뒤꿈치로 그 구멍을 막아야 했기 때문이었다. 왜냐하면 곤히 잠든 예언자를 깨울 수 없었기 때문이었다. 간신히 발뒤꿈치로 구멍을 막고 잠이든 순간 뱀이 아부 바크르의 발을 물었다. 너무나 아픈 충격으로 아부 바크르는 잠에서 깼지만 몸을 움직일 수가 없었다. 그렇다고 예언자를 깨울 수도 없었기 때문에 고통을 이겨내기 위하여 눈물만 흘릴 뿐이었다. 아부 바크르의 눈물이 예언자의 얼굴에 떨어지자 그는 놀라서 눈을 떴다. 이내 상황을 알아차린 예언자는 뱀에게 물려 고통스러워하는 아부 바크르를 위로하고 그의 상처를 입으로 빨아 독을 제거해 주었다. 시간이 지나면서 아부 바크르는 안정을 찾았고 두 사람은 또 깊은 잠에 빠져 들었다.

꾸레이쉬 부족의 대대적인 수색이 전개되었다. 처음에는 메카 북쪽으로 집중적인 수색을 했지만 점점 확대해서 메카 전역을 이 잡듯 수색하기 시작했다. 그러나 그들은 너무나 무모했다. 그들은 무함마드 한 사람과 싸우는 것이 아니었다. 그들이 하나님과 대적하여 싸우기에는 너무나 보잘것없는 미물에 불과했기 때문이다. 포위망이 좁혀지면서 수색대들은 수차례에 걸쳐 동굴입구까지 왔었지만 번번이 그냥 돌아가기만 했다. 한번은 그들이 동굴 입구까지 와서 안을 확인해 보고자 했지만 입구에 쳐져 있는 거미줄이 그들의 눈을 현혹시켰다. 사람의 출입이 있었다면 입구에 거미줄이 있을 수 없기 때문에 그들은 스스로 단정하고 돌아갈 수밖에 없었다. 또 한 번은 그들이 동굴 속을 확인하고자 했을 때 입구에 새가 둥지를 틀고 알을 낳아 품고 있는 것을 보고 돌아갔다. 그 상황에서 누구도 동굴 안에 들어가 확인해 보려고 하지 않았던 것이다. 급기야 그들의 수색이 좀 더 구체화되자 바위가 굴러 내려와 동굴 입구를 막아 사람이 들어올 수 없도록 차단해 버린 것이다. 이 모든 상황들이 어떻게 이루어질 수 있었을까? 동굴에서 3일을 보낸 예언자는 피로와 굶주림 그리고 뱀에 물려 사투를 벌이며 견뎌낸 아부 바크르에게 용기를 주었다. 거미줄과 새 둥지 그리고 동굴 입구를 막고 있는 바위를 보면서 하나님께서 그들을 보호하고 계심을 확신하고 그들의 신앙심은 더욱 깊어질 수밖에 없었다. 하나님께서 항상 함께하시며 그분과 함께하는 한 어떤 두려움도 고통도 다 이겨낼 수 있을 것이다. 『꾸란』에는 예언자 무함마드와 아부 바크르가 사투를 벌이며 불신자들의 추적을 피해 힘들게 동굴에서 견뎌낸 상황들이 사실적으로 묘사되어 있다.

너희가 그(무함마드)를 도울 수 없다고 해도 하나님께서 그를 진정
으로 도울 것이니라. 불신자들이 그를 (메카에서) 추방하여 그와
함께 둘이서 동굴에 피신해 있을 때 그(아부 바크르)에게 이르니,
(오! 아부 바크르,) 슬퍼하지 말라. 실로 하나님께서 우리와 함께하
시니라. 그리하여 하나님께서 그에게 안녕을 주시고 너희들이 보지
못하는 군대로 그를 지원하시어 불신자들의 허망한 말을 꺾으셨느
니라. 하나님의 말씀, 그것만이 고매한 것이니, 실로 하나님께서는
강경하시고 지혜로운 분이시니라.(9:40)

꾸레이쉬 부족의 감시가 느슨해진 틈을 타 아부 바크르는 메디나
로 이주할 차비를 서둘렀다. 메카 외곽에 미리 숨겨둔 두 마리의 낙
타와 길을 안내할 2명의 안내인이 도착하자 메디나를 향해 출발했
다. 메카와 메디나는 빠른 길로 가면 10일 정도 소요되지만 그들은
불신자들의 추적을 피해서 이주해야 하기 때문에 험한 길을 돌아서
가는 수밖에 없었다. 일반적인 대상로를 통해서 이주할 수 없었기
때문에 더 많은 시간과 고통이 따랐던 것이다. 예언자의 이주는 힘
든 고난의 길이었다. 그러나 그들의 이주를 저지할 수 있는 것은 어
떤 것도 없었다.

이윽고 그들은 길고 힘든 여정 끝에 계시 14년째가 되는 해의 3
월 8일 월요일(서기622년 9월 23일) 메디나 외곽 남쪽에 위치한 마
을 꾸바(Quba)에 도착했다. 이슬람은 이때를 원년으로 해서 히즈라력
1년으로 삼고 있다.(al-Rahiq al-Makhtum, p. 244) 히즈라는 하나님의 뜻에
몸을 바친 무함마드와 그의 추종자들에게 박해로부터 벗어난 희망
의 빛이었으며 이슬람 역사의 새로운 장을 여는 시작이었다.

무함마드의 꾸바 입성은 그곳 주민들과 미리 메카에서 이주해온
피난민들에게 그동안 무성하던 소문들과 우려들을 깨끗이 없애 주

는 승전보와 같은 것이었다. 모든 사람들이 거리로 나와 환호하고 기뻐하면서 그들의 도착을 환영하며 즐거움을 나누었다. 꾸바 주민들의 극진한 대접을 받으며 무함마드는 그곳에서 며칠간 머물렀다. 그곳에 머물면서 무함마드가 무엇보다 먼저 한 일은 역사에 남을 최초의 이슬람 성원을 건축하는 것이었다. 무함마드는 스스로 팔을 걷고 앞장서서 성원 건축을 위해 나섰다. 꾸바 성원[33]은 이슬람 공동체의 결속과 충만한 신앙의 상징으로 만들어진 최초의 성원이었다.

(메카에서 메디나로 이주한) 첫째 날, 경외심(Taqwa)에 기초하여 세워진 성원에서 예배를 거행하는 것이 그냥 머무는 것보다 더 정당할 것이니 그곳에는 순결함을 원하는 사람들이 있는 곳이니라, 실로 하나님께서는 순결한 사람들을 사랑하시니라.(9:108)

무함마드는 꾸바 성원을 완공하고 그곳에서 경건한 마음으로 추종자들과 함께 예배를 근행한 후 메디나로 떠날 채비를 서둘렀다. 이슬람 역사의 새로운 장을 여는 긴 여정이 끝나가고 있었던 것이다. 그는 아부 바크르가 제공해준 낙타를 타고 출발했다. 아부 바크르와 일행들은 그의 뒤를 따랐으며 메디나 주민들은 모두 다 거리로 나와 환호하며 무함마드의 메디나 입성을 환영했다. 서로 서로 낙타의 고삐를 당기며 예언자를 자기 집으로 초대하려고 했지만 예언자는 특정 부족이나 어느 한 집안의 환대에만 응할 수 없었다. 메디나에서 예언자 무함마드의 가장 중요한 소임은 대립하고 있는 민족과

---

33) 꾸바 성원(Masjid Quba): 예언자 무함마드가 메카를 떠나 메디나에 도착하여 건축한 최초의 이슬람 성원, 하나님을 두려워하고 공경하는 신앙심에 기초하여 세워진 성원이다. 예언자 무함마드는 꾸바 성원에서 한번 근행한 예배의 가치는 소순례(Umrah)를 한번 행한 것과 같은 보상이 있다고 했다. 그래서 오늘날 많은 순례객들은 메카에서의 순례 일정이 끝나면 메디나를 방문하고 꾸바 성원에 들러 예배를 근행하는 것이 관례이다.

부족들을 하나로 모으고 모두가 하나 된 모습으로 일치단결하여 이슬람 움마 공동체를 만드는 것이기 때문이었다.

예언자는 고삐를 당기는 주민들의 환대를 만류하고 자신이 타고 있는 낙타가 멈추어 서는 곳, 그곳이 자신의 집이 될 것이라고 말했다. 이윽고 낙타는 어느 한 곳에 다다르자 앞으로 만 향하던 걸음을 멈추고 그곳에 앉았다. 무함마드는 낙타가 멈춰 앉은 그곳에 자신의 집과 예언자 성원(Masjid an-Nabi)을 짓기로 결정했다.

이것으로 13년 동안, 메카 불신자들에게 받은 힘들고 길었던 박해와 고난으로부터 벗어나 메디나 주민들의 극진한 환대를 받으며 이주를 마쳤다.

히즈라는 메카 불신자들에 대항해서 무함마드가 제시할 수 있었던 최선의 신앙적 대안이었다. 홍해 바다를 건너 아비시니아로 이주해간 초기 무슬림들은 그곳 왕의 환대를 받으며 신앙을 지킬 수는 있었지만 성공적이지는 못했다. 그리고 따이프로 향한 예언자의 발걸음은 그 지역 사람들의 반대에 부딪히면서 들어가 보지도 못하고 쫓겨나는 신세가 되기도 하였다. 그러나 이러한 어려움에도 굴하지 않고 선택한 메디나는 무함마드와 이슬람을 배신하지 않았다. 두 차례에 걸쳐서 아까바에서 서약한 메디나 수장들과의 약속은 믿음으로 서로를 결속하였고 마침내 모든 것을 버리고 오직 '이슬람'이라는 믿음 하나로만 달려온 이주민들을 따뜻이 맞이해준 메디나 원조자들은 무함마드의 동반자가 되었고 이슬람제국 건설의 주춧돌이 되었다.

무함마드는 하나님께 진심으로 감사드렸다. 이슬람이 가르치는 진정한 형제애(兄弟愛)를 실천한 것이었다. 메디나 원주민들은 이주민들의 어려움을 함께 나누고자 한 것이다. 가족도 재산도 모두 두고 떠나 올수밖에 없었던 그들을 사랑으로 받아들였고 신앙으로 감싸 안은 것이다. 이러한 강한 결속으로 이슬람은 급속도로 전파되는 계기를 맞이하게 되었으며 머지않아 아라비아 반도를 넘어 세계 속으로 뻗어 나가는 새로운 전기를 맞이하게 되었던 것이다.

메디나와 예언자 무함마드

메디나는 예언자 무함마드가 이주해 오기 전까지는 야쓰리브(Yathrib) 또는 앗 따이바(at-Tayibah)라고 불렸다. 남북으로는 산맥이 동서로는 사막이 펼쳐져 있었으며 사방이 병풍처럼 대추야자 나무로 띠를 이루고 있는 오아시스로 토지가 비옥하고 물이 풍부한 도시였다. 그래서 사람들은 사막의 각박하고 건조한 분위기와는 사뭇 다른 훈훈한 인심과 인간미가 넘쳤다. 또한 메디나는 지리적으로 대상들이 북 아프리카에서 홍해 바다를 건너 메카를 거쳐 샴(시리아) 지역과 페르시아 지역으로 통하는 남북을 잇는 교역로의 중요한 길목에 위치해 있었다.

예언자가 메디나로 이주해 왔을 당시 그곳에는 크게 세 부류의 사람들로 구성되어 있었다. 그들은 무함마드와 함께 이주한 이주민들(al-Muhājirun)과 메디나에서 이주민들을 돕고 지원하는 원주민들(al-Ansāri)[34]이었다. 원주민들 중에는 일찍이 무함마드를 만나 무슬림이 된 사람들이 있는가 하면 아직까지 이슬람에 대하여 반신반의하는 사람들도 있었다. 그러나 그들은 이주자들의 역할이 커지고 이슬

---

34) 원주민이던 아랍부족은 한집안에서 나누어진 알 카즈라즈(al-Khzraz) 부족과 알 아우스(al-'Aus) 부족이었다. 그들은 한 집안이었음에도 항상 경쟁관계에 있었다.

람이 확산되자 이내 이슬람으로 개종하여 이전에 입교한 사람들과 함께 원조자로서의 역할을 충분히 했다.

그 다음으로 많은 분포를 이루고 있는 사람들은 유대인들이었다. 그들은 비잔틴제국의 박해를 피해 메디나로 피신해 정착한 이주민 3개 부족35)으로, 나디르 부족과 까이누까아 부족 그리고 꾸레이자 부족이었다. 그들은 주로 전문직과 상업에 종사하였으며 고리대금업을 통하여 메디나 상권의 많은 부분을 차지하고 있었다. 또한 그들은 메디나에 정착하면서 아랍부족들과 평화협정을 맺고 일부는 아랍인들과 결혼하여 친인척 관계로 발전하기도 했지만 그들의 민족성은 결코 변하지 않았다. 그들은 권모술수에 능했으며 부족 간에 분쟁을 조성하여 갈등을 유발시키고 각종 이권에 개입하여 중립을 지키는 듯하면서 이익을 챙기기도 하였다. 메디나 시내에 거주하고 있었던 까이누까 부족은 카즈라즈 부족과 동맹관계에 있었으며 나디르와 꾸레이자 부족은 메디나 외곽에 거주하면서 아우스 부족과 동맹관계에 있었다. 이러한 동맹관계로 인하여 아랍부족인 카즈라즈 부족과 아우스 부족은 같은 아랍임에도 항상 갈등과 분쟁에 시달려야 했다.

무함마드에게 가장 중요한 과제는 이러한 다양한 종류의 민족과 부족, 종교들이 섞여있는 메디나를 한 깃발 아래 통합하고 그곳에 이슬람 움마 공동체를 세우는 것이었다. 그렇게 하기 위해서는 각 부족들의 요구 사항을 듣고 이를 각각의 부족들에게 적용하는 것이

---

35) 메디나의 유대인들은 비잔틴제국 기독교 문화의 박해를 피해 유입된 이주민이다. 그들은 메디나에서 주로 상업과 전문직에 종사하는 사람들이 많았는데 나디르(Banu an-Nadhir) 부족 사람들은 주로 대추야자를 재배하여 판매하는 일에 종사했고 까이누까아(Banu al-Qainuqaa') 부족 사람들은 금과 은을 세공하는 기술자들이 많았다. 그리고 꾸레이자(Banu al-Qureiza) 부족 사람들은 가죽을 생산해서 다양한 종류의 가죽제품을 만들어 파는 일을 생업으로 삼고 있었다.

었다. 이주민들에게는 떨어져 있는 가족들을 한시바삐 메디나로 이주시켜 정착에 힘이 될 수 있게 하는 것이었고 원조자들에게는 부족 간의 갈등을 해소하고 이슬람 공동체 건설에 동참해 줄 것을 호소했다. 이주민들과 원조자들은 무함마드의 가르침에 수긍하고 절대적인 지지를 보냈다. 무함마드는 이주민들과 원조자들을 피를 나눈 형제[36]처럼 신앙으로 함께 묶었다. 그들은 서로서로 결연을 맺어 하나가 되었고 원조자들은 그들이 소유한 재산은 물론 무기까지 나누어 결속을 다졌다. 그들은 이슬람 공동체 속에서 하나가 되어 가고 있었다.

> 그들(메카 이주민들) 이전에 가정을 이루고 살면서 신앙을 받아들였던 사람들(메디나 원조자들)은 그들에게 피난 온 이주민들을 사랑하고 시기하지 않았으며 그들(원조자들) 또한 가난했지만 자신들보다 그들을 먼저 생각하며 누구에게도 인색하지 않았으니 실로 그들은 번성하리라.(59:9)

> 실로 믿음을 가지고 하나님의 길에서 자신의 생명과 재산을 바쳐 이주한 자들과 그들을 보호하고 도와준 자들은 서로가 서로를 위한 보호자들이니라……(8:72)

그러나 문제는 메디나 부족들의 반을 차지하고 있는 유대 부족들이었다. 무함마드는 그들과도 공감대를 얻기 위하여 많은 노력을 했지만 그들은 여전히 자신들만이 선택을 받은 민족이기 때문에 그들

---

36) 이슬람 형제애(al-Ukhuwah al-Islamiyah)로 이슬람 이전에는 그 유래를 찾아 볼 수 없었던 신앙 속에서 하나로 묶어주는 중요한 이슬람 사상 중의 하나이다. 메카에서 빈손으로 혈혈단신 이주한 이주민들과 메디나 무슬림들을 결속시키기 위한 방법으로 하나님에 대한 믿음으로 맺어진 관계이기 때문에 강한 결속력과 형제에 대한 의무감을 가진다.

만이 신의 축복을 받을 수 있다고 생각하고, 아랍인인 무함마드가 신의 계시를 받는 것은 불가능한 것으로 여겼다. 오직 유대인만이 예언자가 될 수 있으며 신의 계시를 받을 수 있다는 것이었다. 무함마드는 이를 받아들일 수 없었다. 어떻게 전지전능하신 창조주 하나님 앞에서 인간이 서로 다르고 우월할 수 있다는 것인지 이해할 수 없었다. 일찍이 메카에서 13년 동안 수많은 박해와 고난을 참아온 가장 중요한 이유도 누구나 신 앞에서 공정한 대우를 받는다는 평등사상이 있었기 때문이었다. 흑인이든 백인이든 아랍인이든 비아랍인이든 부자이든 가난한 사람이든 신 앞에서 구분될 수 있는 것은 오직 그분을 공경하고 두려워하는 신앙심 한 가지뿐이었던 것이다.

무함마드와 유대 부족 간의 갈등이 심화되어 가면서 더 이상 무슬림들은 예루살렘을 향해서 예배를 드릴 수가 없었다. 유대인들과의 관계를 어떻게 유지해야 할까? 그들과의 동맹관계는 메디나에서 외부 세력에 대항하여 생존할 수 있는 중요한 힘이 되었지만 무함마드의 신앙적 정체성을 흔드는 그들의 행위는 도저히 받아들일 수 없었다. 이러한 혼란 속에서 무함마드는 중대한 기로에 서 있었다.

히즈라 2년 8월(Sha'ban), 그동안 예루살렘을 향해서 예배를 근행하던 무슬림들에게 하나님의 새로운 계시가 내려졌다. 이후부터는 예루살렘이 아닌 메카의 하람 성원을 향해 예배를 드리는 것이다.

> 그리하여 우리(하나님)는 너희(무슬림)들을 위한 최고의 공동체를 만들었으니 너희들은 사람들에게 그 공동체의 증인이 될 것이며 예언자(무함마드)는 너희들의 증인이 될 것이니라. 그리고 우리는 (메카에서) 너를 따르는 자와 그렇지 않는 자를 구분하기 위하여 끼블라를 (예루살렘으로) 정했느니라……

우리(하나님)는 하늘을 향한 너(무함마드)의 얼굴을 보고 있나니
그대가 원하는 끼블라37)로 (예배)방향을 정할 것이니라. 그러니 너
의 얼굴을 (메카) 하람 성원으로 향하라. 그리고 너희들이 어디에
있던 너희들의 얼굴을 그 방향(끼블라)으로 향하도록 하라. 실로
성서의 가르침을 따르는 자들(유대인과 기독교인)은 이것이 그들의
주님으로부터 계시된 진리임을 알게 될 것이니라.(2:143-144)

이슬람력

이슬람력은 달의 주기에 근거하여 만들어진 순수 태음력으로, 한 달이
29일 또는 30일이며 1년은 약 355일로 이루어져 있다. 그래서 해의 주
기로 이루어진 서력에 기준했을 때 1년에 10일씩 줄어들어 3년이면 한
달씩 당겨짐을 알 수 있다. 이슬람력은 이후에 대상로를 통해서 중국으
로 전해지면서 목축업 위주의 사막 문화에서 농경사회에 적합한 새로운
형태의 태음력으로 변경되어 오늘날 우리가 사용하고 있는 윤달이 가미
된 태음력이 되었다. 달의 주기에서 부족한 한 달을 윤달로 부르고 3년
에 한 번씩 추가해 줌으로써 태양력과 같이 절기를 맞출 수 있었다.
이슬람력 열두 달의 이름들은 다음과 같다. 1월: 무하르람(Muharram), 2월:
싸파르(Safar), 3월: 라비울 아우왈(Rabi' al-Auwal), 4월: 라비웃 싸니(Rabi'
at-Thani), 5월: 주마달 울라(Jumada al-'Ula), 6월: 주마달 아키라(Jumada
al-Akhirah), 7월: 라잡(Rajab), 8월: 샤으반(Sha'ban), 9월: 라마단(Ramadan),
10월: 샤우왈(Shauwal), 11월: 둘 까으다(Dhu al-Qa'da), 12월: 둘 힛자(Dhu
al-Hijjah).

---

37) 끼블라(Qiblah): 무슬림들이 예배를 근행하는 방향을 말하며 메디나 이주 전에는 예루살
렘을 향해 예배를 근행했다. 메디나 이주 후에 유대인들과의 관계가 악화되면서 무함마
드의 고뇌도 깊어만 갔다. 무함마드의 최종적인 결론은 유대인들의 성지인 예루살렘으
로 향해 있던 예배 방향을 이브라힘과 이스마일에 의해서 축조된 카으바가 있는 메카의
하람 성원을 향하도록 방향을 바꾸는 것이었다. 예배 방향을 바꾼 것에 대하여 누군가
묻자 무함마드는 "동쪽과 서쪽, 이 모든 것이 하나님을 위한 것이니, 누군가 원한다면
그분께서는 반드시 올바른 길로 인도할 것이니라."(Tafsir al-Qurān al-Azīm li Ibn Kathīr,
1/189)라고 『꾸란』 구절을 인용하여 답했다.
메디나에는 예언자 무함마드가 예루살렘을 향해 예배를 근행하다가 하나님의 계시를 받
아 메카로 방향을 바꿔 예배한 두 방향(끼블라) 성원(Masjid al-Qiblataini)이 지금도 있다.

그동안 예루살렘을 향해서 예배를 드린 무슬림들은 갈등과 고뇌 속에서 결정된 끼블라의 전환을 그대로 받아 들였다. 끼블라가 예루살렘에서 메카로 바꿔진 것은 무슬림들에게 크게 두 가지의 의미를 가지고 있다. 첫 번째는 메카에서 계시 초기부터 이주 전까지 13년 동안 유일신에 대한 선교를 할 때도 그랬지만 메디나에서도 예언자를 따르는 믿음의 형제들과 위선과 불신으로 믿음의 대오를 흩뜨리는 일단의 무리들을 구분하는 계기가 되었고 두 번째는 메카로 예배 방향이 정해지면서 무슬림들에게 새로운 임무가 부여된 것이다. 불신자들에 의해 관리되고 있는 성지를 되찾고 각종 우상과 미신이 난무하는 메카를 유일신 하나님을 믿는 성지로 회복시키는 일이었다.

이러한 많은 변화에 힘입어 이슬람은 메디나에서 빠른 속도로 성장해 나갔다. 메디나 중심부에는 예언자 성원이 완공되어 공동체의 면모를 갖추었고 이주민들과 메디나 원주민들과의 강한 결속은 신앙의 이름으로 발전해 갔다. 이전에 아랍부족들과 맺었던 동맹으로 유대인들과의 관계는 지속되었지만 무함마드에 대한 그들의 불신과 반목은 여전히 무함마드가 풀어야 할 큰 과제로 남아 있었다.

메디나 협정

무함마드는 무슬림 이주민들과 원조자들을 하나의 신앙공동체로 묶고 유대인들과는 상호 공존할 수 있는 협력관계를 유지하기 위하여 모두를 다 포용할 수 있는 새로운 협정을 기안했다. 이 협정은 메디나는 도시국가로서 종교나 사상 그리고 이념을 초월하여 모든 부족들이 자신들의 법과 전통을 바탕으로 자립적으로 살아갈 수 있도록 기안되었다.

각 부족의 수장들은 메디나 도시국가 속에서 운명 공동체를 위한 협정에 동의하고 이를 수용했다. 메디나 협정의 가장 중요한 골자는 각 부족 공동체는 내적 문제에 대해서는 독자적인 율법과 신앙을 유지하되 도시 방어에 있어서는 모든 부족이 통일된 지휘하에 있도록 하며 각 부족사이에 공동으로 관련된 문제에 대해서는 공동으로 처리하기로 하고 협정에 관한 중재자는 무함마드가 맡기로 정한 것이었다.

이것은 무슬림들에게 반목과 적대감이 심한 유대인들을 포용하기 위한 관용의 정신이 반영된 것이었다. 유일신 한 분을 믿고 내세를 믿는다면 유대교인, 기독교인 또는 다른 신을 믿었던 사람들조차도 하나님의 구원을 얻을 수 있음을 역설하는 중요한 협정이었다. 하나님의 종교를 계승한 예언자로서 다른 종교의 적대감과 반목으로 많은 시달림 속에 있었음에도 하나님의 유일성을 믿고 따른다면 구원이 있음을 천명한 후 메카에서 이주해온 아랍 이주민들과 메디나에서 새로 이슬람에 입교한 원주민들, 유대 부족들과 그리고 이슬람으로 귀의하지 않은 많은 불신자들을 하나의 운명공동체 속에서 평등과 우호를 바탕으로 서로를 묶어 주는 중요한 계기가 되었던 것이다.

실로 믿는 자들(무슬림)과 유대인들, 그리고 기독교인들, 사비안[38] 들 누구든 하나님을 믿고 최후의 심판을 믿으며 선을 행한다면 그들에게 하나님의 보상이 있을 것이니 그들에게는 어떤 두려움도 슬픔도 없을 것이니라.(2:62)

---

38) 사비안(Sabians): 그들은 하나님의 유일성과 천사들의 존재에 대해서 믿었으며 자부르 (az-Zabur, 시편)를 경전으로 읽었던 민족이었다. 이라크의 뮈살(Mūsal) 지역에 주로 살았으며 그들은 결코 유대인도 기독교인도 아니었다고 한다.(The Noble Quran, p. 13)

하나님의 이름으로 체결된 협정문 전문을 요약해 보면 다음과 같다.

"자비로우시고 자애로우신 하나님 이름으로, 무슬림은 하나의 움마(공동체)이며 메카 이주민과 메디나 원조자들은 서로가 서로의 보호자이다. 하나님의 보호를 받는 무슬림은 누구를 막론하고 같은 형제로서 서로 협력하며 공평한 대우를 받는다. 무슬림은 무슬림을 살해하지 않으며 불신자들과는 어떠한 협력도 하지 않는다. 무슬림들과 함께하는 유대인들은 누구를 막론하고 공정한 대우를 받으며 무슬림들과 상호 협조하며 그들의 적과는 어떠한 협력도 하지 않는다. 서로 간에 이견이 있을 때는 하나님의 말씀인 『꾸란』을 따르고 예언자 무함마드의 중재를 따른다."

이것이 무함마드가 무슬림들을 대상으로 체결한 협정이었다. 유대인들과의 협정은 좀 더 구체적으로 이루어졌다. 왜냐하면 신앙이 다른 두 집단이 한 도시에서 동맹을 맺고 공존하기 위해서는 충분한 이해가 이루어져야 했기 때문이다.

"아우프 가(家)의 유대인들과 무슬림들은 하나의 공동체로 서로의 신앙을 지키며 자치권을 보장 받는다. 그들은 각자 자신들의 경제력으로 자립하며 어떠한 외부의 공격에도 상호 협력하여 대처한다. 서로를 존중하고 조언하며 일방적인 편견으로 사람들에게 손해를 입히지 않으며 무슬림들과 함께한 전투비용은 동등하게 부담한다. 본 협정에 조인한 사람들은 메디나를 성지(聖地)로 인정하며 상호간에 분쟁이나 논쟁으로 공동체의 분열이 우려될 때는 먼저 『꾸란』의 가르침을 따르고 무함마드의 중재를 따른다. 메카 꾸레이쉬 부족들과는 어떤 상거래도 중단하고 협조하지 않으며 본 협정으로 인하여 어떤 누구도 고통 받지 않는다."(Ibn Hisham, 1/503-504)

『꾸란』의 계시

이렇게 체결된 메디나 협정은 무슬림뿐만 아니라 믿음을 갖지 않은 사람들 그리고 유대인들까지 모두가 환영하는 결과를 낳았다. 비록 신앙이 다르고 이념이 달랐지만 살인과 약탈이 성행한 약육강식의 문화에 익숙해 있던 그들에게 무엇보다 먼저 자신과 가족의 생명, 그리고 재산을 보존하며 나아가 부족 구성원의 자치권을 보장 받을 수 있는 새로운 제안이었기 때문에 무함마드를 굳이 거부할 필요가 없었다. 조금 다르지만 서로를 인정하며 공존하는 것이었다. 본 협정의 체결로 말미암아 메디나는 예언자 무함마드를 지도자로 한 새로운 도시국가로 탄생하였다. 무함마드의 이러한 결속과 관용의 근거는 하나님의 가르침인 『꾸란』에서 비롯되었는데 『꾸란』에 근거한 예언자의 가르침은 모든 사람들에게 모범이 되었으며 그의 관대한 성품과 지도력은 더욱 돋보였다. 이슬람 공동체를 바른 길로 이끌기 위한 무함마드의 노력은 다음 하디스[39] 구절들을 통해서 이해할 수 있다.

- 서로 만나면 반갑게 쌀람(Assalamu alaikum, 당신에게 하나님의 평화가……)을 나누며 인사하고 형제애를 나누며 사람들이 잠든 한밤중에 일어나 예배를 근행한다면 천국에 들어 갈 수 있을 것이다.
- 자신을 사랑하는 만큼 형제를 사랑할 때 진정한 믿는 사람이 될 수 있다.
- 믿는 자들은 마치 한 사람의 몸과 같다. 그래서 만일 그의 눈이 아프면 몸 전체가 아픈 것과 같고 머리가 아프면 몸 전체가 아픈 것과 같다.
- 어떤 사람이 땅에서 자선을 베풀면 그 사람은 천국에서 더 많은 자선을 받을 것이다.

---

39) 하디스(Hadith): 예언자 무함마드의 말과 행동 그리고 말이나 행동으로 보여주진 않았지만 묵인한 사항들을 수집해 기록한 것을 하디스라고 말한다. 이슬람에서 하디스는 하나님의 말씀인 『꾸란』 다음으로 법해석의 중요한 근거가 된다.

- 이웃의 배고픔을 알면서 편안히 침실에 들어가는 무슬림은 진실한 무슬림이 아니다.
- 물이 불을 끌 수 있는 것과 같이 자선은 허물을 덮어 준다.
- 사람들이 다니는 길에 놓여있는 장애물을 치우는 것도 자선이다.
- 대추야자(Tamr) 반쪽이라도 나누는 자선을 베풀어 불지옥의 고통으로부터 벗어나도록 하라. 만일 그것도 형편이 되지 않는다면 좋은 말을 하는 것도 자선이다.

바드르 전투, 무슬림들의 승리

메디나에 이주한 무슬림들이 원주민들의 도움을 받아 어렵게 안정을 찾고 있을 때 메카 불신자들은 아랍 풍습에 따라 도망자들에 대한 정당한 권리가 자신들에게 있음을 내세워 무함마드와 그의 추종자들을 메디나에서 추방할 것을 강력히 요구했다. 그들은 여러 가지 방법을 동원하여 메디나 주민들을 협박하고 회유하기도 했지만 신앙으로 뭉쳐진 메디나 무슬림들의 결속은 더욱더 공고해져 갔다. 특히 예언자 무함마드와 이슬람의 결속과 화합에 관하여 항상 미온적이었던 압둘라 븐 우바이 븐 살룰[40]마저 무함마드의 모범적이고 합리적인 지도력에 긍정적인 태도를 취하자 꾸레이쉬 불신자들은 더 이상 두고 볼 수 없음을 경고하고 메카의 모든 군대를 동원하여 메디나와 전쟁도 불사하겠다는 의지를 전해왔다. 메카 군대의 규모

---

40) 압둘라 븐 우바이 븐 살룰(Abdullah bn Ubai bn Salul): 그는 무함마드가 이주하기 전에 메디나의 아랍부족 아우스와 카즈라즈를 이끌며 무함마드와 이슬람의 확산에 반대하고 항상 불신과 반목을 조장하며 무함마드의 지도력을 시기하고 반대하던 사람이었다. 그래서 메디나에서 무슬림들이 형제애를 나누며 결속을 다질 때 그는 메카 꾸레이쉬 불신자들과 내통하며 호시탐탐 무함마드와 그의 추종자들을 메디나에서 추방시킬 궁리만 했었다.

와 위력을 누구보다 잘 아는 무함마드에게는 큰 위협이 아닐 수 없었다. 메카 불신자들의 음모와 도발의 위협이 가속화되자 무함마드는 중대한 결단을 내릴 수밖에 없었다. 13년 동안 수많은 어려움과 박해에도 오직 하나님에게만 의지하던 무함마드는 다시 한 번 간절히 하나님께 기도 드렸다. **'오, 하나님! 저에게 힘을 주십시오'** 무함마드의 간절한 기도에 힘입어 꾸레이쉬 불신자들에게 어떻게 대처해야 할 것인지 하나님께서 계시를 통하여 제시해 주셨다.

> **(불신자들의 침략에 대항하여) 싸우는 것이 너희들에게 허락되니 그것은 진실로 그들이 부당하기 때문이니라. 실로 하나님은 전지전능하신 분이시니 너희들에게 승리를 안겨주실 것이니라.**(22:39)

> **하나님의 길에서 너희들에게 전쟁을 거는 적들에게 대항하여 싸우되 먼저 공격하지 말라. 실로 하나님은 전쟁을 도발하는 자들을 사랑하지 않으시니라. 적들과 대치한 그 자리에서 성전을 행하고 그들이 너희를 추방한 곳에서 너희들도 그들을 추방하라. (다신행위를 위한) 박해는 살인보다 더 나쁜 짓이니라. 그들이 하람 성원에서 너희들과 대치하여 싸우고자 하지 않는 한 너희들도 그들과 싸우지 말라. 그러나 그들이 그곳에서 전쟁을 원한다면 너희들도 그들에 대항하여 싸우라. 이것이 불신자들에 대한 보상이니라. 만일 적들이 싸움을 끝내고자 한다면 하나님께서는 그들에게 관용과 사랑을 베푸실 것이니라. 박해가 끝날 때까지 적들과 대항하여 싸우라. 이것이 하나님을 위한 신앙이니라. 그러나 만일 적들이 이를 끝낸다면 부당한 자들을 제외하고 그들에게 적대감을 갖지 말라.**(2:190-193)

꾸레이쉬 불신자들은 그들의 외교력을 총동원하여 메카를 방문하는 대상들과 동맹을 맺고 그들을 회유하여 메디나를 고립시켜 나갔다. 메디나가 봉쇄되면서 그 지역을 지나던 대상들에 의해 형성되었던 상권이 해체되자 메디나 주민들은 생필품 조달마저 어렵게 되었다. 메디나 주민들의 불만과 어려움이 노골적으로 드러나자 무함마드는 더 이상 참을 수 없는 한계에 다다랐음을 느끼며 중요한 결단을 내려야한다고 생각했다. 마침내 무함마드는 메디나 동맹군에 의해서 의해서 지배되었던 대상로를 차단하기로 했다. 메디나를 통하는 대상로는 꾸레이쉬 부족들에게는 반드시 거쳐서 가야 하는 길목이었기 때문에 이러한 결단은 꾸레이쉬 부족들에게 불에 기름을 붓는 것과 같았다. 이러한 사실을 전해들은 꾸레이쉬 부족장들은 이성을 잃고 곧바로 회합을 갖고 메디나 무슬림들과의 전쟁을 선포하였다.

이슬람과 무함마드에 대한 강력한 거부감과 복수심 그리고 메디나를 지나는 자신들의 대상 행렬에 자칫 잘못하면 치명적인 손실을 입힐 수도 있다는 우려는 꾸레이쉬 부족들을 자극하기에 충분한 조건이 되었던 것이다. 아부 자흘을 총사령관으로 한 메카군은 기마병 100명과 낙타를 탄 600여 명의 병사들을 포함하여 모두 1,300명이 넘는 대군으로 무슬림들과 전쟁을 위하여 위하여 메디나 근교 바드르 지역[41])을 향해 진격했다. 병사들이 먹을 식량으로만 매일 9-10마리의 낙타를 도살해야 했다. 그들은 무함마드에 대한 적대감과 복수심으로 빠른 속도로 진격해 왔다. 이에 비하여 메디나의 이슬람 군대는 310명 정도로 구성되었는데 메카 이주민 80여 명과 메디나 아랍부족 중 아우스 부족 출신 61명, 카즈라즈 부족 출신 170명, 그리고 두 마리의 말과 70마리의 낙타가 전부였다. 전쟁을 하기에는 비

---

41) 바드르(Badr): 메디나에서 남쪽으로 약 150km 떨어진 사막에 위치한 지역, 이곳에서 히즈라(Hijra=Hegira, 메디나 이주) 2년 9월에 최초로 메디나 이슬람 연합군과 메카 꾸레이쉬 군대가 처음으로 전투를 벌였다.

교할 수 없는 열악한 상황이었지만 무함마드는 두렵지 않았다.

이슬람력 2년 9월(라마단) 17일 금요일, 이윽고 바드르 지역의 모래 언덕 하나를 사이에 두고 두 군대는 대치하는 상황에서 밤을 맞이했다. 무함마드는 병사들에게 외쳤다. "우리는 오직 하나님의 승리를 위해서만 싸울 것입니다. 이 전투에서 주님을 위해 싸우다가 죽는다면 그대로 천국에 들게 될 것입니다." 무함마드는 병사들을 안정시키고 휴식을 취하도록 명령했다. 그리고 무함마드는 간절히 기도했다.

"오, 하나님! 저에게 힘을 주시옵소서."

기도를 마치고 무함마드는 조용히 잠들어 있는 병사들을 살폈다. 그때 비가 내리기 시작했다. 모래위에서 잠든 병사들은 쏟아지는 비를 맞으며 단잠을 잘 수 있었다. 그날 밤에 내린 비는 메카 불신자들에게는 긴 시간동안 행군하여 바드르에서 진지를 구축하는데 장애가 되었지만 메디나 무슬림들에게는 안정을 찾고 마음을 깨끗이 정화하는 축복의 비가 되었다.

> 하나님께서 안정을 주기 위하여 너희들을 잠으로 감싸고 하늘에서
> 비를 내려 너희들로부터 사탄의 불결함을 씻어 정결케 하였노라.
> 그리하여 너희들의 마음을 하나로 강하게 묶고 그것으로 너희들의
> 발에 확신을 심었느니라.(8:11)

이튿날, 날이 밝자 대혈전이 벌어졌다. 수적으로 절대적인 우위를 치지하고 있는 꾸레이쉬 군대는 독기를 품고 승리를 장담하며 선제공격을 감행했다. 그러나 그들의 공격은 무모할 뿐 무함마드의 확신확신에 찬 응전에는 조금도 흐트러짐이 없었다. 그것은 하나님에 대

한 확신이었으며 승리에 대한 확신이었다.

　메디나의 무슬림 군대가 뒤로 후퇴를 거듭하던 어느 한순간, 갑자기 하늘에서 먹구름이 내려오는가 싶더니 무슬림들은 순간 앞으로 진격해 갔다. 예언자 무함마드의 간절한 기도가 이루어진 것인지 일순간 무슬림 군대는 아비규환이 된 메카 군대를 뚫고 들어가 총사령관 아부 자흘의 숨통을 끊어 버렸다. 총사령관의 죽음이 알려지자 남아 있던 메카의 병사들은 뿔뿔이 흩어져 퇴각하고 말았다. 무슬림들의 대승이었다. 기적이 일어났던 것이다. 『꾸란』에 의하면 전투가 시작되고 수적 열세로 무슬림 군이 밀리자 하늘에서 지브리일 천사를 선두로 5,000여 천사들이 하강하여 이교도들을 무찌르는데 힘을 가세했다고 한다. 또한 무함마드가 한 줌의 모래를 적병들의 얼굴에 뿌리자 적병들이 모두 앞을 볼 수 없게 되자 앞으로 진격하여 승리로 이끌 수 있었다고도 한다. 이 전투에서 무슬림군은 단지 14명의 희생자만 생겼지만 메카 불신자들은 상대적으로 엄청난 피해를 입게 되었다. 그들은 70명이 희생되었고 같은 수의 포로를 남기고 도망간 것이었다. 무함마드는 진심으로 하나님께 감사드렸다.

　『꾸란』에는 바드르 전투와 관련하여 불신자들의 무모함을 경고하고 진정한 믿음의 의미와 그 결과가 어떤 것인지 가르쳐 주고 있다.

> (불신자들이여!) 만일 너희들이 심판을 원한다면 그 결과는 이미 나왔노라. 그러나 (너희가 그릇됨을 알고) 그만 둔다면 그것이 너희들에게 보다 더 좋을 것이니라. 그럼에도 너희가 다시 전쟁을 일으킨다면 우리는 이에 적극 대처할 것이니라. 너희 군대의 수적 우세는 너희들에게 어떤 도움도 줄 수 없을 것이니 실로 하나님께서는 믿는 자들과 함께하실 것이니라.(8:19)

너의 주님께서 천사들에게 계시하시니 실로 나는 너희들과 함께할 것이니라. 믿는 자들에게는 확신을 주고 불신자들에게는 마음을 약하게 하여 두려움에 떨게 할 것이니......(8:12)

너희들의 주님께 도움을 청했을 때 그분께서 답하시어 뒤를 이은 천 명의 천사들이 너희들을 도왔던 것을 기억하라.(8:9)

실로 그들을 살해한 것은 너희들이 아니라 하나님께서 한 것이며 그들에게 던진 것은 그대(무함마드)가 아니라 하나님께서 던지신 것이니라. 그것은 믿는 자들에 대한 하나님의 준엄한 시험일지니 실로 하나님께서는 모든 것을 듣고 모든 것을 아시는 분이시니라.(8:17)

서둘러 너희들의 주 하나님께 회개하라, 실로 하늘과 땅처럼 넓게 펼쳐진 천국은 하나님을 두려워하고 공경하는 자들(Muttaqun)을 위해 준비되어 있느니라.(3:133)

바드르 전투에서의 대승은 무슬림들과 아랍사회에게 큰 변화를 가져왔다. 특히 포로와 전리품을 처리하는 과정에서 무함마드가 보여준 관대함은 이전의 아랍사회에서 볼 수 없었던 모두를 포용할 수 있는 좋은 기회가 되었다. 왜냐하면 당시 아랍의 관습은 전쟁포로는 전리품과 같아서 승리한 측에 귀속되며 그들의 재량에 따라 마음대로 처분할 수 있었기 때문이다. 노예로 팔아넘길 수도 있었고 죽일 수도 있었다. 무함마드는 꾸레이쉬 부족과의 전투에서 취득한 전리품을 공정하게 나누었다. 그리고 포로들은 최대한 예우하여 메디나 주민들에게 각자가 포로들을 한 사람씩 맡아서 양식과 의복을 나누어 주도록 했다. 또한 메카에 있는 포로들의 가족들에게 포로 한 사람 한 사람의 형편을 고려하여 몸값을 지불하도록 했다. 그러나 만일 몸값을 지불할 능력이 되지 못할 경우에는 그들이 가지고 있는 재능을 이용하여 몸값을 대신하도록 했다. 글을 아는 포로에게는 메디나 어린이 10명에게 글을 가르쳐주고 몸값을 대신하도록 했다. 몸값을 지불할 능력이 되는 사람에게는 최대한 빨리 몸값을 지불하여 가족들의 품으로 돌아갈 수 있도록 배려해 주었다.

바드르 전투와 무슬림들의 대승, 그리고 예언자 무함마드가 포로처리와 관련하여 보인 관대함은 입소문을 타고 아랍부족들에게 빠르게 전달되었다. 바드르 전투의 승리는 무슬림들에게 새로운 개혁을 알리는 서막이었으며 변화의 물결이었다. 이는 꾸레이쉬 부족을 따르고 그들과 동맹을 맺었던 아라비아 반도의 많은 부족들에게는 위협이었고 경고였던 것이다. '우상숭배를 멀리하고 유일신 하나님을 믿으라, 그리고 선을 행하라.' 무함마드의 외침은 거침이 없었다.

단 한 번의 승리는 메디나에도 많은 변화를 가져왔다. 메카에서 이주한 후에 다소 어수선하던 분위기는 무함마드를 중심으로 이슬람 공동체의 본모습을 찾기 시작했으며 잘 정비되지 않았던 규칙과 규정들이 정해지기 시작했다. 종교 의식에도 많은 변화를 가져왔다. 라마단 달의 단식(Saum)과 희사제도(Zakat)가 히즈라 2년부터 무슬림들에게 의무화 되어 신앙적 깊이를 더해 갔다. 무슬림들은 라마단 단식월 중에 있었던 바드르 전투를 승리로 이끌고 단식월이 끝나고 맞이하는 10월(Shawa) 첫째 날 이슬람 최초로 성대하게 이둘 피트르 축제[42]를 거행했다. 승리의 기쁨을 다함께 나눌 수 있었다.

---

42) 이둘 피뜨르(Eid al-Fitr): 라마단 한 달간의 단식을 끝내고 맞이하는 10월(Shawal) 첫째 날, 무슬림들은 축제예배를 거행한다. 건강하게 단식을 끝내고 충만한 신앙인으로 다시 태어난 것에 대한 감사의 축제이다. 우리의 추석과 같은 명절로 축제 예배를 근행한 무슬림들은 가족과 친척들을 방문하여 서로의 안부를 묻고 평화와 안녕을 기원하며 즐거운 시간을 가진다.

우후드 전투

바드르 전투에서 참패를 당한 메카 꾸레이쉬 부족은 울분을 눈물로만 삭일 수는 없었다. 그들이 입은 인명피해와 재산손실 그리고 패배에 대한 수치감은 그들에게 이전에 없었던 큰 충격이었다. 그들이 위로 받을 수 있는 것은 오직 무함마드와 메디나 이슬람 공동체를 다시 공격하여 복수하는 것뿐이었다. 여기에 더하여 메디나를 통과하는 대상로 차단으로 인한 꾸레이쉬 부족의 경제적 손실은 치명적일 수밖에 없었다. 그들은 주로 겨울철에는 예멘으로 그리고 여름철에는 메디나를 통해서 시리아와 이라크로 대상들을 이끄는 무역업에 종사했기 때문이다.

이제 메카 꾸레이쉬 부족들에게는 많은 것들 중에서 하나를 선택할 수 있는 이전의 상황은 없었다. 메디나 이슬람 공동체의 등장과 바드르 전투에서의 참패는 그들을 위축되게 했고 반면에 무함마드의 위상과 메디나 무슬림들의 사기는 하늘을 찌르고 있었기 때문이다. 그들에게는 오만함과 교만함을 버리고 메디나 무슬림들과의 화해를 통하여 공동의 이익을 추구하기 위한 길을 택하든가 아니면 복수의 칼을 세워 자존심을 되찾을 것인가를 선택하는 길 밖에 없었다. 그들은 당연히 후자를 선택했다. 아직까지도 그들의 마음속에는 무함마드와 이슬람을 허용할 수 없었기 때문이다.

메디나의 무함마드와 무슬림들의 상황도 평화롭지만은 않았다. 유대인들은 이슬람과 평화협정을 맺고 있음에도 항상 무함마드를 불신하고 이슬람 발전을 경계하고 시기하는 내부의 적이었다. 그들은 무슬림들이 바드르 전투에서 승리하여 기쁨을 나누고 있을 때 이를 비웃으며 무기도 다룰 줄 모르는 자들을 상대하여 승리한 것은 우연일 뿐이며 자신들이야말로 진정한 투사들로 전쟁에서 절대 물러서지 않는 용기 있는 사람들임을 뽐내기도 하였다. 무함마드는 여러가지 방법을 동원하여 그들과 화합하기 위하여 노력했지만 그들의 반감은 커져만 갔다. 여기에 더하여 유대 부족 중 까이누까 부족은 메카의 꾸레이쉬 부족과 내통하여 메카군이 메디나를 치게 되면 지원해줄 것을 약속하기도 했다. 이러한 행위는 무슬림들과 맺은 메디나 협정에 절대적으로 위배되는 심각한 행위였다. 유대인들에 대한 무함마드의 고민이 깊어갈 때 무슬림들과 유대 부족들 간에 중대한 사건이 벌어지고 말았다. 어느 날, 무슬림 젊은 여성이 까이누까 부족들이 살고 있는 유대인 지역을 걸어가고 있었다. 그때 젊은 유대인들이 나타나 그녀를 따라다니며 음란한 말로 괴롭혔다. 또한 그들은 그 여성의 얼굴을 자세히 보기 위해 가까이 접근하여 가리고 있는 베일을 벗기려고 했다. 젊은 유대인들은 그녀를 집요하게 괴롭혔고, 여기에 가세하여 금과 은으로 세공을 하던 한 세공업자가 그녀의 옷자락을 당겨 자신의 가게 벽에 못으로 박아 버렸다. 옷자락이 못에 박힌 상태에서 남자들의 손길을 뿌리치자 그녀의 옷이 벗겨졌고, 그녀는 한순간에 알몸이 되고 말았다. 그때 길을 가던 한 무슬림 남성이 이 광경을 보고는 달려가 여성의 몸을 가려주고 세공업자를 나무라며 구타했다. 그러자 이번에는 유대인 청년들이 무슬림 남성을 심하게 구타하여 죽음에 이르게 한 것이다. 이 살인사건으로 무슬림들은 관례에 따라 유대 까이누까 부족에게 피의 대가를 요구했지만, 까이누까 부족은 이를 거절했다. 그들은 메카 꾸레이쉬 부족들이 메디나를 공격하여 올 것이라고 믿었기 때문이었다. 이 이야기를 들은 무함마드는 더 이상 참을 수가 없었다. 그들의 배신행위는 더 이상 인내로써 참아줄 수 있는 것이 아니었다. 무함마드는 그들에게 이슬람으로 개종하든지 아니면 메디나를 떠날 것을 요구했다. 결국 그들은 메디나를 떠나기로 했다. 무함마드는 그들에게 무기를 압수하고, 어떤 것도 요구하지 않았다. 피를 흘리는 것도 그들의 재산을 약탈하는 것도 원하지 않았기 때문에 살고 있던 토지를 제외하고 모든 것을 가져가라고 했다. 까이누까 부족은 그들이 살던 집의 문과 지붕까지 모두 헐어서 남김없이 가지고 떠났다.

무함마드가 내부의 적들과 어려움을 겪고 있을 때 메카의 불신자들은 아부 수피얀을 선두로 하여 복수의 의지를 다지며 차근차근 전쟁 준비를 하고 있었다. 3,000명의 군사를 모으고 이들 중 700명은 갑옷으로 무장하였고 200명은 산악전투를 위하여 특별훈련도 시켰다. 그러나 무함마드가 준비할 수 있는 메디나 군은 1,000명 정도에 갑옷을 입고 무장한 병사는 무함마드를 포함해서 200명에 불과했다. 무함마드는 각 부족의 장들을 불러 모아 어떻게 대처해야 할지 의견을 물었다. 항상 미온적인 태도에 이중적인 생각을 하고 있던 압둘라 븐 우바이 븐 쌀룰은 메카 불신자들과 우후드에서 부딪치지 말고 메디나 시내에 만들어져 있는 진지를 중심으로 시가전을 벌이자는 의견을 제의했다. 그의 제안이 무의미하진 않았지만 무함마드는 평상시 그의 태도와 유대인들과 내통하며 괴롭혀 왔던 그를 믿을 수가 없었다. 이에 반하여 청년 무슬림들은 우후드로 나가 당당히 적들과 마주해 전투를 벌이자는 의견을 제안했다. 무함마드는 수적 열세에도 불구하고 적을 물리칠 수 있는 방법이 무엇일까 고민한 끝에 결국 청년들의 의견을 받아들이기로 하고 그의 추종자들에게 전쟁에 임하는 태도와 방법에 대해서 지시했다. 무함마드의 전술은 일대일로 적과 대치하는 것이 아니라 대오를 이탈하지 말고 부대 단위로 적군과 교전을 벌이는 것이었다. 그러다가 적군의 대오가 흩어지면 그때 공격을 하는 것만이 대군을 상대해서 이길 수 있는 것임을 강력히 명했다. 무함마드는 이 전쟁에도 유대인들은 참가시키지 않기로 결정했다. 신앙을 지키기 위한 전쟁에 군이 이교도인들을 참석시킬 필요가 없다는 판단이었다.

히즈라 3년 10월(Shawal) 6일 메카의 불신자들은 450km를 행군하여 메디나 북쪽에 위치해 있는 우후드 산 근처에 진지를 쳤고 무슬림들도 그 반대쪽에 진지를 구축하여 서로 대치하는 상황이 되었다. 꾸레이쉬 부족은 아프리카 출신의 흑인 노예들을 용병으로 데려와 전투에 참가시켰는데 만일 무슬림군 중에서 함자와 같이 이름 있는 장수를 살해하거나 전투에서 이기면 해방시켜 주겠다고 약속하기도 했다.

이윽고 전투가 시작되면서 무슬림 병사들은 명령에 따라 대오를 맞춰 앞으로 진격해 갔다. 특히 언덕 위에 배치되어 있던 무슬림 궁수들은 무함마드의 지시대로 적들이 앞으로 진격해오는 것을 충분히 저지해 줄 수 있었다. 무함마드의 명령에 따라 일사분란하게 움직이는 메디나 군의 공격에 꾸레이쉬 불신자들은 후퇴를 거듭하며 뒤로 물러서기 시작했다. 그러나 무슬림 군은 승리를 눈앞에 두고 치명적인 실수를 하게 된다. 그것은 언덕 위에 배치되어 있던 궁수들과 진격해가던 병사들이 어떠한 경우에도 전투가 끝날 때까지 자리를 이탈하지 말라는 예언자의 명령을 잊고 아직 끝나지 않은 전투에 승리를 환호하며 대오를 벗어나 뿔뿔이 흩어져 전리품 챙기기에 바빴던 것이었다.

우후드 전투 역시 병력이나 장비 면에서 비교될 수 없는 상황이었음에도 메디나 무슬림군은 또 한 번의 승리를 외칠 그 순간 전세는 완전히 역전되어버렸던 것이다. 무슬림군은 꾸레이쉬 군의 강력한 반격을 받고 혼비백산하여 뿔뿔이 흩어졌고 급기야 불신자들에 의해 선두와 중간진영을 포위당하는 상황이 되었다. 군대의 후미에 있던 무함마드 역시 최대 위기를 맞이하게 되었는데 사기가 땅에 떨어진 병사들 사이에는 무함마드가 살해되었다는 소문까지 돌기 시작했다.

무함마드는 자신이 아직 건재함을 병사들에게 알리고 큰소리로 외쳐 병사들을 불러 모았다. 몇몇 병사들만이 무함마드를 호위하면서 메카군과 대치하고 있었는데 바닥에 떨어진 사기와 수적 열세는 메카군을 물리치기에는 역부족이었다. 몇 차례의 공격과 방어를 거듭한 후에 무함마드는 병사들의 보호를 받으며 겨우 산 중턱 언덕 위로 피할 수 있었다. 그러나 무함마드는 적군이 던진 돌에 턱을 맞아 이가 부러지고 옆구리와 몸의 많은 부분에 칼을 맞아 성한 곳이 없을 정도였다. 예언자 무함마드는 간절히 기도했다. **'오, 하나님! 저에게 힘을 주시옵소서.'** 무함마드를 중심으로 무슬림병사들이 다시 모여들기 시작하면서 메카군은 총공세를 가했으나 사력을 다하여 전투에 임하는 무슬림군을 무찌르지 못하고 결국 그들은 후퇴하여 메카로 돌아가고 말았다.

우후드 전투에서 무슬림 군은 너무나 많은 희생자를 냈다. 특히 무함마드에게 무엇보다 힘들었던 것은 그의 삼촌이자 든든한 버팀목이었던 함자의 순교였다. 무함마드는 함자와 순교자들의 장례를 치르면서 그들의 값진 희생을 애도하고 하나님께 감사 기도를 드렸다. 전쟁에서 이기는 것도 그리고 지는 것도 모두 다 하나님의 뜻인 것이다. 무함마드는 생존하여 끝까지 함께한 병사들을 추스르며 메디나로 돌아왔다. 이 전투에서 무슬림들은 70명이 희생되었고 메카 불신자들은 약 25명이 희생되었다.

우후드 전투는 무함마드의 명령에 집중하지 않은 무슬림 군에게 좋은 교훈이 되었고 결속의 중요성이 무엇인지 다시 한 번 강조하는 중요한 계기가 되었다.

> (우후드 전투에서) 두 무리가 만났던 그날, 너희가 등을 돌려 곤경에 처한 것은 사탄이 유혹하여 그들의 판단을 흐리게 하였음이라. 그러나 하나님께서는 그들을 용서하여 주시니 실로 그분은 관용과 자비로 충만하신 분이시니라.
> 오, 믿는 자들이여! 불신자(위선자)가 되어서 형제들에게 "만일 너희가 우리와 함께했다면 죽지도 않았을 뿐만 아니라 살해되지도 않았을 텐데……"라고 말하는 사람이 되지 마라. 그들의 마음속에는 근심으로 가득할 것이니 실로 하나님만이 생명을 주시고 빼앗아 가시니 그분께서는 너희가 행하는 모든 것을 보고 계시느니라. 하나님의 길에서 순교했다면 그분의 자비로우심과 관용이 있을 것이니 그것은 그가 현세에서 행한 모든 것보다 더 값진 것이니라. 만일 너희가 (하나님의 길에서) 순교했다면 실로 너희들은 하나님께로 돌아가리라.(3:155-158)

무함마드의 정복전쟁

우후드 전투 이후 무슬림들은 심기일전하여 새로운 모습으로 예언자 무함마드를 따르며 결속을 다졌다. 그럼에도 무함마드와 이슬람에 대한 유대인들과 위선자들의 적대감은 메디나 공동체 사회에서 매사에 무함마드의 발목을 잡는 어려운 장애물로 남아 있었다.

특히 무함마드에 대한 유대인들의 불신과 이슬람 선교에 대한 방해 공작은 신앙이 약한 자들과 위선자들을 선동하기도 하고 심지어 무함마드를 살해하기 위한 음모를 꾸미기도 하였다. 여기에 더하여 우후드 전투의 패배는 그들을 더욱더 부추기는 상황이 되었다.

무함마드는 우후드 전투에서 잃은 신뢰와 명예를 되찾기 위하여 군대를 재정비하고 내부결속을 다지고 메디나 인근 지역 부족들을 포용하기 위하여 많은 노력을 했다. 메디나 주변 부족들의 무함마드와 이슬람에 대한 신뢰가 회복될 즈음, 메디나에서 동맹관계를 유지해 오고 있던 유대인 바누 나디르 부족이 무함마드를 암살할 계획이 있다는 첩보가 들어왔다. 그들은 무함마드가 구성한 공동체 국가에 대하여 동의하고 메디나 협정을 맺은 상황이었음에도 항상 위선자들과 불신자들을 부추겨 이슬람과 무함마드를 곤경에 빠뜨리곤 하던 사람들이었다. 무함마드는 전투를 원하지 않았다. 그러나 그들이 배신한 이상 메디나에 남겨 둘 수는 없었다. 무함마드는 그들의 성체를 포위하고 간간히 해 오는 그들의 공격에 방어하며 까이누까 부족에게 그랬듯이 메디나를 떠날 것을 명했다. 그들이 조용히 메디나를 떠날 경우 무기를 제외한 그들의 생명과 재산을 보장해 줄 것임을 약속했다. 포위된 상태에서 두려움을 느낀 나디르 부족은 마침내 메디나를 떠날 것을 결정하고 그들이 소유한 모든 것을 가지고 메디나를 떠났다.

무함마드의 유일신 하나님에 대한 선교는 계속되었다. 유대 부족들에게 보여준 무함마드의 관대함은 그동안 미온적으로 이슬람을 바라보고 있던 메디나의 아랍부족들을 일치단결하여 하나가 되게 하였으며 나아가 주변의 아랍부족들을 이슬람으로 초대하는 중요한 연결고리가 되기도 하였다. 또한 두 차례에 걸쳐 치열하게 싸웠던 메카 불신자들과의 전쟁은 주변 부족들에게 무함마드와 이슬람의 진면모를 보여주는 계기가 될 수 있었다. 무함마드는 아라비아 반도의 부족들을 대상으로 사절단을 파견하여 유일신 하나님에 대한 선교를 본격적으로 시작하였다. 이미 알려진 무함마드의 정의로움과 메카 꾸레이쉬 부족들의 꺾인 사기는 더 이상 꾸레이쉬 불신자들이 아랍부족들과 맺은 동맹관계를 지속할 수 없는 상황이 되어 있었기 때문에 무함마드의 유일신에 대한 초대는 그들에게 새로운 제안이었고 거절할 수 없는 공존의 한 방법이기도 한 것이다. 무함마드의 정복전쟁은 이전의 전쟁풍속도를 완전히 바꾸는 것이었으며 이슬람의 형제애를 심는 확실한 계기가 되었다. 무함마드는 유대인들에게 한 것처럼 피의 전투보다는 피정복민들에게 선택할 수 있는 기회를 주었다. 만일 하나님의 유일성을 인정하고 이슬람의 가르침을 따른다면 믿음의 형제로서 똑같은 대우를 받을 수 있지만 그렇지 않고 자신들의 의지를 고수한다고 해도 이전처럼 죽이지 않고 자신들의 가족과 재산을 보존할 수 있게 해 주었다. 대신에 정복지에 계속해서 살 의지가 있다면 반드시 세금43)을 내도록 했다. 만일 그것도 싫으면 유대인들이 그랬던 것처럼 가족과 재산을 챙겨서 그곳을 떠나는 것도 물론 선택할 수 있는 방법 중의 하나였다. 약육강식의 생활방식에 익숙하던 사람들에게 이러한 무함마드의 제안은 재고의 여

---

43) 무슬림 지역에 사는 비무슬림들에게 부과되는 세금(Jizyah)으로 인두세라고도 한다. 당시 예멘과 페르시아, 그리고 동로마 제국 등 주변 왕국들로부터 다양한 방법으로 세금을 갈취 당하던 아랍부족들에게 무함마드가 부과한 세금은 상대적으로 적었고 이슬람을 택할 경우 형제로서 보호받을 수 있는 새로운 제안이었기 때문에 쉽게 이슬람을 받아들일 수 있었다고 한다.

지가 없는 획기적인 것이었다. 그래서 이슬람은 메디나 이주 후 불과 몇 년 사이에 명실공히 아라비아 반도에서 대적할 수 없는 연합 국가로 그 위용을 드러낼 수 있었다.

아라비아 반도에서 메디나의 새로운 이슬람 공동체의 등장은 아직까지 이슬람을 받아들이지 않은 주변 부족들에게는 강한 위협이었으며 무함마드의 위상은 아라비아 반도에서뿐만 아니라 바깥세상에까지 알려졌다. 마침내 무함마드는 자신의 존재와 이슬람의 실상을 알리기 위하여 당시 아라비아 반도의 주변 강대국의 왕들에게 서한을 작성하여 특사를 보냈다. 아비시니아(에티오피아)의 네구스 왕, 이집트의 무까우까스 왕 그리고 페르시아의 키스라 왕과 동로마 제국의 황제 헤라클리우스에게 보낸 서한이 그 대표적인 예이다. 서한들 중에서 무함마드가 『꾸란』의 계시에 근거하여 작성한 헤라클리우스 황제에게 보낸 서한을 소개한다.

자비로우시고 자애로우신 하나님의 이름으로

하나님의 종, 사도 무함마드가 동로마 제국의 황제 헤라클리우스에게 보내는 서한입니다.

진리의 인도를 따르는 자들에게 평화가 있기를 기원합니다. 폐하께 이슬람을 소개하오니 이슬람으로 귀의하십시오. 만일 이슬람의 가르침을 받아들이신다면 안녕과 평화를 누리실 것이고 하나님께서 폐하에게 두 배의 큰 보상을 베푸실 것입니다. 그러나 이슬람으로의 초대를 거절하신다면 폐하께서는 폐하의 잘못뿐만 아니라 백성들이 지은 죄까지 다 책임 져야 할 것입니다. 다음과 같은 하나님 말씀을 권하오니 숙지해 주시기 바라옵니다.

(오, 무함마드! 성서의 백성들에게) 말하라.

성서의 백성들이여! 우리와 여러분들에게 계시된 말씀으로 인도되시오 그것은 하나님 이외에는 어떤 것도 경배하지 않으며 그분과는 대 등한 어떤 것도 없습니다. 그리고 하나님을 제외하고는 우리 중 어 떤 누구도 주님으로 섬겨질 수 없습니다.

만일 이를 거역하는 자 있다면, 그들에게 "실로 우리는 (유일하신 한 분 하나님만을 믿는) 무슬림들입니다."라고 말하시오.(3:64) (Sahih al-Bukhari, 1/4,5)

예언자 무함마드의 서한은 메디나를 중심으로 한 아라비아 반도 주변 왕들에게 큰 변화를 가져왔다. 왕들 중에는 무함마드의 제안을 그대로 받아들여 왕국 전체가 이슬람화 된 경우도 있었지만 무함마 드의 제안을 거절하고 자신들의 전통과 종교를 지킨 왕들도 있었다. 그러나 무엇보다 중요한 것은 아라비아 반도 주변국의 왕들에게 예 언자 무함마드의 존재감을 심어주고 그가 선교하고 있는 유일신 하 나님의 개념이 무엇인지 이슬람 공동체가 어떤 것인지 인식할 수 있 는 중요한 계기가 되었다.

알 후다이비야 평화협정과 소순례

이슬람의 위상이 날로 높아짐에 따라 적대관계에 있던 메카 불신 자들과 그들과 함께하던 부족들의 사기는 떨어져 더 이상 이슬람과 대적할 수 없는 상황으로까지 전개되어 갔다. 그럴수록 예언자 무함 마드와 메카를 떠나온 이주자들에게 메카에 대한 향수는 짙어만 갔 고 예배 방향인 하람 성원에 대한 강한 애착은 숨길 수 없는 신앙으 로 표출되었다.

메디나로 이주한 지 6년이 지난 11월 어느 날, 무함마드는 추종자들과 함께 메카 하람 성원을 방문하여 소순례(Umurah)[44]를 하는 꿈을 꾸었다. 지난날 메카에서 수많은 박해와 고통을 받으면서도 매일 같이 하람 성원을 방문하여 하나님을 염원하며 구원을 청하던 그곳을 찾아 순례하는 것을 무함마드는 항상 갈망하고 있었던 것이다. 무함마드는 하나님의 뜻을 따랐다. 메카를 찾아 순례를 하고 하람 성원을 이슬람의 성지로 회복하는 것은 하나님의 뜻이었던 것이다. 무함마드가 자신의 순례계획을 교우들에게 조심스럽게 말하자 모두들 순례를 기다리고 있었다는 듯 찬성했다. 특히 메카에서 모든 것을 버리고 신앙을 지키기 위해 메디나로 이주한 이주민들에게는 꿈에도 그리던 가족들과 재회하고 고향을 찾는 기회에 환호하고 기뻐했다. 무함마드는 순례를 원하는 사람은 누구나 동참할 수 있도록 했다. 그러자 새로 입교한 신앙이 약한 자들과 메카 불신자들과의 대치상황을 두려워한 일부 사막의 베두인들을 제외하고 대부분의 메디나 무슬림들은 무함마드의 순례행렬에 동참하여 순례자들의 수가 일만 오천 명이 넘었다.

무슬림 순례객들은 메디나 남쪽 외곽에 위치해 있는 둘 훌레이파(dhul-Hulaifah)[45]에서 순례복으로 갈아입고 메카를 향해 출발했다. 일만 오천 명의 순례객이 일시에 메카를 향해 이동해 가자 메카는 일

---

44) 우무라(Umurah): 소순례, 성지순례월(이슬람력 12월), 정해진 시간에 행하는 순례가 아니라 순례자가 원할 때, 시기와 관계없이 메카 성지를 방문하여 순례를 거행하는 것을 말한다.

45) 둘 훌레이파(dhul-Hulaifah): 메디나 남쪽 외곽에 위치한 순례를 준비하기 위한 장소(Miqāt)로 아브야르 알리(Abyar Ali)라고 부르기도 한다. 메디나 북부 지역(타북, 시리아, 요르단, 터키 등지)에서 육로를 통하여 순례에 참석하는 순례객들은 이곳에서 반드시 순례복으로 갈아입고 자신이 메카 하람 성원을 방문하는 순례자임을 의도해야 한다.

순간 발칵 뒤집혀지는 혼란을 가져왔다. 구름처럼 밀려오는 그들을 감당하기에는 이미 대책을 상실한 상태였던 것이다. 그러나 무함마드는 어떤 살상이나 희생도 원하지 않았다. 단지 신의 휴전기간에 하람 성원을 방문하고, 그곳에 있는 카으바를 순례하기 위한 목적밖에 없었던 것이다.

메카를 목전에 앞둔 무함마드는 알 후다이비야 지역에 있는 우물가에 도착하여 더 이상 앞으로 나가지 말고 그곳에서 야영을 하도록 지시했다. 그리고 꾸레이쉬 부족에게 사람을 보내 신의 휴전기간에 메카를 찾은 자신들의 목적을 전하도록 했다. 많은 추종자들은 예언자 무함마드의 숨은 뜻을 이해할 수가 없었다. 그러나 추종자들의 무함마드에 대한 충성심은 조금도 변함이 없었다. 이윽고 무함마드가 예상한 대로 꾸레이쉬 부족은 평화협정을 제안해 왔다. 다소 꾸레이쉬 부족의 일방적인 제안인 듯 했지만 무함마드는 그들의 제안을 다 받아들였다. 그들이 알 후다이비야에서 제안한 평화협정은 다음과 같다.

첫째, 올해는 순례를 하지 않고 그냥 돌아간다. 그러나 내년에는 메카를 방문하여 3일간 머물며 순례하는 것이 허용되며 순례자는 무기를 소지할 수는 없다. 그러나 칼집에서 칼을 빼지 않은 상태에서는 칼을 소지할 수도 있다.

둘째, 향후 10년간은 서로 간에 전쟁을 하지 않으며 이 기간 동안에는 서로의 안전을 보장하며 서로가 서로를 살상하지 않는다.

셋째, 누구든 무함마드와 계약하고 동맹을 원한다면 그렇게 할 수 있으며 또한 꾸레이쉬 부족과 계약과 동맹을 원한다면 그렇게 할 수 있는 자유를 가진다.

넷째, 꾸레이쉬 부족 중 누군가 부족장의 허락 없이 무함마드에게 간다면 그를 돌려보내야 하며 무함마드의 추종자들 중에서 누군가 꾸레이쉬 부족에게 간다면 꾸레이쉬 부족에게는 그를 돌려보낼 의무가 없다.(al-Rahiq al-Makhtum, pp. 455-456)

예언자 무함마드가 이 협정을 받아들임으로써 무슬림들은 하람 성원을 눈앞에 두고 순례를 포기하고 메디나로 돌아올 수밖에 없었다. 추종자들 중에서 많은 수가 무함마드의 결정에 불만을 가지기도 했지만 내년부터 안전하게 순례를 할 수 있다는 기대감과 향후 10년간 메카 불신자들과 피의 결전을 벌일 필요가 없어졌다는 것에 만족했다. 무함마드는 하람 성원에 들어가서 카으바를 순례하지는 못했지만 후다이비야에서 삭발을 하고 가축을 도살하여 희생제와 순례의 의미를 대신하도록 했다. 무슬림들은 많은 미련과 아쉬움을 남긴 채 메디나로 발길을 돌렸다. 그러나 후다이비야 협정을 잘 살펴보면 이미 꾸레이쉬 불신자들은 그들의 기득권과 종교적 주도권을 다 포기하고 단지 그들의 안전에만 집착하고 있음을 알 수 있다. 무함마드 역시 그들과의 전쟁보다는 대화를 통하여 평화로운 분위기를 우선적으로 조성하고 종교의 자유가 보장됨을 그들에게 심어주는 것이 목적이었기 때문에 이를 받아들였던 것이다. 『꾸란』에는 믿음을 강요하지 않는 이슬람의 특징을 다음과 같이 묘사하고 있다.

> (오 무함마드) 진리는 오직 너의 주님으로부터 있음을 말하라, 그러니 누군가 원한다면 믿음을 가질 것이요, 또한 누군가 원한다면 불신할 것이니라. 실로 우리(하나님)는 불신자들을 위하여 화염으로 둘러싸인 불지옥을 준비했느니라.(18:29)

메카 불신자들과 맺은 평화협정은 그동안 무함마드를 강하게 압박하던 힘든 많은 일들로부터 해방되게 해 주었다. 꾸레이쉬 부족과의 동맹관계로 인하여 가까이 할 수 없었던 많은 아랍부족들을 대상으로 이슬람을 선교할 수 있는 새로운 장을 열 수 있었고 이후에 메카에 들어 갈 수 있는 충분한 여지와 메카를 이슬람 성지로 회복하는데 어떤 장애물도 없음을 의미했기 때문이다. 지금은 단지 참고 인내하는 것만이 메카를 이슬람의 성지로 회복할 수 있는 방법임을 무함마드는 잘 알고 있었다.

오! 무함마드, 진실로 우리(하나님)는 너를 위하여 분명한 승리를 안겨 주었느니라. 그것은 하나님께서 앞으로와 지난날의 잘못을 용서해 주기 위함이며 너에게 베푸실 그분의 은총을 완성하기 위함이니라. 그리고 그분께서 너를 참된 길로 인도하실 것이니라.(48:1-2)

무함마드는 다음 해 히즈라 7년 11월 알 후다이비야 평화협정에 참여한 추종자들에게 소순례(우무라)를 거행할 준비를 시켰다. 지난 해에 꾸레이쉬 부족과 맺은 후다이비야 협정에 따라 메카를 방문하고자 한 것이다. 지난 1년 동안 무함마드는 이 협정을 지키기 위해 많은 희생을 치렀다. 메카를 탈출하여 메디나 이슬람 공동체를 찾은 사람들도 다수 있었으나 무함마드는 꾸레이쉬 부족과의 약속을 지키기 위하여 이슬람으로 입교한 형제들을 메카 적들에게로 돌려보내기도 하였다. 그러나 그들은 메카로 돌아가는 것을 거부하고 무함마드가 자신들을 받아들일 수 있을 때 다시 이슬람 움마를 찾겠다는 말을 남기고 이슬람의 승리를 위해 홀로 싸울 것을 다짐하면서 사막으로 도주하기도 했다.

소순례에 참석한 무슬림들의 숫자는 2,000명에 달했다. 혹시 있을지도 모르는 무력 충돌에 대비해 무함마드는 여성들과 어린아이들을 제외하고 장정들로만 순례단을 조직했다. 메카에 도착한 무슬림 순례단은 꾸레이쉬 부족들의 경계 어린 눈초리를 의식하면서 예언자를 따라 카으바를 돌며 순례를 거행했다. 메카를 떠난 후 7년 만에 다시 찾은 카으바는 감회와 회개의 눈물로써 모든 것을 대신할 수 있었다. 지난날 모든 것을 태워버릴 것 같은 사막 한가운데 버려져 불신자들의 박해에 사경을 헤매던 빌랄은 무슬림 순례단의 선두에서 하나님을 부르며 신도들에게 예배를 독려했다.

후다이비야에서 정한 약속에 따라 메카에서 3일 동안 머물며 순례의식을 마친 예언자 무함마드와 무슬림 순례단은 꾸레이쉬 불신자들과 충돌 없이 평화롭게 순례를 완수할 수 있었던 것에 진심으로 감사하며 메카를 떠났다.

메카 수복(收復)

무함마드의 정복전쟁은 거침이 없었다. 무슬림 군이 지나간 곳에는 이전과 다르게 평화와 공존의 기틀이 마련되었고 이슬람 공동체와 맺어진 새로운 동맹관계는 강한 신뢰와 결속으로 뭉쳐져 유일신 하나님에 대한 신앙으로 승화되어 갔다. 히즈라 7년 1월 예언자 무함마드가 이끈 무슬림 군대가 카이바르46)를 함락시켰을 때 이슬람

---

46) 카이바르(Khaibar): 메디나에서 북쪽으로 약 150킬로미터 떨어진 도시. 도시의 외곽을 둘러싸고 있는 견고한 성과 비옥한 토지로 유명하다. 유대인들이 지배하고 있던 도시로 이곳의 유대인들은 이슬람 전파를 방해하기 위하여 아랍인들과 동맹관계를 유지하며 무함마드를 살해할 계획을 세우고 각종 전쟁과 군사적 도발을 주도했다. 아이샤(예언자의 부인)는 카이바르 전투에서 승리한 후 처음으로 대추야자(Tamr)를 배불리 먹을 수 있었다고 전한다.(Sahih al-Bukhari 2/608)

은 더 이상 아라비아 반도에서 누구도 대적할 수 없는 강한 제국으로 성장하였다. 그러던 중 메카의 꾸레이쉬 부족은 예언자 무함마드의 많은 배려와 양보에도 불구하고 이슬람 측과 동맹관계에 있던 부족을 공격하여 살상을 가하는 중대한 실수를 저지르게 되었다. 꾸레이쉬 부족의 이러한 행위는 후다이비야에서 맺은 휴전협정을 위반하는 중대한 사안으로 협정을 무효화 할 수 있는 것이었다. 예언자 무함마드는 그들에게 당장 희생자들에 대한 배상금 지불을 요구하고 그렇지 않을 경우에는 후다이비야 협정이 무효화됨을 통보했다. 꾸레이쉬 부족은 무함마드의 통보를 받은 후에야 사건의 심각성을 알 수 있었다.

히즈라 8년 9월 라마단 달, 무함마드는 단식을 하고 있는 추종자들에게 조용히 침묵을 깨고 그러나 단호하게 메카원정을 준비시켰다. 그동안 충분히 메카를 무력화 시킬 수도 있었지만 인내하며 참은 것은 그들 스스로 다신행위를 버리고 예언자 무함마드를 받아들여 이슬람으로 초대되길 기다리고 있었기 때문이다.

무함마드는 잘 훈련된 병사 1만 명을 이끌고 메카를 향했다. 메카로 향하는 도중에 베두인 부족들이 곳곳에서 합세하여 무슬림 군의 사기를 더욱 높여 주었다.

라 일라하 일랄라.(하나님 이외에는 어떤 것도 신이 아니다.)

하늘을 찌를 듯한 병사들의 사기는 이미 메카 전체를 불안과 공포의 도가니로 몰아넣었다. 무함마드는 메카 시내에서 잘 보이는 언덕에 야영준비를 시키고 전령을 보내 다음날 무슬림 군대가 시가전을 벌일 때 만일 저항하지 않고 평온을 유지하며 자신들의 집에 피신해 있다면 누구에게도 재산을 빼앗거나 인명을 해치지 않겠다고 통보하였다.

진지를 구축하고 내일의 결전을 다지던 그때, 무함마드와 무슬림들을 가장 심하게 박해하던 메카 불신자들의 총사령관인 아부 수피얀이 무함마드를 찾아왔다. 그는 지난날의 잘못에 대하여 용서를 구하며 이슬람으로 들어오겠다는 의사를 밝혔다. 이미 패배는 정해진 사실이고 저항하는 것도 무의미함을 알았기 때문이다. 무함마드는 속이 훤히 들여다보이는 아부 수피얀의 행위를 책하지 않고 받아 들였다. 그러자 그는 시키지도 않았음에도 집으로 돌아가 메카 시민들에게 무함마드에게 대항하여 싸우는 것은 무모한 행위임을 설득하고 항복하도록 권했다.

(오, 무함마드!) 말하라, 진리가 왔노라고, 불의는 결코 성공할 수 없으며 다시 부활하지도 못할 것이니라.(34:39)

다음날 아침, 무함마드는 병사들의 호위를 받으며 메카 시내로 진격해 갔다. 무함마드와 무슬림 군대의 위용에 이미 해산된 것이나 다름없는 메카군은 무함마드와 싸울 엄두조차 낼 수 없었다. 무함마드는 병사들에게 메카가 함락되었음을 알리고 곧바로 하람 성원을 향했다. 그리고 카으바에 있던 360여 개의 우상들을 모두 파괴할 것을 명하고 그곳을 깨끗이 청소하여 오직 하나님을 위한 예배 방향으로만 사용되도록 했다. 그리고 그는 깨끗이 몸을 씻고 메카를 되찾을 수 있게 해 주신 하나님께 감사예배를 드렸다. 마침내 불신자들

의 손에서 각종 우상들을 모아 두었던 카으바는 이브라힘에 의해 축
조된 원래의 모습으로 회복되어 유일신 하나님께 경배드릴 수 있는
구심점 역할을 할 수 있게 되었다.

　당시 아랍사회는 전쟁의 결과에 대하여 아주 냉혹했다. 정복민은
피정복민을 지배하며 포로로 잡힌 병사들은 노예로 팔거나 죽이는
것이 관례였다. 무함마드에 의해 정복당한 메카의 불신자들은 이제
무함마드의 처분만 기다리는 신세가 되었다. 그러나 무함마드는 지
난날의 아픔들을 되새기지 않았다. 메카에 첫발을 디뎌놓던 그 순간
지난날의 모든 것은 다 용서되었고 내일을 어떻게 맞이할 것인가 하
는 것만이 그들에게 주어진 과제였다.

> 하나님의 도움으로 승리하는 그때(메카 수복)가 오면
> 너(무함마드)는 사람들이 무리지어 하나님의 종교(이슬람)로 들어
> 오는 것을 보게 되리라.
> 그러니 너의 주님을 찬미하고 그분께 용서를 구하라
> 실로 그분은 회개를 받아들이시는 관대한 분이시니라.(110:1-3)

　무함마드는 메카를 회복한 후 그곳에 머물며 이슬람 이전 무지의
시대에 일부 특권층이 누렸던 제도와 규정을 모두 폐지하고 새로운
이슬람제도에 의해 운영되도록 지시했다. 그래서 꾸레이쉬 부족들은
이제 잠잠 성수를 공급하는 것과 이전에 무함마드의 조부 압둘 무딸
리브가 해왔던 카으바를 관리하는 일만 유지할 수 있었다. 이러한
변화에 힘입어 메카 주민들은 새로운 현실을 받아들이면서 서둘러
이슬람으로 개종하는 것만이 유일한 길임을 알게 되었다. 무하마드
가 메카를 수복하고 그곳에 머물었던 약 15일 동안에 메카 주민들

은 무리지어 이슬람으로 귀의하였고 명실공히 메카는 이슬람 성지로 급부상하게 되었다.

예언자 무함마드의 고별순례

히즈라 9년, 무함마드가 메카 불신자들의 박해를 피해 메디나로 이주한 지 어언 9년이 지났다. 그동안 메카는 무함마드에 의해 점령되어 꾸레이쉬 부족은 모두 이슬람으로 개종하였고 무슬림으로 살게 되었다.

바드르 전투에서 약 320명의 군사로 시작된 무함마드의 정복전쟁은 수많은 전쟁을 거듭하면서 히즈라 8년 메카 수복에는 1만 명으로 그 수가 늘어나게 되었다. 그러는 과정에서 300만 제곱킬로미터에 달하는 아라비아 반도는 전체가 이슬람 지배하에 놓이게 되었다. 여기에 더하여 이슬람은 아라비아 반도에만 그치지 않고 북아프리카, 중앙아시아, 터키를 거쳐 유럽에까지 알려지는 계기를 만들게 되었다.

무함마드는 이제 예언자로서의 역할뿐만 아니라 이슬람제국의 정치와 군사 그리고 종교를 총괄하는 지도자가 된 것이다. 그가 지나간 지역의 사람들은 우상숭배와 다신행위를 버리고 앞 다투어 하나님의 유일성을 믿으며(Shahada) 하루 다섯 번의 예배(Salat)를 근행하고 라마단 달에 단식(Saum)을 행하며 불쌍하고 가난한 사람들에게 자선(Zakat)을 베풀며 순례복을 갖춰 입고 성지순례(Hajji)를 행하는 무슬림으로 살아가고 있었던 것이다. 실로 기적이 일어난 것이었다.

히즈라 9년은 무함마드에게 생의 마지막을 점검하는 아주 중요한 한 해였다. 그가 파견한 각 지역의 총독들을 맞이하고 그들에게 이슬람의 다섯 기둥에 대하여 확신을 심어 주며 신앙적 지표를 정해주는 중요한 한 해였다. 그럼에도 그는 정복지역에 살고 있는 기독교인들과 유대인들에게는 이슬람을 강요하지 않고 관용으로 공존의 방법을 제시해 주었다. 아라비아 반도의 남쪽에 위치한 나즈란 주민들은 일찍이 유대 두 나와스 왕의 대 학살을 경험했음에도 여전히 기독교인으로 살고 있었다. 이슬람이 이미 그들을 지배하고 있었지만 신앙을 인정하고 믿음의 형제로 받아들인 무함마드의 가르침은 이후 그의 관대함과 포용력을 대변하는 중요한 본보기가 되고 있었다.

> '하나님을 믿는 나즈란의 기독교인들은 그들과 이웃하고 있는 주민들을 포함해서 하나님과 예언자의 보호하에 있습니다. 그래서 그들의 생명과 종교, 그리고 재산은 예언자의 보호를 받게 될 것입니다.......'

이와 같이 무함마드는 아라비아 반도에서 이슬람을 꽃피우며 이교도인들과도 함께 서로를 존중하며 공존하는 법을 사람들에게 가르쳤던 것이다. 또한 그는 아랍인들과 유대인들의 오만함과 우월감에 경종을 울려 창조주 앞에서는 어떤 누구도 피부색이나 민족, 빈부의 차이로 구분되는 것이 아니라 오직 그분을 두려워하고 공경하는 신앙심(Taqwah)만이 구분의 척도가 될 수 있음을 확실히 심어 주었다.

히즈라 10년, 무함마드는 자신의 생이 끝나 감을 영감을 통해 알 수 있었다. 지난해 순례를 거행할 수 없었던 것이 못내 아쉬웠던 그는 생에 마지막이 될 수도 있는 순례를 준비하고 있었다. 아부 바크르가 그를 대신해서 순례객들을 인솔하여 행한 지난해 순례를 마지막으로 메카는 이제 더 이상 불신자들과 다신교도들이 들어갈 수 없는 성역으로 새롭게 지정되어 있었다.

무함마드의 순례의지를 알아차린 메디나의 추종자들은 모두가 그와 함께 순례의 한순간 한순간을 같이하기를 원했다. 11월(Dhu al-Qa'da) 하순에 무함마드는 낙타에 몸을 싣고 순례 길을 나섰다. 둘 훌라이파에서 흰 천으로 된 두 장의 순례복으로 갈아입은 무함마드는 교우들에게 순례의식에 대하여 자세히 설명해 주었다.

랍바이칼라 훔마 랍바이카, 랍바이카 라 샤리카 라카 랍바이카, 인 날 함다 완 니으마타 라카 왈 물크 라 샤리카 라카.[47]
(오, 하나님! 저는 당신의 부름에 진심으로 답하옵니다. 당신 외에는 어떤 것도 신이 아니며 온 우주의 주인이신 당신과는 어떤 것도 대등할 수 없습니다. 실로 모든 찬미와 은혜가 당신에게 있습니다.)

12월 4일 메카에 도착한 무함마드는 먼저 소순례(우므라)를 거행하고 휴식을 취하며 대순례(Hajj)일이 되기를 기다렸다. 대순례가 시작되는 12월(Dhu al-Hijjah) 8일 오전, 그는 12만 명에 달하는 순례객들의 선두에서 그들을 이끌고 미나(Mina)[48]로 갔다. 그곳에서 그는 예배와

---

47) 탈비야(Talbiyah): 순례자는 성지순례를 의도하는 장소(Miqāt)에서 순례를 시작하면서부터 메카에 도착하여 순례가 끝날 때까지 각 구간을 이동해 가면서 이 구절을 낭송한다. 하나님의 명령을 완수하기 위하여 자신이 순례에 임하며 하나님은 어떤 것과도 견주어 비교될 수 없는 유일한 분이심을 확신하고 그분의 은총에 감사드리고 창조된 모든 것들이 그분에게 속해 있음을 마음으로 되새기는 구절이다.

48) 미나(Mina): 메카 하람 성원에서 동북쪽으로 약 7km 떨어진 곳에 위치해 있는 대평원, 순례객들은 12월 8일부터 12일까지 이 평원에 머물면서 정해진 절차에 따라 이동해 가며 순례의식을 거행한다.

기도로 하나님을 염원하며 하루를 보낸 후 다음날 아침 새벽예배를
예배를 드린 후 순례의 최고 정점인 아라파트(Arafat)[49] 평원에 머물기
위하여 그곳으로 이동해 갔다. 아라파트에 도착한 무함마드는 그곳
에서 그를 에워싸고 있는 수많은 순례객들에게 마지막 설교를 시작
했다.

> 오, 사람들이여!
> 내 말을 잘 들어주시오. 해가 바뀌면 이곳에서 나는 여러분들을 다
> 시 만나지 못할 것입니다. 그리고 오늘 여기에 없었던 사람들에게
> 도 내 말을 잘 전해 주시오. 여러분의 목숨과 재산은 신성한 것입
> 니다. 그것은 이 성스런 곳, 이 성스런 날, 그리고 이 성스런 달과
> 마찬가지입니다. 기억하십시오. 여러분은 반드시 여러분의 주님을
> 만나 여러분의 행동에 대한 답변을 해야 할 것입니다......

> 오, 사람들이여!
> 아내에 대한 남편의 권리가 있는 것과 같이 아내에게도 남편에 대
> 한 권리가 있습니다. 하나님의 허락으로 그녀를 아내로 맞이하였음
> 을 기억하시오. 아내가 여러분들의 권리에 따라야 한다면 아내에게
> 친절히 입을 것과 먹을 것을 제공해야 할 권리는 남편에게 있는
> 것입니다. 그러니 삶의 동반자이며 헌신적 조력자인 아내에게 친절
> 히 대하시오.

> 그리고 나는 오늘 여기서 두 가지를 남기고 떠나려 합니다. 그것은
> 바로 하나님의 말씀인 『꾸란』과 나의 순나(언행)입니다. 만일 여러

---

49) 아라파트(Arafat): 미나에서 약 14.4km 떨어진 곳에 위치해 있는 평원, 미나에서 8일 저
녁예배(Maghrib)가 끝나면 출발하여 이곳으로 이동해서 9일 정오부터 해가 질 때까지
머물며 기도한다. 이곳에서 머무는 것으로 본격적인 대순례가 시작된다. 그래서 이날을
아라파트의 날이라고도 하며 이곳에서 머무는 동안 순례객들은 정오 예배를 거행한 후
대연설을 듣고 해가 지기 전에 메카를 향해서 기도한다. 해가 석양에 머물 때 드리는 간
절한 기도는 하나님께서 다 들어 주신다는 것이 순례객들이 갖는 확신이다.

분이 이 두 가지를 충실히 따른다면 결코 올바른 길에서 벗어나지는 않을 것입니다.

인류는 모두가 아담과 이브의 자손으로 한 핏줄을 이어 받은 형제입니다. 아랍인이 비아랍인보다 우월하지 않으며, 또한 비아랍인이 아랍인보다 우월하지 않습니다. 백인이 흑인보다 우월하지 않으며 흑인 또한 백인보다 우월하지 않습니다. 우열은 오직 하나님을 믿는 경외심(al-Taqwah)에 있습니다. 또한 모든 무슬림은 서로가 서로에게 형제이며 무슬림들은 모두가 하나의 움마(공동체)로 이루어져야 한다는 사실을 깨달아야 합니다.

진정으로 내 말을 잘 들으시오 오직 한 분이신 하나님께 경배 드리고 하루에 다섯 번 예배를 근행하며 라마단 달에 단식을 하고 여러분의 재산 중 일부를 희사하며 능력이 되면 성지를 순례하시오 그러면 여러분 모두 천국에 들어갈 수 있을 것입니다.......[50]

무함마드의 격정에 찬 연설이 끝나자 다음의 『꾸란』 구절이 계시되었다.

나(하나님)는 오늘 너희들을 위한 종교를 완성했느니라. 그리고 너희들에게 나의 은혜가 충만케 했으며 이슬람을 너희들의 종교로 선택했느니라.(5:3)

무함마드를 에워싸고 있던 수많은 사람들은 말할 수 없는 벅차오름과 숙연함으로 흐느껴 울기도 하였다. 무함마드는 아라파트에서 행한 연설을 통해서 수많은 추종자들에게 자신이 인류를 하나님의

---

50) 무함마드가 순례 중에 아라파트 평원에서 행한 연설은 이슬람에서 중요한 인권선언의 하나로 간주한다. 오늘날에도 많은 무슬림들은 그의 연설문을 삶의 지표로 삼고 교리로 받아들이고 있다.

길로 인도한 사명을 다한 마지막 예언자임을 증언해 줄 것을 요청하고 있었던 것이다. 추종자들은 크게 외쳐 "하나님의 이름으로" 그의 업적을 증언할 것을 다짐했다. 무함마드는 설교가 끝나고 정오예배와 오후예배를 근행하며 메카를 향해 간절히 기도하였다. 하나님의 진리가 온 누리에 퍼져 인류가 평화롭게 살 수 있기를 기원하는 간절한 기도였다.

해가 지자 무함마드는 무즈달리파(Muzdalifah) 계곡51)을 향해 이동해 갔다. 무즈달리파 계곡은 아라파트 평원에서 미나 쪽으로 약 4km 정도 떨어진 곳에 위치해 있는데 순례자들은 12월 9일 일몰 후 그 계곡을 지나 처음 출발했던 미나로 다시 돌아오게 된다.

12월 10일52) 아침, 미나에 도착한 무함마드는 희생제(Eid al-Adhah) 축제일을 맞이하여 하나님의 명령에 따라 아들을 희생 제물로 바쳤던 이브라힘의 숭고한 희생정신을 기리며 동물을 도살하여 순례의 의미를 더했다. 12월 13일까지 그곳에서 머물며 남은 순례일정을 다 채운 그는 추종자들과 함께 하람 성원으로 고별순례(Tawaf al-Wada')를 위하여 발길을 옮겼다.

---

51) 무즈달리파(Muzdalifah): 아라파트 평원과 미나 사이에 있는 계곡. 12월 9일 정오부터 일몰까지 아라파트 평원에 머문 순례객들은 해가 지면 그곳을 출발해서 무즈달리파로 향한다. 무즈달리파를 지나면서 잠시 휴식을 취하며 저녁예배와 밤중예배를 근행한다. 그때 사람들은 그곳에서 미나에 있는 사탄의 상징으로 세워져 있는 돌기둥에 던질 작은 돌을 줍기도 한다.

52) 이슬람력 12월 10일은 성지순례가 최고 절정에 달하는 날이다. 이 날은 희생제(Eid al-Adhah)의 날로 밤 세워 무즈달리파 계곡을 지나 미나로 돌아온 순례자들은 그곳에 있는 사탄을 상징하는 돌기둥에 작은 돌 7개를 던지고 머리를 삭발하고 양을 도살하여 하나님의 명령에 추호의 의심도 없이 아들을 제물로 바쳤던 이브라힘의 숭고한 신앙심과 희생정신을 기리기 위한 의식들을 거행한다. 이곳 미나에서 12월 12일까지 머물며 정해진 순례의식들을 거행하면 대순례의 모든 일정이 끝난다. 성지순례를 떠나지 않은 무슬림들도 이날 이슬람 성원에 모여 축제예배를 거행하고 양을 도살하여 희생제의 의미를 기린다.

긴 여정의 순례 일정을 모두 끝낸 무함마드는 지난 23년간의 수많은 순간들을 되뇌며 메디나로 돌아 왔다. 메디나로 돌아온 그는 시름시름 앓기 시작했다. 해가 바뀌고 하루 이틀 지나면서 그의 병세는 점점 악화되어 갔다. 그는 스스로 현세에서 있을 시간이 얼마 남지 않았음을 알고 준비하고 있었다. 히즈라 11년 2월 초순 그는 기운이 조금 회복되자 몇몇 교우들과 함께 우후드 산을 찾았다. 그리고 그는 이슬람을 지키기 위하여 순교한 영령들의 넋을 위로하고 알라의 용서와 자비를 구했다.

임종을 앞둔 무함마드는 부축을 받으며 성원 안으로 들어가 민바르(Minbar, 설교대)에 간신히 올라가 앉은 후 모여 있는 수많은 사람들에게 말했다.

'나의 무덤을 경배 장소로 삼지 마시오.
그리고 나로 인하여 고통 받은 사람이 있다면 나를 벌하시오……'

이제 무함마드에게는 어떤 것도 남아 있지 않았다.

임종 직전에 기력이 없어 예배를 인도할 수 없는 상황이 되자 그는 가장 절친한 교우이자 지금까지 한순간도 자신의 의지와 다르지 않았던 아부 바크르에게 자신을 대신하여 예배를 인도해 줄 것을 당부했다.

'오, 위대하신 하나님! 우리는 당신으로부터 왔다가 당신에게로 돌아가며 영원한 안식을 위한 구원을 당신에게 구합니다.'

히라 동굴에서 받은 계시를 시작으로 23년간의 예언자는 수많은 기적과 혁명적인 역사를 뒤로하고 히즈라 11년 3월 12일(월요일) 이른 아침, 63세를 일기로 현세의 삶을 마감했다.

> **하나님께로 돌아갈 그날을 두려워하라, 그리고 모든 영혼은 자신이 행한 결과를 가지고 죽음을 맞이하게 되니, 그들은 결코 부당하게 고통 받지 않을 것이니라.**(2:281)[53]

예언자의 사망 소식이 알려지자 그의 죽음을 받아들이지 못한 추종자들은 심하게 동요하며 오열을 참지 못했다. 아부 바크르는 동요하는 청중들을 향해 큰 소리로 외쳤다.

"만일 여러분들이 무함마드를 숭배했다면 무함마드는 이제 죽고 없습니다. 그러나 여러분이 하나님을 믿고 숭배했다면 그분은 죽지 않으시며 영원히 우리와 함께하실 것입니다."

---

53) 마지막으로 계시된 『꾸란』 구절. 학자들 중에 일부는 5장 3절의 **"나(하나님)는 오늘 너희들을 위한 종교를 완성했느니라. 그리고 너희들에게 나의 은혜가 충만케 했으며 이슬람을 너희들의 종교로 선택했느니라."**를 마지막으로 계시된 『꾸란』 구절이라고 하기도 한다. 그러나 이 구절은 예언자 무함마드가 고별순례 중 아라파트에서 머물며 기도할 때 계시된 구절이다. 예언자 무함마드는 고별순례를 마치고 메디나로 돌아온 후 약 81일 후에 노환으로 생을 마쳤는데, 위 2장 281절 **"하나님께로 돌아갈 그 날을 두려워하라……."**는 그가 돌아가시기 7일 전 메디나에서 계시된 구절이라고 한다.

3부

『꾸란』의

완성

[개관] 인류를 올바른 길로 인도할 경전

진실로 이것은 고귀한 『꾸란』이니
(천상에) 잘 보존되어 있는 성서이니라.
청결한 자 외에는 어떤 누구도 손댈 수 없으니
(그것은) 우주만물의 주인이신 하나님으로부터 내려진 것이니라.
(56:77-80)

예언자 무함마드가 40세 되던 해 라마단(이슬람력 9월), 메카의 히라 동굴에서 조용히 명상을 하고 있던 그에게 "이끄라(Iqra', 읽어라)"로 시작된 『꾸란』의 계시는 23년간에 걸쳐 인간들이 현세에서 삶을 영위하기 위한 지침서로서 하나님에 대한 경배 행위는 물론 정치 경제 사회 문화 전반을 아우를 수 있는 한 권의 지침서로 완성되었다.

『꾸란』은 무엇보다 먼저 유일신 하나님에 대한 믿음과 이 믿음으로 보여줄 수 있는 신앙의 실천을 삶의 전부로 삼고 이를 일상적인 삶에서 지키고 유지할 수 있도록 유도하고 있다. 그래서 무슬림들은 자신에게 주어진 삶을 평화롭고 윤택하게 지탱하기 위하여 스스로 충실한 신앙인으로 살고자 하고 이러한 삶이 곧 내세에서 천국에 임할 수 있는 구원임을 확신한다. 또한『꾸란』은 전 장을 통해서 창조주 하나님에 대한 믿음만 강조한 것이 아니라 인간들이 일상의 삶을 통해서 지켜야 할 사회규범과 상도덕, 관혼상제에 대한 규정, 인간의 존엄성과 평등에 대한 지침 등 현세와 내세를 조화롭게 유지할 수 있도록 가르친다.

『꾸란』은 114장 30부 6,226절로 이루어져 있다. 이 장들은 초기 메카에서 처음 계시를 받으면서부터 시작해서 예언자 무함마드가 63세를 일기로 운명하기 불과 며칠 전까지 현실적인 상황과 시대적 요구에 따라 23년 동안 지속적으로 계시되어 내려진 것이다. 다른 종교의 경전들이 원본이 소실되었거나 학자들에 의해 첨삭이 이루어진 역서에 의해 믿음이 전해지는 것과는 달리『꾸란』은 한 언어(아랍어)로 한 사람(무함마드)에게 한 지역(메카와 메디나)에서 비교적 짧은 시간(23년) 동안에 계시되어 기록되었기 때문에 한 글자의 첨삭도 없이 1,400여년 동안 유지 보존되어 그대로 오늘날까지 전해질 수 있었다. 그래서『꾸란』이 가질 수 있는 완전함과 완벽함에 대하여 무슬림들은 하나님께서 인류에게 마지막으로 주신 가장 확실하고 근거 있는 인도의 길임을 확신하고 이를 따르는 것에 대하여 강한 자부심을 가지고 있다.

이슬람은 교리적으로『꾸란』을 하나님의 마지막 성서로, 무함마드를『꾸란』을 계시 받아 하나님의 종교를 완성한 마지막 사도로 믿으며 그 이전에 있었던 경전들과 그 경전들을 계시 받은 예언자들과 사도들을 인정하고 믿어야만 한다. 그러나 이러한 교리적 요청에도 불구하고 대부분의 무슬림들이『꾸란』이외의 다른 성서들 즉 구약이나 신약과 같은 경전들을 즐겨 읽지 않는 것은 이러한 경전들이 인위적으로 첨삭이 이루어져 내려왔고 이로 말미암아 하나님의 진리가 변질되거나 왜곡되어 훼손되었다고 간주하기 때문이다. 그래서 『꾸란』이야 말로 이러한 오류나 모순을 바로 잡고 인류를 올바른 길로 인도할 유일한 마지막 경전임을 믿고 따르는 것이 무슬림들이 가지고 있는 경전관이다.

> 종(무함마드)에게 경전(『꾸란』)을 내려주신 하나님께 모든 찬미가 있을 것이니
> 그것(『꾸란』)에는 한 점의 오류도 없느니라.(18:1)
>
> 오, 무함마드! 너의 주님께서 너에게 전해주신 경전을 읽어라.
> 어떤 누구도 그분의 말씀을 변경할 수 없으며,
> 그분 이외에는 어떤 안식처도 찾지 못할 것이니라.(18:27)

01 『꾸란』의 장들

『꾸란』은 어떤 사건이나 상황이 발생할 때마다 그 상황에 맞게 하나의 짧은 장(章)이나 절(節)로 계시되었다.

『꾸란』의 계시는 무함마드가 히라 동굴에서 명상을 하고 있던 라마단 달의 어느 날 계시되기 시작하여 그가 신의 사도로서 직무를 수행한 23년간 연속적으로 상황에 따라 계시되었는데, 『꾸란』이 연속성을 가지고 당시 전개되었던 수많은 현실적인 상황과 역사적 근거에 맞게 장과 절들로 계시된 것에는 여러 가지의 의미가 있다. 이러한 의미들을 살펴보면 첫째, 예언자 무함마드가 처음 계시를 접하고 이에 대한 확신을 갖지 못할 때 그를 일깨워주기 위함이었음을 알 수 있다.

> 실로 너(무함마드) 이전의 많은 사도들도 불신을 당했으니 그들은 우리(하나님)가 승리하는 그때까지 불신과 고통을 참고 견디었느니라. 하나님의 말씀을 바꿀 수 있는 자 누구도 없으니 너 이전 사도들에 대한 소식도 너에게 전해졌을 것이니라.(6:34)

> 그러니 인내로써 주님의 심판을 기다려라. 실로 우리는 그대를 보호하고 있느니라.(52:48)

위 구절이 보여주는 것처럼 『꾸란』이 연속적으로 계시되어 무함마드에게 확신을 줄 수 있었기 때문에 23년간의 수많은 박해와 고통에도 불구하고 신에 대한 그의 확신은 더욱더 강해질 수 있었고 이를 인내할 수 있었던 것이다.

둘째는 『꾸란』이 완성되기까지 단계적 개혁이 필요했던 것이다.

그것은 아라비아 반도에 만연해 있던 무지와 야만적인 문화와 관습을 개혁하고 새로운 신법(神法, Shari'ah Islamiya)에 적응하여 변화해 가기 위해서는 시간이 필요했기 때문이다. 지속적인『꾸란』의 계시로 말미암아 당시 성행하던 다신행위와 우상숭배, 미신행위들이 유일신 하나님에 대한 신앙으로 재정립되어 다시 설 수 있었으며 이를 실천하기 위해서 사회문제들을 하나씩 개혁해 갈 수밖에 없었던 것이다. 그래서 계시 이전에 부족장들에 의해서 자행되었던 인권유린과 비도덕적 행위들이 단계적으로 계시된 새로운 가르침을 통해서 창조주 앞에서는 누구나 평등할 수밖에 없고 오직 그분을 두려워하고 공경하는 경외심만이 인간의 가치가 구분될 수 있음을 일상의 계율로 만들어 사람들에게 실천하도록 한 것이다.

셋째는『꾸란』구절들을 무슬림들이 쉽게 외우고 이를 실천할 수 있도록 하기 위함이었다. 무함마드 역시 글을 읽거나 쓸 수 있는 사람이 아니었기 때문에『꾸란』이 시간을 두고 상황에 따라 연속적으로 계시됨에 따라 이를 외우고 추종자들에게 가르쳐 일상의 삶에서 실천할 수 있도록 할 수 있었다.

> 그분(하나님)께서 무지한 그들에게 사도(무함마드)를 보내시어 그분의 말씀을 낭송케 하시고 (이를 통하여) 그들이 정화되며 그들에게 성서(『꾸란』)와 지혜를 가르치시니, 실로 그들은 이전에 방황하는 자들이었느니라.(62:02)

> 문맹이었던 사도이자 예언자(무함마드)를 따르는 자들은 그들의 경전 구약(al-Taurah)과 신약(al-Inzil)에서54) 그에 관하여 기록되어 있

---

54) 이 구절은 모세와 예수에게 하나님의 계시를 받을 마지막 사도가 올 것임을 예시하고 있다. 이는 따우라와 인질에 계시된 사실로, <신명기(Deut)> 18장 15절에서 "네 하나님 여호와께서 너의 중 네 형제 중에서 나와 같은 선지자 하나를 일으키시리니 너희는 그

는 것을 발견하리라. 그는 선을 권장하고 악을 멀리하도록 가르치
며 깨끗하고 좋은 것은 허용하고 나쁘고 그릇된 것은 금하니라. 그
리고 그들의 무거운 짐을 들어주고 멍에를 벗겨 주니, 그를 믿고
존경하며 그를 도와 그에게 계시된 인도의 빛을 따르는 자들, 그들
은 승리한 자들이니라.(7:157)

이와 같이 『꾸란』은 한순간 계율이라는 이름으로 계시되어 신앙
을 강요한 것이 아니라 시간을 두고 종교적 신념과 확신에 의한 신
성(神性) 정립과 동시에 이슬람 공동체의 구성원으로서 역할에 따른 규
범을 교리적으로 묶어 줌으로써 점차적으로 종교적 완성을 이룰 수
있었다. 메카에서 몇몇 사람들에 의해 명맥을 유지하던 어려운 시기
와 달리 신도 수가 증가하면서 점점 그 상황에 맞게 계시의 폭도 넓
어져 간 것이다. 그래서 『꾸란』의 계시는 예언자 무함마드의 삶의 여
정과도 그 배경을 같이하고 있다. 예언자로서 역할이 주이지면서 메
카에서 겪은 수많은 박해의 역사와 메디나로 이주한 후 이주민으로서
다문화 다종교를 아우르는 관대하고 포용적인 통치자로서 이슬람제국
의 기틀을 다지고 임종에 이르기까지 계시의 역사는 계속된 것이다.

메카에서 계시된 『꾸란』의 장들

메카에서 계시된 『꾸란』은 대체적으로 계시 초기에 불신자들과의
대치상황이나 메카의 시대적 배경을 그대로 보여주는 짧고 함축된

를 들을지니라."라고 언급한 것과 같이 모세와 같은 율법을 계시 받은 예언자는 무함마
드였으며 그는 이스라엘의 선조인 이삭의 형제 이스마일의 후손이다. 또한 신약의 요한
복음(John) 14장 16절에서 "내가 아버지께 구하겠으니 그가 또 다른 보혜사를 너희에게
주사 영원토록 너희와 함께하시리니."라고 예수도 또 다른 예언자가 올 것임을 추종자
들에게 약속했다.(The noble Qur'an, English Translation of the meanings and commentary,
p. 222

의미의 『꾸란』장들이 많이 계시되었다. 『꾸란』 114장 중에서 총 86장이 메카에서 계시되었는데 메카에서의 계시는 첫 계시부터 메디나로 이주할 때까지 13년간을 초기, 중기, 말기로 나누어 계시의 성격과 의미를 비교해 볼 수 있다.

메카에서의 초기 계시는 610~615년 사이에 이루어진 것으로 하나님의 유일성과 절대자에 대한 인간의 도리, 최후의 심판일과 부활, 천국과 지옥, 선과 악에 대한 내용이 주로 계시되었으며 짧고 함축성 있는 비유적인 표현이 많다. 꾸레이쉬 부족의 박해가 심해지면서 불신에 대한 사실적 묘사를 통하여 경고하고 유일신 하나님에 대한 믿음이 어떤 결과를 가져올 것인지 보여주는 장들이 주류를 이루고 있다. 무함마드가 계시받기 시작할 당시 아라비아 반도의 시대상이 그대로 『꾸란』의 짧은 장들에 반영되어 있어 이를 이해하는데 많은 도움이 되기도 한다.

> 자비로우시고 자애로우신 하나님의 이름으로
> 부활의 날
> 부활의 날은 무엇인가?
> 부활의 날이 무엇인지 누가 그대에게 알려 주리오?
> 그날, 인간들은 나방들처럼 흩어져 날리게 되고
> 산들은 보풀이 인 양털처럼 되리라.
> 그래서 누군가 (선행의) 무게가 무거운 자는
> (천국에서) 편안한 삶을 누릴 것이며
> (선행의) 무게가 가벼운 자는
> 불지옥이 그의 거처가 될 것이니라.
> 불지옥이 무엇인지 누가 그대에게 알려 주리오?
> (그것은) 격렬하게 타오르는 불길이니라. (101:01-11)

자비로우시고 자애로우신 하나님의 이름으로
중상모략을 일삼는 자에게 재앙이 있을 것이니
그는 재산을 모으고 셈하는 것에만 전념하며
그의 재산이 현세에서 그를 영원토록 해줄 것이라고 생각하노라.
아니다! 실로 그는 불지옥의 고통 속에 던져질 것이니
그 불지옥의 고통이 무엇인지 그대에게 말해 주리오?
그것은 (훨훨) 타오르는 하나님의 불이니
(그 불은) 가슴 위까지 타오르고
마침내 모든 것이 (화염에) 삼켜져 버릴 것이니라.
불기둥으로 쳐진 빗장들 속에서.(104:01-09)

자비로우시고 자애로우신 하나님의 이름으로
하늘이 갈라져 산산이 조각날 때
별들이 뿔뿔이 흩어질 때
바다(물)들이 넘쳐 솟구칠 때
무덤들이 뒤집혀 엎어질 때
(그때) 영혼들은 이미 지난 앞선 일들과 뒤쳐진 일들을 알게 되리라.
오, 인간들이여! 무엇이 고귀하신 너희 주님의 (가르침에) 반하게
유혹하였는가?
그분께서 너희를 창조하시고 공정하게 형상화하시고 균형 있게 해
주신 분이시며
어떤 형태든 그분께서 원하시는 데로 너희를 만드셨느니라.
그럼에도 오히려 너희들은 종교(이슬람)를 부정하노라.
그러나 진실로 (천사들이) 너희들을 지켜보고 있느니라.
(그들은) 고귀한 기록의 천사들이니
너희들이 행하는 모든 것을 다 알고 있느니라.
실로 선한 자들은 편안함을 누릴 것이며
실로 악한 자들은 분명 지옥에 있게 되리라.
종교의 날(최후의 심판일), 그들은 그곳에(불지옥에) 있게 되리니
그들은 결코 그곳을 비울 수 없을 것이니라.
종교의 날이 무엇인지 누가 그대에게 알려 주리오?
종교의 날이 무엇인지 누가 그대에게 알려 주리오?

그날, 어떤 영혼도 다른 영혼을 소유할 수 없는 그날에는
모든 일이 오직 하나님께만 있게 될 것이니라.(82:19)

메카 계시 중기에 해당되는 615년에서 620년 사이에 계시된 『꾸
란』의 특징은 불신자들의 박해와 적개심이 최고조에 달하는 시기였
기 때문에 예언자 무함마드에게 희망과 용기를 주고 어려움을 극복
할 수 있도록 위로하는 동시에 이슬람으로 인도된 추종자들에게는
강한 결속과 신뢰를 통해서 구원에 이를 수 있음을 호소하는 구절들
이 많았다. 장과 절들이 조금씩 길어지기 시작하면서 절대적 신성을
확인하는 구절들과 이슬람 이전의 성서들을 통해서 『꾸란』의 정당
성을 알려 주는 구절들도 계시되기 시작하였다.

자비로우시고 자애로우신 하나님의 이름으로
우리(하나님)가 그대를 위하여 그대의 가슴을 열지 않았던가?
그리고 그대의 무거운 짐을 벗겨 주지 않았던가?
그대의 등을 짓누르고 있던 그 짐을!
그리고 우리가 그대의 지위를 높여 주었느니라.
실로 고난 속에서 기쁨을 찾을 것이니
실로 고난 속에서 기쁨을 찾을 것이니라.
그러니 일과가 끝나면 (신앙 증진을 위하여) 노력하라
그리고 너의 주님께 구원을 청하라.(94:01-08)

자비로우시고 자애로우신 하나님의 이름으로
말하라, 그분 하나님은 한 분이시라고
영원하신 하나님[55]

---

55) 영원함은 창조주 하나님의 속성을 말한다. 세상의 모든 피조물은 그분으로부터 도움을
필요로 하지만 그분은 전지전능한 분이시며 완전무결한 영원한 분이시기 때문에 어떤
것도 필요로 하지 않으심을 강조한다.

그분은 낳지도 않으시고 낳아지지도 않으셨으니
그분과는 대등한 어떤 것도 없느니라.(112:01-04)

무함마드, 가족을 떠나 동쪽 어느 곳으로 피신했을 때의 마리아에
관하여 성서(『꾸란』)에 있는 그대로 말하라.
그녀가 사람들이 보지 못하도록 얼굴을 가렸을 때 우리(하나님)가
그녀에게 성령(가브리엘)을 보내니 그(가브리엘)는 사람과 똑같은
모습으로 그녀 앞에 나타났느니라.
그녀가 (놀라) 말하길 '실로 자비로우신 하나님의 보호를 구하나이
다. 만일 당신이 하나님을 두려워한다면 나를 해치지 마시오.'
그가 말하기를 '실로 나는 당신에게 순결한 아들을 선물하기 위하
여 하나님으로부터 보내진 사도입니다.'
그녀가 말하니 '실로 나는 어떤 남자와도 접촉하지 않았고 또한 어
떤 부정한 행위도 하지 않았는데 어떻게 아이를 가질 수 있습니까?'
이에 그가 말하길 '그렇게 될 것입니다. 당신의 주님께서 말씀하시
길 그것은 내게 쉬운 일이니 그것으로 해서 사람들에게 증거가 되
고 우리(하나님)의 자비로 그를 만들 것이니라, 그리고 그것은 이
미 정해진 일이었느니라.'
그리하여 그녀는 그(예수)를 잉태하고 (뱃속의) 그와 함께 멀리 떨
어진 곳으로 피신해 갔느니라.[56](19:16-22)

마지막 단계인 620년에서 622년, 메카 계시 말기에는 박해로 인
한 선교의 어려움과 소중한 사람들과의 이별로 인한 무함마드의 시
름을 오직 절대자 하나님의 권능과 신비한 하나님의 영감에 의지하
는 구절들이 많이 계시되었다. 절과 절 사이의 반복하여 의미를 강
조하기도 하며 헤아릴 수 없는 하나님의 축복과 은총으로 삶을 영위
하는 인간들은 현세에서의 삶에 대한 심판과 그 결과에 따른 내세에

---

56) 하나님의 권능으로 남자의 손길이 닿지 않은 동정녀 마리아에게 예수가 잉태될 수 있었
다. 이 『꾸란』 구절이 설명하고 있는 것처럼 유대교에서 예수의 출생을 부정하게 보는
것과 달리 이슬람은 하나님만이 하실 수 있는 기적으로 인정한다.

서의 영원한 삶 등에 대한 구절들이 주로 계시되었다.

자비로우시고 자애로우신 하나님의 이름으로
(흘러가는) 시간에 걸고 맹세하노니
실로 모든 인간은 손실 속에 있느니라.
그러나 믿음을 가진 자들과 선을 행하는 올바른 자들
그리고 진리와 인내를 서로서로 권하는 자들은 제외이니라.[57](103:1-3)

자비로우시고 자애로우신 하나님의 이름으로
가장 자비로우신 분
그분께서 『꾸란』을 가르쳐 주셨으며
인간을 창조하셨느니라.
인간에게 말을 (통해서 표현하도록) 가르쳐 주셨느니라.
태양과 달은 계산대로 (궤도를 따라) 운행되고
그리고 별들과 나무들은 (하나님께) 엎드려 절하느니라.
(그분께서) 하늘을 높이 올리시고 그곳에 균형자(저울)를 두셨으니
(이것은) 너희가 (그 기준을) 넘지 않도록 하기 위함이니라.
그러니 너희들은 공정하게 기준을 지키고 그 균형을 깨뜨리지 않
도록 하라.
그리고 (그분께서는) 피조물들을 위하여 땅을 펼쳐놓으셨느니라.
그 위에는 온갖 과일들과 껍질이 있는 대추야자가 있으며
줄기에 매달린 곡식들과 향기 나는 풀들이 있느니라.
그런데 너희(인간과 진)들은 무엇으로 주님을 거부하려 하는가?
그분께서 인간을 도자기와 같이 흙으로부터 창조하셨으며
진(Jinn, 영마)들을 화염의 불로 창조하셨느니라.
그런데 너희(인간과 진)들은 무엇으로 주님을 거부하려 하는가?
(55:1-16)

---

57) 인간의 삶이 허무함을 가르치는 장이다. 흘러가는 세월처럼 결국 모든 것은 헛되게 지
나가지만 믿음을 가지고 선을 행하며 자신과 다른 사람에게 진리를 권하고 실천하며 어
려움을 참고 견디면 결국 내세에서 큰 보상이 있음을 의미하는 구절이다.

메디나에서 계시된 『꾸란』의 장들

　메디나에서 계시된 『꾸란』 장들은 예언자 무함마드가 메카를 떠나 이주한 622년부터 노환으로 사망한 632년 사이에 계시된 『꾸란』을 말한다. 메카 계시가 비교적 짧고 함축성 있는 구절들인데 반해 메디나 계시는 이슬람 공동체를 이끄는 수장으로서 변화된 환경과 상황에 맞게 계시된 구절들이 대부분이다. 그래서 긴 산문체 형태의 구절들이 많이 계시되었으며 이슬람 공동체를 통솔하고 이끌어가기 위한 새로운 법령과 사회문제를 다루고 있는 규칙과 규범이 주류를 이루고 있다.

　『꾸란』 114장 중에서 가장 긴 장인 2장 알 바까라장(Sūrat al-Baqarah, 암소의 장)은 286절로 구성되어 있는데 메디나에서 계시된 대표적인 장이다. 인류의 조상인 아담이 하나님의 명령을 어겨 그 죄과를 치르기 위하여 이 땅에 내려오게 된 사건과 하나님을 믿는 성서의 백성들(Ahl al-Kitāb, 유대인들과 기독교인들)에 대한 설명, 마지막 예언자인 무함마드 이전의 예언자와 사도들에 신뢰와 확신 등이 묘사되어 있다. 또한 이 장의 특징은 신앙의 완성을 위한 의무 실천사항들에 대한 구체적인 방향이 제시되어 무슬림들에게 신앙증진에 박차를 가할 수 있도록 했으며 이전의 사회문제를 변화시켜 이슬람이라는 새로운 틀을 제시하고 그 속에서 변화와 발전을 기하던 시기이다. 단식, 성지순례, 지하드(Jihād, 성전), 결혼과 이혼, 여성이 재혼할 경우의 법정기간, 허용과 금기의 규정, 그리고 사회질서를 바로 잡기 위한 상도덕 재정비 차원의 법들이 만들어지면서 유대인들 사이에서 성행하던 고리대금업이 폐지된 시기도 이때이다.

하나님께서 말씀하시니 "오, 아담! 너의 아내와 천국에서 거주하라. 그리고 너희가 원하는 무엇이든 먹어라. 그러나 이 나무는 가까이 하지 말라. 그렇지 않으면 너희는 죄 지은 자가 될 것이니라." 그러나 사탄이 그들을 유혹하여 그들이 그곳(천국)에서 쫓겨나게 되니 하나님께서 "너희는 지상으로 내려가 서로가 서로에게 적이 되어 한동안 그곳에서 거주하라"라고 말씀하셨느니라. 아담은 하나님의 말씀으로 회개하니 그분께서 이를 용서하여 주셨느니라. 실로 하나님만이 자비로우심으로 용서를 받아주시는 분이시니라.('아담의 불복종과 회개' 02:35-37)

오, 믿는 자들이여! 너희들은 하나님께서 베풀어 주신 좋은 것들만 먹도록 하라, 그리고 너희들은 하나님만을 경배하고 그분께 진심으로 감사하라. 실로 죽은 고기와 피와 돼지고기를 너희들에게 금하노라. 그리고 하나님의 이름으로 희생되지 않은 것도 허용되지 않느니라. 그러나 의도적이지 않고 습관적이지 않은 예외적 상황에서는 죄가 되지 않으니 실로 하나님께서는 자비와 관용으로 충만한 분이시니라.('허용과 금기' 02:172-173)

너희들 중 죽음이 가까워지면 의무된 것이 있으니 만일 재산을 남기게 되면 부모에게 그리고 가까운 친척에게 정해진 선에서 유언을 남겨라. 이는 하나님을 두려워하는 자들에게 의무이니라. 그러나 누군가 유언을 듣고 이를 바꾸는 자 있다면 이를 바꾸는 것은 큰 죄악이니 실로 하나님께서는 모든 것을 알고 모든 것을 보시는 분이시니라. 그리고 유언을 들은 자의 편견이나 부정이 염려된다면 그들 사이를 화해시키는 것은 죄악이 아니니라. 실로 하나님께서는 자비와 관용으로 충만한 분이시니라.('유산상속' 02:180-182)

오, 믿는 자들이여! 너희들 이전에 단식이 의무화되었던 것처럼 너희들에게도 단식이 의무화되었으니 너희들은 (하나님을) 공경하고 두려워하라.
정해진 날들에 단식을 하라. 그러나 만일 너희가 병중이거나 여행

중이었다면 (단식을 하지 못한 날들을 다른 기간에) 채워주면 되느니라. 그리고 (연로해서 단식을 할 수 없을 경우) 가난한 자를 배불리 먹여 속죄하라. 그러나 너희가 스스로 지킬 때 더 큰 보상이 있을 것이니라. 만일 너희가 이를 안다면 단식을 하는 것이 보다 더 좋을 것이니라.

라마단 달, 그달에 인류를 위한 인도와 옳고 그름의 기준으로 『꾸란』이 계시되었으니 그달을 맞이하는 너희들은 단식을 하라. 그러나 너희가 병중에 있거나 여행 중일 때는 다른 날에 채워주면 되느니라. 실로 하나님께서는 너희들을 편하게 해주시니 너희들의 어려움을 원하지 않으시니라. 그러니 일자를 채워 단식을 완수하고 너희들을 올바르게 인도해 주신 하나님의 위대함을 찬양하라. 너희들은 그분의 은총에 감사할 것이니라.('단식'02:183-185)

(오, 믿는 자들이여!) 믿음이 없는(다신교도) 여성이 믿기 전까지는 결혼하지 말라, 믿음 있는 여자 노예가 너희들을 유혹하는 믿음 없는 (다신교도) 여성보다 더 나으니라. 그리고 (너희 딸들을) 믿음이 없는(다신교도) 남성들이 믿기 전까지는 혼인시키지 말라, 믿음 있는 남자 노예가 너희를 유혹하는 믿음 없는 (다신교도) 남성보다 더 나으니라. 그들(믿음이 없는 다신교도들)은 너희들을 불지옥으로 초대하지만 하나님께서는 너희들을 천국으로 인도하시니 그분의 뜻으로 관용을 베푸시고 사람들에게 그분의 말씀을 증명해 주시니, 그들은 이를 기억할 것이니라.('결혼' 02:221)

그리고 만일 그들이 이혼을 결심했다면 실로 하나님께서는 모든 것을 듣고 모든 것을 아시는 분이시니라. 그리고 만일 하나님을 믿고 최후의 심판일을 믿는다면 이혼한 여성들이 (재혼을 위한다면) 그녀들 스스로 세 번의 생리기간을 기다려야 하나니 이는 하나님께서 그녀들의 태내에 창조하신 것을 숨기지 못하게 함이니라. 그리고 그 기간 동안에 (그녀들의 남편들이) 화해를 원한다면 이를 거절하는 것보다 받아들이는 것이 보다 더 정당한 것이니라. 그리고 그녀들에게도 (남편들에게 주어진 권리와) 동일한 권리가 있으나 남편들에게는 그녀들을 위한 책임이 있느니라. 실로 하나님께서

는 지혜로우시고 전능한 분이시니라.('이혼' 02:227-228)

하나님께서 상거래는 허용하셨으나 이자는 금하셨으니 하나님의
말씀을 받아들여 이를 그만둔다면 지난날의 모든 잘못이 용서되며
그의 일은 하나님과 함께할 것이니라. 그러나 이전으로 돌아간다면
실로 그들은 불지옥의 주인으로서 그곳에서 영원히 머물게 될 것
이니라. 하나님께서 이자를 금하시고 자선 행위에 축복을 더하시니
실로 하나님께서는 사악한 불신자들을 사랑하지 않으시니라.('이
자, 고리대금 금지' 02:275-276)

만일 채무자가 어려운 상황에 처해 있다면 형편이 좋아질 때까지
그 부채의 상환을 연장해 주라. 그러나 더 좋은 것이 무엇인지 너
희가 안다면 그것은 실로 그의 부채를 자선으로 감해주는 것이니
라. 하나님에게로 돌아갈 그 날을 두려워하라, 모든 영혼은 죽음을
맞이하게 되니 자신이 행한 것으로 심판받을 것이니라, 그리고 어
떤 누구도 부당하게 고통 받지 않으리라.('부채 탕감' 02:280-281)

제3장 알 이므란장(Sūrat Al Imrān, 이므란 가(家)의 장)은 200절로 구성
되어 있으며 메디나에서 이슬람이 확산되면서 예언자 무함마드에
대한 유대인들의 불신과 의심을 일소하는 구절들과 2장에서 계시되
었던 이슬람 계율과 규정을 보다 명확히 제도화 해가는 과정들을 엿
볼 수 있다. 그리고 176절로 이루어진 제4장 안 니싸장(Sūrat an-Nisāa,
여성들의 장)은 보다 구체화된 이슬람법을 적용해가는 구절들이 대부
분인데 특히 여성들의 사회적 지위와 역할, 그리고 문제들에 대하여
다루고 있다. 제5장 알 마이다장(Sūrat al-Māidah, 식탁의 장)은 허용과 금
기에 대한 보다 자세한 정의와 인간들의 식생활, 신앙의식의 실천에
따른 정확한 규정과 올바른 상행위, 유일신 사상에 입각한 예언자와
사도들의 역할, 기독교 신앙의 근간을 이루고 있는 삼위일체와 예수
에 대한 이슬람의 입장 등이 언급되어 있다.

이와 같이 메디나에서 계시된 『꾸란』 구절들의 특징은 이슬람이 확대되고 팽창해 가면서 그 상황과 제도에 맞게 폭넓게 계시되었다는 것이다. 그래서 이슬람 공동체 사회가 하나의 통일된 정신하에 신앙의 이름으로 묶여질 수 있었고 사회질서를 유지하기 위한 법전으로서 역할을 가능케 하였던 것이다. 약육강식 이외의 어떠한 법적 구속력도 없었던 무지의 시대를 하나로 통합할 수 있었던 가장 큰 힘은 바로 계시로 인한 강한 제도적 구속력이 있었기 때문이다. 그래서 메카에서 이주한 후 10년간의 짧은 선교에도 불구하고 예언자 무함마드가 임종을 앞둔 그 시점에서는 이슬람은 이미 아라비아 반도를 넘어 더 넓은 세상으로 소개될 수 있었다.

> 오, 믿는 자들이여! 진정한 믿음으로 하나님을 공경하고 두려워하라, 그리고 너희들은 무슬림으로서 죽음을 맞이하라.
> 너희들 모두는 하나님의 동아줄을 잡고 분열하지 말라. 그리고 항상 하나님께서 너희들에게 베푸신 은혜를 기억하라. 만일 너희가 적이었다면 하나님의 사랑으로 너희가 하나 되어 형제가 되게 하리라. 그리고 만일 너희들이 불지옥의 문턱에 있었다면 그곳으로부터 너희들을 구원해 주실 것이니라. 하나님께서 너희들을 위하여 그분의 말씀을 분명히 해 주시니 너희는 광명으로 인도될 것이니라.('이슬람 공동체, 단결을 통한 신앙 증진' 03:102-103)

무함마드도 그 전의 사도들이 죽어간 것처럼 한 사람의 사도에 불과하니라. 만일 그가 죽었거나 살해당했다면 너희는 그에게서 돌아서겠는가? 만일 누군가 돌아선다고 해도 그것이 하나님께 어떤 해도 되지 않을 것이니라. 실로 하나님께서는 감사하는 자들에게 보상을 베풀 것이니라. 어떤 누구도 운명으로 기록된 하나님의 뜻 외에 죽음을 맞이하지 않을 것이니라. 그러니 누군가 현세에서 보상을 원한다면 우리(하나님)는 그에게 현세에서 보상해 줄 것이요,

또한 내세에서 보상을 원한다면 그 또한 그렇게 할 것이니라. 실로 우리(하나님)는 감사하는 자들에게 보상을 베풀 것이니라.('인간 무 함마드' 03:144-145)

하나님의 길에서 순교한 자들이 죽었다고 생각하지 말라. 그들은 하나님 곁에서 그분의 보살핌으로 영원히 살아 있을 것이니라. 그들은 하나님께서 주신 은혜로 기뻐할 것이며 그들과 함께하지 못하고 그들의 뒤를 이어 올 순교자들과 함께 기뻐할 것이니라. 실로 그들에게는 어떤 두려움도 어떤 슬픔도 없을 것이니라. 하나 님의 배려와 은총으로 그들은 기뻐할 것이니 실로 하나님께서는 믿는 자들에게 베푸실 보상을 결코 감하지 않으시니라.('순교자에 대한 보상' 03:169-171)

일부다처제

이 『꾸란』 구절이 계시된 시기는 우후드 전투 이후였다. 전쟁으로 남편을 잃은 여성들의 수가 증가함에 따라 사회적으로 많은 문제가 발생하자 여 성들과 고아들에 대한 예우와 공동체의 복지 증진, 그리고 무지의 시대에 있었던 관행에 따라 부인의 수에 제한이 없었던 무질서한 사회를 바로잡 기 위하여 이 구절이 계시되었다. 이 구절의 계시로 인하여 남편은 만일 부인들에게 동등하고 공정하게 대해줄 수 있다면 4명의 부인을 둘 수 있 으며 만일 동등하게 대해 줄 수 없다면 한 명의 부인과 결혼하는 것이 바 람직하며 가장 이상적인 것임을 이 구절은 가르치고 있다. 이슬람은 다음 과 같은 경우에 첫 번째 부인의 허락하에 두 번째 부인을 맞이할 수 있 다. 첫째, 부인이 불임으로 아기를 가질 수 없을 때이다. 둘째, 부인이 질 병으로 남편의 성적 욕구를 채워주지 못할 경우이다. 그리고 셋째는 전 쟁이나 질병으로 인하여 여성의 수가 남성보다 절대적으로 많을 때 그것 으로 인하여 발생할 수 있는 고아들과 과부들을 구제하기 위한 방법이 다. 이러한 법은 사회적으로 문란해 질 수 있는 질서를 바로 잡고 어려움 에 처해 있는 여성들을 보호하는 차원에서 만들어진 제도적 장치로 볼 수 있다. 만일 부부가 이를 수용하지 못할 경우에는 정당하게 이혼을 할 수도 있으며 특히 남편은 부인들에게 공정하게 대해야 한다는 강한 의무감이 신앙의 실천으로 간주되기 때문에 쉽게 접근할 수 없는 어려움이 있다.

고아들이 결혼할 연령에 도달할 때까지 돌봐주라. 그리고 그들이 건전하게 성장했다고 판단될 때 그들의 재산을 되돌려 주라. 너희들은 그들이 성장하는 것을 염려하여 (그들의) 재산을 낭비하거나 갈취하지 않아야 하느니라. 만일 그 보호자가 부자라면 (그들을 양육하기 위한) 대가를 감면할 것이며 만일 그 보호자가 가난하다면 정당한 양육비를 가질 수 있느니라. 그리고 재산을 그들에게 돌려줄 때는 그들로 하여금 증인을 세우도록 하라. 하나님께서는 충분히 셈하시는 분이시니라.(04:06)

고아들의 재산을 부당하게 탐하는 자들은 그들의 뱃속에 불꽃을 삼키는 것과 같으니 실로 그들은 화염 속에서 불타게 되리라.('고아들에 대한 사회적 책임' 04:10)

유산상속법

약 1,400년 전에 계시에 의해 성문화된 유산상속법의 일부이다. 유산의 상속과 관련하여 이슬람 이전에 없었던 여성들에 대한 상속제도가 법제화되면서 여성들의 사유재산을 인정하게 되었고 사회참여에 크게 기여할 수 있는 계기가 되었다. 유산상속과 관련한 이슬람법의 특징은 망자가 죽기 전에 자신의 재산을 유언으로 자선을 한다고 해도 삼분의 일에 해당되는 재산만 자선할 수 있도록 했다. 나머지 삼분의 이는 반드시 정당하게 상속인들에게 정해진 비율에 따라 상속되도록 규정하고 있다. 또한 유산의 분배는 유언과 부채, 그리고 장례에 따른 모든 비용이 정리된 후에 나눌 수 있다.
본 『꾸란』 구절을 통해서 이슬람법에서 상속의 정당한 수혜자는 망자의 자녀와 부모 그리고 남편 또는 아내, 형제자매 순으로 상속됨을 알 수 있다. 자녀가 유산을 상속받을 수 있는 비율은 정해져 있지만 망자의 부모생존 여부에 따라 차이가 날 수도 있다. 그래서 부모가 생존해 있고 자녀가 있을 경우에는 부모는 각각 망자가 남긴 재산의 1/6을, 그리고 망자에게 자식이 없고 부모 생존 시에는 모친에게는 1/3 부친에게는 2/3를, 그리고 자식은 없으나 망자의 형제자매가 있을 경우에는 모친에게 1/6이 부친에게는 그 나머지가 상속됨을 알 수 있다.

부부의 의무와 권리

이슬람에서 남편과 아내의 역할을 통해서 책임과 의무를 다하도록 명하는 구절이다. 남편은 가장으로서 가족을 부양해야 할 의무가 있으며 아내는 가정을 지키고 자녀를 양육하며 남편이 밖에서 열심히 일할 수 있도록 내조자로서 의무를 다하도록 가르친다. 또한 이 구절은 이슬람의 관용과 포용을 엿볼 수 있는 구절이다. 남편이 부재중일 때 아내가 부정한 행위를 했을 경우 그 잘못을 구실로 여성을 내치는 것보다 충고하여 스스로 뉘우치도록 권한다. 그럼에도 이를 받아들이지 않는다면 남편은 아내와의 잠자리를 멀리하고 그래도 잘못을 뉘우치지 않을 경우에는 벌할 수 있음을 경고한다. 여성을 벌하는 방법에 대하여 남성 중심의 사회 구조에 의해 이끌어졌던 이전에는 가볍게 때릴 수도 있다고 일부 『꾸란』 학자들은 그 의미를 설명하기도 하지만 폭력이 정당화 될 수는 없으며 도저히 개선의 여지가 보이지 않는다면 법의 힘을 빌리기 전에 남편과 아내를 변호할 수 있는 각자의 대리인을 한 사람씩 선정하여 그들로 하여금 화해의 길을 찾는 것이 우선이다. 그러나 최선을 다한 후 부득이 방법을 찾지 못했을 경우에는 합법적으로 이혼을 하는 것도 이슬람은 허용한다.

너희들에게 금기된 것이 있으니 그것은 죽은 고기와 피, 돼지고기 이니라. 그리고 하나님의 이름으로 도살되지 않은 고기와 목 졸라 죽인 고기, 때려서 죽인 고기, 그리고 높은 곳에서 떨어져 죽은 고기, 서로 싸워서 죽은 고기, 다른 동물이 일부를 먹다 남은 고기, 우상숭배를 위하여 도살된 고기, 화살로 점치기 위하여 도살된 고기이니, 이것은 불결한 것들이니라.('식생활, 허용과 금기' 05:03) 오늘 너희들에게 허용된 좋은 것들이 있으니 그것은 성서를 받은 자들(유대인들과 기독교인들)의 음식이니라. 그들의 음식은 너희들에게 허용되며 너희들의 음식 또한 그들에게 허용되느니라. 그리고 믿음이 강한 순수한 무슬림 여성들이나 너희들 이전에 계시된 경전들(유대교, 기독교)을 믿는 순수한 신앙의 여성들과 지참금 (Mahr)을 지불하고 합법적으로 혼인하는 것은 허용되지만 혼외의 어떤 관계(간음, 불륜)도 허용되지 않느니라. 믿음을 부정하는 자에게는 그의 삶이 허무할 것이니 실로 그는 내세에서 손실을 입은 자들과 함께 있을 것이니라.('식생활, 성서(聖書)들의 가족' 05:05)[58]

도둑질을 한 남녀의 손을 자르라. 이것은 두 손이 행한 것에 대한 하나님의 벌이니라. 실로 하나님께서는 지혜와 권능으로 충만한 분이시니라. 그러나 진심으로 뉘우쳐 회개한다면 하나님께서 그의 잘못을 용서해 주실 것이니라. 실로 하나님께서는 사랑으로 용서하시는 분이시니라.('도둑질, 회개의 중요성' 05:38-39)

그리고 우리(하나님)가 그들에게 명하니, 생명은 생명으로, 눈에는 눈으로, 코에는 코, 그리고 귀에는 귀, 이에는 이로, 상처에는 상처로 대신하라 하셨느니라. 그러나 만일 누군가 (보복의 권리를) 자선으로 베푼다면 그는 (자신의 죄를) 용서받을 것이니라. 실로 하나님의 말씀으로 심판하지 않는 자들, 그들은 죄지은 자들이니라. ('일벌백계(一罰百戒)' 05:45)[59]

오, 믿는 자들이여! 진실로 술과 도박과 우상숭배를 위하여 도살(재단에 올려진)된 고기와 점(占, 화살을 이용한 점성술)은 사탄이 행하는 불결한 것들이니 이를 멀리하라. 그러면 너희가 번성할 것이니라. 사탄은 술과 도박으로 너희들 사이에 적대감을 조성하고 증오심을 생기게 하며 하나님을 염원하고 경배 드리는 것을 방해하느니라. 그러니 너희들은 이를 그만두지 않겠는가?('술, 도박, 우상숭배 금지' 05:90-91)

---

58) 일용할 양식을 삼기 위하여 동물을 도살하는 방법은 유대교나 기독교 그리고 이슬람교가 다르지 않음을 알 수 있다. 또한 이슬람은 계시를 통해서 유일신 하나님을 믿는 사람들(유대교인들과 기독교인들)을 일컬어 성서의 가족(Ahlu al-Kitāb)로 칭하고 인정하며 그들과는 일상적인 거래는 물론 결혼까지도 허용한다.

59) 이슬람법은 유대인들에 의해 집행되었던 보복법과 이후 기독교인들에 의해 집행되었던 보상법이 동시에 적용됨을 이 구절을 통해서 알 수 있다. 신의 이름으로 일벌백계의 강한 법을 적용하여 이슬람 공동체의 질서를 바로 잡고 이와 동시에 화해와 자선으로 서로를 용서하고 포용할 수 있도록 보상의 기회를 열어 놓음으로써 사회적 안녕을 추구하는데 그 목적이 있다.

이와 같이 메디나에서 계시된 『꾸란』 구절들은 계시와 동시에 보다 구체적으로 일상의 삶에 그대로 적용되었다. 그래서 계시된 구절들에 의해서 이슬람법의 기본원칙들이 정해지고 이 원칙들에 의해서 공동체 사회를 이끌어 가는데 필요한 생활 규범들과 인간의 도리 그리고 사회를 구성하는 가장 소단위인 가정에서 구성원 개개인의 역할이 보다 확실하게 주어지게 되었던 것이다. 무함마드가 『꾸란』의 계시를 통해서 아라비아 반도를 개혁하고 변혁시키는 과정에서 일찍이 다른 문명에서 찾아 볼 수 없었던 중요한 몇 가지를 살펴보면 23년간의 짧은 선교에도 불구하고 아라비아 반도 전체가 이슬람화 될 수 있었던 역사적 사실들을 이해할 수 있다.

첫째는 하나님을 믿는 종교로서 다른 종교들과 함께 살 수 있는 공존의 틀을 만들었다. 특히 유대교인들과 기독교인들을 '성서들의 가족'으로 인정하고 공동체 내에서 서로를 예우하고 포용할 수 있는 기회가 주어졌던 것이다.

둘째는 공정한 부의 분배를 통해서 부자와 가난한 자가 서로를 예우하며 살 수 있도록 했다. 그래서 노력 없이 얻어지는 이자를 금지했으며 부자들에게 자선을 권장하여 채무자의 부채를 탕감해 줌으로써 가난한 사람들이 가질 수 있는 사회적 상실감을 해소할 수 있도록 했다.

셋째는 여성들의 인권이 보장되고 지위가 향상될 수 있었다. 이전에 없었던 유산상속법이 여성들에게 정해지고 사유재산이 인정되면서 사회 구성원으로서 남성들과 함께 그 역할을 충실히 할 수 있도록 한 것이다.

넷째는 가정 파괴와 사회악을 초래할 수 있는 부정한 행위들을 강력히 금했다. 신법에 의해서 처벌되는 강력한 규정들이 제도화되면서 살인과 간음, 도둑질, 음주, 도박 등 사회질서를 문란케 하고 가정의 안정을 파괴하는 행위들을 강력히 규제할 수 있었다.

　다섯째는 신법에 의해서 통치되는 정교일치의 이슬람 공동체사회를 구현한 것이다. 무함마드 자신은 모든 것을 다 가진 절대적인 존재였음에도 오직 하나님께서 보내신 예언자이자 사도로서만 그 역할에 충실했던 것이다. 그래서 그의 삶은 추종자들에게 귀감이 될 수 있었고 그의 모범적인 발자취는 그 이후에 남겨진 이슬람 공동체를 그의 가르침으로 통치할 수 있었고 이슬람제국으로 오늘날까지 발전을 거듭할 수 있었던 것이다.

02 『꾸란』의 보존과 집대성

가브리엘 천사를 통해서 계시된 『꾸란』은 먼저 무함마드와 그의 추종자들에 의해 계시와 동시에 암기되었고 암기된 『꾸란』은 바로 그 당시 시나 산문을 기록하기 위하여 사용되었던 가죽이나 천, 나무껍질 등에 기록되어 보존되어 왔다. 이렇게 기록된 『꾸란』은 두 번에 걸쳐서 집대성하는 절차를 거쳤는데, 한 번은 예언자 무함마드 생존 시 이미 이뤄졌고 또 한 번은 정통 칼리파 시기에 이뤄졌다.

정통 칼리파 시대('Ahd al-Khulafāi' ar-Rāshidīn)

예언자 무함마드가 63세를 일기로 별세한 후 그의 추종자들이 뒤를 승계하여 이슬람 공동체를 통치한 시대를 말한다. 예언자 무함마드를 승계한 사람을 칼리파(Khalifah, 승계자)라고 하는데 1대 칼리파 위(位)를 승계한 사람은 예언자 무함마드의 가장 가까운 친구이자 장인이었던 아부 바크르(632~634년)였으며 2대 칼리파는 오마르(634~644년)가, 3대 칼리파는 오스만(644~656년)이 그리고 4대 칼리파는 알리 븐 아비 딸립(656~661년)이 그 뒤를 승계하여 이슬람제국으로 계승 발전시켰다. 일반적으로 정통 칼리파 시대라고 하는 것은 무함마드 사후에 632년부터 661년까지 29년 동안 메디나를 중심으로 정교일치에 의해 통치되었던 시대를 말하며 이슬람제국의 수도가 메디나에서 시리아 다마스쿠스로 옮겨간 후 우마이야 왕조(661~749년)의 이름으로 그리고 이라크 바그다드로 수도를 옮겨간 후에는 아바스(압바시야) 왕조(750~1256년)의 이름으로 이슬람제국이 계승 발전되었다.

일반적으로 『꾸란』의 보존과 집대성은 두 가지 방법으로 동시에 이루어졌다.

하나는 『꾸란』이 계시되면서 이를 전해 받은 무함마드에 의해 바로 암기되면서 보존되었고 무함마드는 이를 추종자들에게 가르쳐 그대로 암기하도록 해서 전해졌고 추종자들에 의해 암기된 『꾸란』은 입에서 입으로 전해져 다음 세대로 암기되어 전해지면서 한 점, 한 획의 차이도 없이 원래의 모습이 그대로 보존되어 내려온 것이다.

또 다른 한 가지는 글을 쓸 수 없었던 무함마드가 『꾸란』을 계시받아 추종자들에게 들려주면 이를 받아 적어 기록된 것들을 모아 보존된 것을 말하며 이렇게 기록된 것들은 암기한 것들과 한 치의 오차도 없이 그대로 보존되어 왔던 것이다. 그래서 여기서 말하는 예언자 무함마드 시기와 칼리파 시기에 있었던 『꾸란』의 집대성은 이 두 가지, 즉 암기에 의한 집대성과 기록에 의한 집대성이 동시에 이루어졌음을 의미한다.

이러한 방법으로 기록된 『꾸란』은 역사적으로 『꾸란』 이전에 계시되었던 수많은 경전들이 암기에 의한 방법이든 또는 기록에 의한 방법이든 정확하게 전해지지 않았다는 것에서 그 가치와 의미가 더욱더 돋보이며 한 권의 책으로 보존되어 1,400여년이 지난 오늘날까지 그대로 지켜져 올 수 있다는 것은 무함마드가 보여준 기적이 아닐 수 없다.

무함마드의 『꾸란』 암송과 보존

> 그분(하나님)께서 그들 중에서 무학자인 사도(무함마드)를 보내시어 그들에게 하나님의 말씀을 낭송하고 성서(『꾸란』)와 지혜(순나)를 가르쳐 그들을 깨끗이 정화하니 실로 그(무함마드) 이전에 그들은 분명히 방황하고 있었느니라.(62:02)

『꾸란』이 무함마드에게 계시되었을 당시 대부분의 아랍사람들이 그랬던 것처럼 무함마드도 글을 읽거나 쓰지 못하는 무학자(Ummi)였다. 당시 아랍사람들의 특징 중 하나는 그들이 글을 읽거나 쓸 수 없었기 때문에 뛰어난 암기력을 가지고 있었던 것이다. 그들은 뛰어난 암기력으로 조상 대대로 전해 내려오는 가계도를 외워서 후손들에게 전승시켰으며 수십만 장의 시를 외워 낭송하는 사람들도 있었다. 이러한 상황에서 그들에게 23년 동안 부분적으로 계시된 『꾸란』을 암송하고 기억하는 것은 결코 어려운 일이 아니었다.

> 오, 망토를 둘러쓰고 있는 그대(무함마드)여!
> 밤의 일부분을 제외하고 일어나 예배하라.
> 밤의 절반 또는 그것보다 약간 부족해도 또는 약간 많아도 (괜찮으니라.)
> 그리고 운율에 따라 『꾸란』을 낭송하라.(74:1-4)

예언자 무함마드는 『꾸란』 구절이 계시되면 그 구절을 암기하고 의미를 이해하기 위하여 밤을 지새우며 예배하는 날들이 많았다. 그렇게 전달된 『꾸란』 한 구절 한 구절은 추종자들에게 낭송되어졌고 글을 아는 추종자들은 이를 받아 적어 보관하고 또 암기한 것이다. 그래서 예언자 무함마드의 주변에는 항상 수많은 추종자들이 그의 일거수일투족을 따라하며 그와 함께하고자 했다. 특히 그들은 『꾸란』의 가르침을 듣고 경쟁적으로 암기하고 또한 그대로 실천하고자 했다. 무함마드는 추종자들에게 **'가장 훌륭한 사람은 『꾸란』을 배우고 이를 가르치는 사람'**이라고 강조함으로써 그들은 예언자 주변에서 새로운 계시를 기다렸고 또한 자신들이 외워서 암송하고 있는 『꾸란』 구절들이 정확하게 유지되고 있는지 매일같이 서로 확인하는 것으로 신앙을 키워 나갔다.

> 실로 우리(하나님)가 『꾸란』을 계시했으며 실로 우리(하나님)가 그
> 것(『꾸란』)을 보존할 것이니라.(15:09)[60]

　다수의 추종자들이 『꾸란』 구절이 계시될 때마다 바로 그 구절들
을 암기하기도 하고 또한 기록해서 보관하고 있었지만 무함마드는
교우들 중에서 신망이 두텁고 믿음이 강하면서 그와 함께 생사고락
을 함께한 몇 명을 특별히 선정하여 공식적으로 『꾸란』을 기록하도
록 했다. 예언자의 부탁을 받고 『꾸란』을 기록한 교우들은 그들에게
주어진 특별한 직무에 대하여 자부심을 가졌고 하나님의 말씀을 기
록함에 한 치의 다름도 있을 수 없음에 최선을 다했다. 계시된 『꾸란
』을 암기하고 기록한 대표적인 예언자의 추종자들은 예언자 무함마
드의 서기였던 자이드 븐 싸비트(Zaid bn Thābit), 무함마드가 메디나로
이주하기 전부터 그를 적극적으로 지지하고 메디나 정착을 도왔던
메디나 원조자 우바이 븐 카아브(Ubai bn Kaab), 무함마드가 임종하기
한 해 전에 예멘 총독으로 임명하여 파견한, 무함마드의 신뢰가 특별
히 두터웠던 무아드 븐 자발(Mua'd bn Jabal), 그리고 무아위야 븐 아비
수피얀(Mua'wiya bn Abi Sufiyan) 등이 있다. 이들은 대표적인 기록자들이
었으며 여기에 더하여 무함마드가 사망한 후에 그의 뒤를 승계한 1
대 칼라파 아부 바크르 앗 시디끄(Abu Bakr as-Siddiq), 2대 칼리파 우마
르 븐 알 카따브(Umar bn al-Khatab), 3대 칼리파 오스만 븐 아판('Usman

---

60) 1,400여년이 지난 오늘날까지 『꾸란』 원전이 그대로 보존될 수 있었던 가장 중요한 이
　유다. 그것은 『꾸란』을 계시하신 하나님의 의지이며 스스로 보호하실 것임을 약속하신
　것이기 때문에 암기와 기록을 통해서 지금까지 그대로 보존될 수 있었던 것이다.

bn ‘Afan) 그리고 4대 칼리파였던 알리 븐 아비 딸립(Ali bn Abi Tālib)이 그들과 더불어 중책을 맡아 『꾸란』을 기록하는데 최선을 다했다.

당시에 많은 추종자들은 무함마드의 언행인 하디스[61]의 기록에 대해서도 관심을 가지고 이를 기록하고자 했지만 무함마드는 하나님의 말씀인 『꾸란』과 자신의 말이 섞일 수 있다는 두려움으로 자신에 관해서 어떤 것도 기록하는 것을 허용하지 않았다.

메디나를 중심으로 이슬람 공동체가 확대되면서 무함마드는 『꾸란』을 암기하고 이를 가르칠 수 있는 교우(Sahābah, 예언자 무함마드를 지척에서 따랐던 사람)들 중에서 우수한 사람들을 선정하여 각 지역으로 파견하였고 이슬람의 가르침이 바르게 전해질 수 있도록 했다. 각지역 대표로 선정된 총독들은 자신이 암기하고 있는 『꾸란』과 동시에 기록된 『꾸란』을 비교하여 다름이 없을 때 이를 가르쳤고 무함마드가 메디나에서 모범이 되어서 행한 것처럼 그의 가르침을 그대로 전달하기 위하여 최선을 다했다.

초기 『꾸란』의 기록은 대부분 넓은 나무판이나 동물의 가죽 그리고 천 조각에 기록되었다. 이후 메디나로 이주하여 이슬람 공동체가 팽창하고 종이의 보급이 원활해지면서 계시된 『꾸란』은 종이에 더 쉽게 기록될 수 있었는데 가브리엘 천사는 『꾸란』 구절들을 상황에 따라 한 구절 또는 몇 구절을 동시에 예언자 무함마드에게 전달하면

---

61) 하디스(Hadith)는 예언자 무함마드의 언행록으로 그의 말과 행동 그리고 말이나 행동으로 보여 주지는 않았지만 묵인한 것들을 기록한 책이다. 예언자 무함마드 시절에는 『꾸란』과 하디스가 섞이는 것을 염려하여 무함마드 자신에 대한 기록을 허용하지 않았기 때문에 그가 죽은 후에 추종자들에 의해서 하디스 기록 작업이 대대적으로 이뤄졌다. 하디스는 『꾸란』 다음으로 이슬람법을 이해하고 해석하는 데 필요한 근거가 된다. 하디스는 주로 이를 조사하고 기록한 저자의 이름으로 부르는데 대표적인 하디스에는 아부다우드(Abu Daud), 부카리(al-Bukhari), 무슬림(Muslim), 티르미디(at-Tirmidhi), 나싸이(an-Nasāi), 이븐 마자(Ibn Majah), 아흐마드(Ahmad) 등이 있다.

서 하나님의 명령에 의해 그 구절들을 어떤 장(章)으로 어떤 순서에 따라 어떻게 배열할 것인지를 정해 주었고 이어서 무함마드는 계시된 구절들을 어떤 순서로 어떻게 배열하여 기록할 것인지를 추종자들에게 그대로 알려주는 것으로 『꾸란』은 기록되었다.[62]

예언자 무함마드는 매년 라마단 성월이 되면 가브리엘 천사가 지켜보는 가운데 『꾸란』의 전 장을 반복하여 암송하였으며 그의 추종자들은 이 기회를 통해서 자신이 암기하고 있는 『꾸란』을 확인하곤 했다. 오늘날에도 이러한 관행은 지속적으로 전해져서 라마단 단식월이 되면 이슬람 세계는 각종 『꾸란』 암송대회는 물론 『꾸란』과 관련된 많은 행사들이 거행되고 있다.

예언자 스스로의 『꾸란』 보존과 전승에 대한 지속적인 노력과 『꾸란』 암송자들에 대한 예언자의 각별한 배려와 격려에 힘입어 그가 노환으로 임종을 앞두고 있을 때는 『꾸란』의 전 장을 외우고 있는 암송자(Hāfiz)들의 숫자는 셀 수 없을 정도로 많아졌다. 또한 『꾸란』의 기록도 지속적으로 이루어져 이미 예언자 시절에 완전하게 전 장이 기록되어 보존될 수 있었으며 수많은 암송자들에 의해서 그대로 사람들에게 암기되어지고 가르쳐졌으며 다음 세대로 온전하게 전해질 수 있었다.

1대 칼리파 아부 바크르의 『꾸란』 집대성

『꾸란』이 완성되면서 예언자로서 그리고 사도로서 사명을 다한 무함마드는 모든 인간들이 죽어간 것처럼 63세를 일기로 죽음을 맞

---

62) Muhamad Ali as-Sabūni, at-Tibyānu fi Ulūmu al-Qurān, p. 49.

이하게 되었다. 무함마드가 세상을 떠나자 그의 동반자로서 그림자처럼 평생을 함께해 온 친구이자 장인인 아부 바크르가 칼리파(계승자) 위를 승계하여 이슬람 공동체를 이끌게 되었다.

칼리파 위를 승계한 아부 바크르는 예언자 사후에 흔들렸던 이슬람 공동체의 기강을 바로잡고 주변국들의 이슬람에 대한 경계와 더불어 불신감을 조장하는 요소들을 없애고 메디나를 이슬람 공동체의 중심지로 공고히 만들기 위하여 최선을 다했다.

이를 위해서 아부 바크르가 무엇보다도 먼저 해결해야 할 문제는 이슬람 발전을 경계하며 호시탐탐 위협으로 맞서는 로마제국과 페르시아제국을 견제하여 이슬람을 확장하는 것과 이슬람 공동체 내에서 급속히 확산되어 가고 있는 배교자들의 난을 평정하는 것이었다. 그들은 무함마드가 살아 있을 때는 그를 따라서 예배도 근행하고 단식도 하면서 순종적으로 따랐지만 그가 사망하고 없는 상황에서 굳이 이러한 의식들을 지키고 따라야 할 이유가 없다고 배교한 자들이었다. 이슬람 의식을 거부하는 배교 행위는 이슬람 공동체의 정체성을 부정하는 것이며 나아가 예언자를 충실히 따랐던 교우들에게 반기를 드는 도저히 용납할 수 없는 행위였던 것이다.

아부 바크르는 군대를 파견하여 배교자들을 평정하기 위하여 그들과 전쟁을 할 수밖에 없었다. 특히 이슬람을 거부하는 배교자들과 치른 전쟁 중에서 가장 치열하던 야마마 전투(Ma'rakat al-Yamāmah)에서는 70명을 웃도는 우수한 『꾸란』 암송자(al-Qurra')[63]들이 순교하게 되

---

63) al-Qurra'(알 꾸라아)는 단순히 『꾸란』을 암송하는 사람(Hāfiz)만을 의미하는 것이 아니라 『꾸란』의 전 장을 암기하여 낭송하며 이를 사람들에게 가르칠 수 있는 학자들을 말한다. 오늘날에도 『꾸란』의 전 장을 외우고 낭송하는 것은 전해오고 있으며 이슬람을 국교로 하고 있는 많은 나라들은 각종 경연대회나 『꾸란』 관련행사를 통해서 『꾸란』 암송을 장려하고 있다.

었는데 이를 목격한 오마르와 많은 추종자들은 걱정이 앞섰다. 왜냐하면 『꾸란』을 암기하고 있는 사람들이 전쟁에서 살해되는 것은 『꾸란』의 가르침에 따라 이슬람을 주도적으로 가르쳤던 사람들이 없어지게 되는 것이기 때문이다. 그렇게 되면 이슬람이 다음 세대로 온전하게 전해지지 못할 수도 있을 뿐만 아니라 이슬람 공동체가 분열과 혼란에 휩싸일 수도 있기 때문이다. 그래서 오마르와 몇몇 추종자들은 모여서 칼리파 아부 바크르에게 간언(諫言)을 했다. 더 많은 『꾸란』 암송자들이 죽어가기 전에 반드시 여러 곳에 기록되어 산재(散在)되어 있는 『꾸란』을 모아서 한 권의 책으로 묶어서 보존해야 한다는 의견이었다. 아부 바크르는 이 일이 예언자 무함마드가 살아 있을 때 하지 않은 새로운 것이었기 때문에 무척 조심스러웠다. 만일 예언자 무함마드가 자신에게 산을 옮기라고 명령했다고 해도 『꾸란』을 모아 집대성하라고 한 명령보다 더 무겁지는 않았을 것이라고 그는 말했다. 고민을 거듭하던 아부 바크르는 배교자들의 난이 평정되고 이슬람 공동체가 안정을 찾자 교우들의 조언을 받아들이기로 결정했다. 그래서 그는 예언자 무함마드의 서기였던 자이드 븐 싸비트에게 『꾸란』을 집대성하여 한 권의 책으로 묶는 일을 맡겼다.

자이드 븐 싸비트는 무함마드가 생존해 있을 때 지척에서 계시를 목격하고 기록하여 암기하던, 무함마드의 신망이 두터웠던 교우들 중 한 사람이었다. 그는 뛰어난 암기력과 기억력으로 『꾸란』 암송자들을 지도했으며 정확하고 완전한 그의 기록은 『꾸란』 암송자들에게 자신들의 기록과 암기를 비교하고 대조해 볼 수 있는 근거가 되기도 했다. 그래서 자이드 븐 싸비트는 수많은 『꾸란』 암송자들과 지속적으로 접촉해 왔으며 『꾸란』을 암송하거나 기록하고 있는 예언자의 추종자들을 가장 많이 알고 있었다. 아부 바크르의 지시에 따라 자이드 븐 싸비트는 자신과 함께 『꾸란』을 기록하고 암기하던 교우들과 『꾸란』을 한 권의 책으로 집대성하는 작업을 시작했다. 이 작업은 칼리파 아부 바크르가 염려하고 두려워한 것처럼 한 점, 한 획의 착오도 허용될 수 없는 중요한 일이었기 때문에 신중을 기할 수밖에 없었다.

예언자 무함마드는 계시를 받음과 동시에 이를 암송했다. 그리고 자신이 암송하고 있는 새로운 구절들을 기록을 위하여 선택된 다수의 추종자들에게 들려주면 그들은 이를 바로 암기하고 기록하여 계시의 증인이 될 수 있도록 했다. 자이트 븐 싸비트는 기록되어 여기저기 보관되어 있는 『꾸란』 구절들을 모아 한 권의 책으로 묶는 작업을 예언자 무함마드가 계시를 받아서 암기하고 기록하여 보관한 것과 같은 방법으로 하고자 했다. 그는 예언자 무함마드를 추종하면서 신뢰를 얻었던 신앙심이 두터운 『꾸란』 암송자들을 모았다. 그리고 그들이 암기하고 있는 구절들과 이미 기록되어 보관되어 있는 구절들을 대조하여 다름이 없음을 확인한 후 예언자와 함께 『꾸란』 암송과 기록에 참가한 교우들 중 최소 2명의 증언을 확보한 다음에야 비로소 필사본을 기록하기 시작했다. 또한 2명 이상의 증인들은 반드시 자신들이 암기하고 기록한 구절들이 예언자 무함마드의 입을 통해서 직접 전해 들었어야 한다는 조건이 따랐다.

수많은 추종자들이 지켜보는 가운데 한 치의 오류나 이견도 허용할 수 없는 숭고한 작업으로 이뤄졌기 때문에 자이드 븐 싸비트의 『꾸란』 기록은 예언자 무함마드의 추종자들로부터 동의를 얻을 수 있었으며 여기저기 흩어져 보관돼 왔던 『꾸란』은 한 권의 책으로 완성될 수 있었다. 무슬림들은 계시 후 14세기가 지난 오늘날에도 이렇게 보존되어 전해지는『꾸란』을 경전으로 믿고 신앙을 지켜오고 있다.

3대 칼리파 오스만 븐 압판의『꾸란』필사본

오스만 븐 압판의『꾸란』필사본 기록 작업은 아부 바크르 시기에 이루어졌던 작업의 배경과는 많은 차이가 있다. 예언자 무함마드 사후에 칼리파 직을 승계 받은 아부 바크르는『꾸란』을 암기하고 기록한 많은 추종자들이 전쟁에서 죽어가는 아픔을 맞이하며『꾸란』을 보존해야 한다는 강한 의무감과 책임감으로 시작했지만 오스만은 이와 다르게 급속도로 팽창해가는 이슬람제국을 하나의 깃발 아래에 모으기 위하여 시작한 것이었다. 이슬람제국이 더 넓어지고 무슬림 수가 증가함에 따라『꾸란』을 접하는 사람들의 경향도 차이가 나기 시작했다. 그러자 마침내 제국의 수도인 메디나에서는 예언자 무함마드의 교우들과 아부 바크르에 의해서 보존된『꾸란』이 그대로 잘 지켜져 오고 있었지만 메디나에서 멀리 떨어진 샴 지역(Sham, 다마스쿠스 지역)과 쿠파 지역(Kufa, 바그다드 지역)에서는 메디나에서 읽혀지는『꾸란』과 다르게 정확성이 떨어지고 이를 암기하고 가르치는 과정에서 차이를 보이기 시작하면서 급기야『꾸란』을 이해하고 실천하는 이슬람 공동체 내부에서 크고 작은 이견이 발생하기도 했다.

이러한 변화를 지켜본 3대 칼리파 오스만은 예언자 무함마드를 추종하던 원로들과『꾸란』암송자들 그리고 각 지역의 총독들을 모두 다 불러 회의를 소집하고 이슬람제국 내에서 일어나고 있는 좋지 않은 변화에 대하여 설명했다. 참석자들 모두는『꾸란』을 읽고 실천하는데 이견이 있을 수 없다는 것에 입을 모았고 만일 현 상황에서 이러한 변화를 용인하게 되면 이후 시간이 흐를수록 지역마다 그리고 지도자의 특성에 따라 더 큰 차이를 보일 수밖에 없을 것이라는데 한 목소리로 우려를 표한 것이다. 칼리파 오스만은 지체 없이 이미 완성되어 보존되어 있는『꾸란』을 기초해서 필사본을 만드는 작업을 시작하도록 지시했다. 당시 아부 바크르에 의해 한 권의 책으로 집대성된『꾸란』의 원전은 아부 바크르 자신이 보관하고 있다가 그의 사후에 2대 칼라파인 오마르에게 전해졌고 오마르가 사망하자 그의 딸이자 예언자의 부인이었던 합프사에 의해 보관되어 오고 있었다.

『꾸란』필사본 기록 작업은 1대 칼리파 아부 바크르 때 임명되어 집대성작업을 주관한 자이드 븐 싸비트의 주도하에 다시 이루어지게 되었다. 자이드 븐 싸비트는 칼리파 오스만의 지시에 따라『꾸란』필사본 작업을 위하여 자신과 함께『꾸란』원전을 모으는 작업을 주도한 교우들을 중심으로 12명을 선정했는데 그들은 압둘라 븐 주베이르(Abdullah bn Zubeir), 사이드 븐 알아스(Said bn al-Ās), 압두라흐만 븐 알하리스(Abdurrahman bn al-Hārith bn Hishām) 등이었다. 그들은『꾸란』을 완전하게 암기하고 이를 가르쳐온 예언자 무함마드와 긴 시간 동안 함께한 그의 교우들이자 뛰어난 학자들이었기 때문에 자이드 븐 싸비트뿐만 아니라 칼리파 오스만을 비롯하여 이를 지켜보는 모든 사람들에게 무한한 신뢰와 확신을 줄 수 있었다. 자이드 븐 싸비트의 주도하에 이루어진『꾸란』필사본 기록 작업은 히즈라 24년 3대 칼리파 오스만 집권 중에 7~8권의 사본으로 완성될 수 있었고 이 필사본은 이슬람제국의 총독들에게 보내져 제국 전체를 하나로 통일할 수 있었다.

한 권의 원전으로 보존된 『꾸란』, 그 의의와 역할

아라비아 반도의 메카에서 불신자들의 박해와 고난 속에서 시작된 이슬람의 열기는 메디나로 그리고 아라비아 반도 전체를 거쳐 중앙아시아, 북 아프리카, 동·서아시아 전역은 물론 오늘날 미국과 유럽에 이르기까지 거침없이 발전을 거듭하고 있다. 오늘날 세계인구의 1/4에 달하는 18억 무슬림들이 이때 기록되어 전해지고 있는 『꾸란』을 믿으며 세계의 정치 경제 사회 문화 전반에 영향을 미치며 살아가고 있는 것이다.

『꾸란』은 이렇듯 긴 시간 동안 세계 역사의 중심에서 중세를 지배하며 황금기를 누렸던 영화를 뒤로하고 근대 산업혁명의 물결에 밀려 강대국의 지배하에서 박해와 고통을 받고 있음에도 1,400여년의 긴 역사를 하나로 지켜왔다. 그렇게 될 수 있었던 가장 중요한 원동력은 불변의 진리로 여기는 성서의 말씀이 정확한 근거에 의해 기록 보존되어 수세기를 거쳐 한 획의 첨삭도 없이 한 권의 책으로 완전하게 그대로 전해져 올 수 있었기 때문이다. 이렇게 전해진 『꾸란』의 가르침은 시대와 민족, 그리고 피부색과 빈부귀천을 초월하여 오직 마음속 깊은 곳에서 우러나오는 경외심(at-Taqwa)만으로 모든 것을 포용하고 관용으로 서로를 감싸 안은 것이다. 그래서 수많은 변화와 개혁의 소용돌이 속에서도 변함없이 묵묵히 그 정체성을 지켜오고 있으며 원래의 모습 그대로를 지켜가며 세계 속에서 함께 호흡하고 있는 것이다.

4부

『꾸란』에
등장하는
예언자들

[개관] 선택받은 25명의 예언자와 사도들

이슬람은 기본적으로 보이지 않는 여섯 가지에 대한 확신과 다섯 가지의 실천의식[64]에 의해서 자라는 한 그루의 나무에 비교될 수 있다. 한 그루의 나무가 충분히 자라서 그 역할을 하기 위해서는 양질의 토양과 수분 그리고 공기와 같은 기본적으로 갖추어야 할 필수조건들과 자연환경이 잘 구비되어야 하는 것처럼 이슬람 신앙 또한 그 실천에 앞서 반드시 선행되어야 할 조건들이 있다. 그것이 바로 보이지 않는 것들('Ilmu al-Ghaib)에 대한 확신이다. 그래서 눈으로 보고

---

64) 이슬람 기초 교리로 보통 5행6신(五行六信)이라고도 한다. 신앙실천에 앞서 반드시 확신을 가지고 믿어야 할 여섯 가지의 믿음은 오감(五感)으로는 느낄 수는 없지만 눈앞에 있는 것을 보고 확신하는 것처럼 믿어야 하는 것들이다. 그것은 창조주 하나님의 존재에 대한 믿음과 하나님의 전령인 천사들의 존재에 대한 믿음, 각각의 시대와 민족들에게 보내진 예언자와 사도들에 대한 믿음과 그들을 통해서 전달된 경전들에 대한 믿음 그리고 언제일지는 모르지만 반드시 도래할 최후의 심판일에 대한 믿음과 정명에 대한 믿음이다. 이러한 믿음으로 이슬람은 창조주(創造主)와의 관계에서 중보자(仲保者) 역할을 하는 어떤 매체가 필요한 것이 아니라 스스로 정해진 계율을 실천함으로써 구원에 이를 수 있음을 가르친다. 다섯 가지 의무 실천 사항은 유일신 하나님에 대한 신앙고백(Shahāda)과 하루 다섯 번씩 거행하는 예배(Salāt), 라마단 성월에 거행하는 단식(Saum)과 의무희사(Zakāt) 그리고 성지순례(Hajj)이다.

확인할 수는 없는 것들을 직접 보고 있는 것처럼 확신을 가지고 실천하는 것으로써 이슬람 신앙의 근본인 유일신관을 정립할 수 있는 것이다. 그뿐만 아니라 이러한 확실한 기초하에 이루어진 유일신관만이 굳건한 신앙으로 승화될 수 있으며 결실을 맺을 수 있음을 이슬람은 강조한다.

이러한 보이지 않는 것들에 대한 확신들 중에서 특히 하나님의 말씀인 경전들에 대한 확실한 믿음은 인간들에게 보다 분명한 믿음의 근거를 제시해 주는데 이를 전달한 예언자나 사도들에 대한 믿음은 여기서부터 시작되는 것이다. 수천 년 동안 지속되어 온 믿음의 역사를 통해서 그들 중 일부는 신앙인들의 입에서 구전되어 전해져 오기도 하고 또 다른 일부는 하나님의 메시지를 인간들에게 전달해 줌으로써 보다 정확한 창조주의 존재에 대한 근거를 제시해 주기도 했다. 그러나 인간들은 많은 시간동안 그들이 전달한 가르침을 받아들이기보다는 그들을 박해하고 거부하였으며 그들 중 일부는 예언자들의 인도를 받아 들였지만 그 가르침을 왜곡하고 변질시켜 하나님의 노여움을 사기도 했다. 그래서 하나님께서는 이러한 잘못을 경고하고 올바른 신앙인의 길을 제시해 주기 위하여 그때마다 예언자와 사도들을 보내어 우매한 인간들이 보지 못하는 올바른 광명의 길을 제시해 주곤 하셨던 것이다.

이렇듯 이슬람적 시각에서 보는 예언자와 사도에 대한 믿음은 창조주께서 태초에 아담과 이브를 창조하신 이래 시대를 거슬러오면서 그들을 통하여 지속적으로 유일신(at-Tauhid)에 대한 믿음을 전하셨고 그들을 통해서 전달된 이 메시지는 오늘날까지도 생명력을 가지고 전해져 믿어오고 있음을 강조하고 있다. 이슬람 경전인 『꾸란』에

『꾸란』에 등장하는 예언자들

는 이러한 직분을 가지고 하나님의 메시지를 전달하기 위하여 선택
받은 25명의 예언자와 사도들이 언급되어 있으며 하나님의 선택을
받은 그들은 각자 그들 민족에게 적합한 말씀을 전하고 신앙적 모범
을 보이며 자신들에게 주어진 직무를 완수한 후에 모든 인간들이 생
명이 다하여 죽음을 맞이한 것처럼 그들도 인간으로서 죽어갔음을
언급하고 있다.

01 예언자들의 임무와 지위

(오, 무슬림들이여!) 말하라, 우리는 하나님을 믿고 우리에게 계시
된 것과 이브라힘과 이스마일 이삭과 야곱 그리고 그의 자손들[65]
에게 계시된 것과 모세와 예수에게 계시된 것, 그리고 예언자들이
그들의 주님으로부터 계시 받은 것들을 모두 다 믿나이다. 우리는
그들 중 누구도 차별하지 않으며 오직 그분(하나님)께만 순종할 뿐
입니다.(2:136)

이미 언급한 것과 같이 이슬람은 하나님께서 인류를 창조하신 후
모든 시대를 통해서 예언자나 사도를 보내 주셨고 그들을 통해서 인
류를 유일신의 종교로 이끌어 주셨다고 믿는 종교이다. 마지막 사도
이자 예언자인 무함마드의 언행록 하디스에 의하면 인류에게 보내
진 예언자의 수는 무려 124,000명에 이른다고 한다.

이슬람에서 말하는 예언자나 사도들은 스스로 미래를 예견하거나
점을 쳐 내일을 내다보는 점쟁이와 같은 사람들을 의미하는 것이 아
니라 하나님의 선택을 받아 그분으로부터 받은 계시의 말씀을 인간
들에게 전하고 믿음을 통하여 구원의 길을 선택하도록 안내해주는
인도자로서 내일을 예언하는 사람들을 말한다. 위『꾸란』구절이 의
미하는 것처럼 무슬림들은 인류의 조상인 아담을 시작으로 하나님
의 마지막 계시를 전달한 무함마드까지 수많은 사도와 예언자들을
구분하지 않고 다 믿어야 하며 또한 그들에게 계시된 정확한 근거의
계시서들을 믿고 따라야 한다. 하나님께서는 지상의 모든 민족들에
게 각 시대를 나누어 수많은 예언자들을 선택하여 그 시대와 민족의

---

65) 알 아스바트(al-Asbāt)는 야곱의 열두 아들을 의미한다.

상황에 맞는 말씀을 전했다. 그리고 이렇게 선택된 예언자들은 시대와 민족은 다르게 하나님의 부름을 받았지만 서로가 서로에게 정신적 힘이 되어 가르침의 길잡이로서 그 역할을 다 할 수 있었다. 『꾸란』에는 노아, 요나, 이브라힘, 이스마일, 이삭, 요셉, 모세, 다윗, 솔로몬, 예수, 무함마드 등 25명의 예언자와 사도들이 언급되어 있다. 그들은 하나님의 말씀에 따라 권선징악(勸善懲惡)을 가르치며 좋은 소식과 나쁜 소식을 동시에 전했는데 좋은 소식은 창조주 하나님에 대한 믿음과 인도를 따르는 사람들에게 주어질 현세와 내세에서의 보상을 말하는 것이고 나쁜 소식은 하나님의 가르침을 거역하고 자연의 순리에 반하는 부도덕한 삶을 추구하는 사람들에게 주어질 징벌을 예고하는 것이다.

예언자(an-Nabi)와 사도(ar-Rasūl)에 대한 이슬람적 견해는 많은 상황에서 이 두 가지가 같은 뜻으로 사용되기도 하지만 이해를 돕기 위한 정확한 의미에서 보면 분명한 차이를 둘 수 있다. 사도(使徒)는 하나님으로부터 성문화된 계시를 받아 이를 인간들에게 전하고 미래에 다가올 일들에 대하여 경고하여 올바른 길을 제시하는 사람을 말하지만 예언자(豫言者)는 성문화된 계시서를 받지는 않았지만 하나님의 말씀을 인간들에게 전달하고 앞으로 있을 일들을 예견하여 경고하며 올바른 길을 제시하는 사람을 말한다. 그래서 모든 사도는 예언자이지만 모든 예언자는 사도가 아닐 수도 있다. 그 예로 인류의 조상으로 불리는 아담은 하나님의 말씀을 전한 예언자이긴 하지만 그분으로부터 성문화된 계시를 받아 전하진 않았다. 그래서 아담을 일컬어 예언자라고는 하지만 사도라고 하지는 않는다. 그러나 모세의 경우에는 하나님의 말씀을 전하기도 했지만 성문화된 말씀을 계시 받아 유대 민족에게 전했기 때문에 사도이자 예언자로 잘 알려져 있다.

이슬람은 아담을 시작으로 마지막 예언자인 무함마드까지 많은 시대에 걸쳐 하나님의 선택을 받은 수천 명의 예언자와 사도들을 통해서 유일신 하나님에 대한 복음이 전해졌고 그들은 모두 하나님의 종복으로서 인류를 구원하기 위하여 그들의 소임을 다한 것으로 믿는다. 이러한 사실들에 대하여 『꾸란』에는 다음과 같이 언급하고 있다.

> 우리(하나님)가 사도들을 보낸 것은 오직 기쁜 소식(복음)을 전하고 경고하기 위한 것이니라. 그러니 누군가 믿음을 가지고 선을 행한다면 그들에게는 어떤 두려움도 없을 것이며 결코 슬퍼하지도 않을 것이니라. 그러나 우리의 예증(『꾸란』)을 부정하는 자들은 그들이 행한 잘못으로 징벌을 면치 못할 것이니라.(6:48-49)

> 모든 민족에게 사도가 보내졌노라. 그들에게 보내진 사도는 공정함으로 심판할 것이니 그들은 결코 부당한 대우를 받지 않을 것이니라.(10:47)

> 우리(하나님)가 그들(사도들)을 인류를 인도하기 위한 이맘(지도자)으로 만들었으니 그들은 우리(하나님)의 명에 따라 (사람들을 올바른 길로) 인도하고 우리가 그들에게 선행을 실천하도록 계시했으니 그들은 예배를 근행하고 자선(자카트)을 행하는, 하나님을 경배하는 종복들이었느니라.(21:73)

『꾸란』에 언급된 25명의 예언자[66]

꾸란에 언급된 25명의 예언자

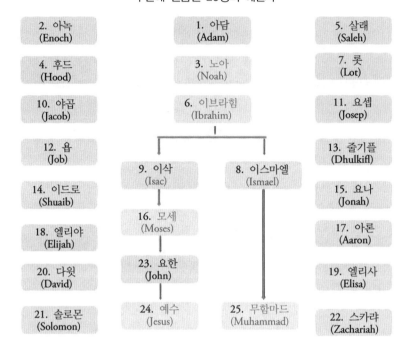

2. 아녹
(Enoch)

1. 아담
(Adam)

5. 살래
(Saleh)

4. 후드
(Hood)

3. 노아
(Noah)

7. 롯
(Lot)

10. 야곱
(Jacob)

6. 이브라힘
(Ibrahim)

11. 요셉
(Josep)

12. 욥
(Job)

9. 이삭
(Isac)

8. 이스마엘
(Ismael)

13. 줄기플
(Dhulkifl)

14. 이드로
(Shuaib)

16. 모세
(Moses)

15. 요나
(Jonah)

18. 엘리야
(Elijah)

17. 아론
(Aaron)

20. 다윗
(David)

23. 요한
(John)

19. 엘리사
(Elisa)

21. 솔로몬
(Solomon)

24. 예수
(Jesus)

25. 무함마드
(Muhammad)

22. 스카랴
(Zachariah)

무함마드의 지위

말하라, 진실로 나는 너희들과 같은 인간에 불과하니 단지 나에게
"하나님은 오직 한 분이라"는 계시가 내렸을 뿐이니라. 그러니 누

---

66) 표와 같이 『꾸란』에는 25명의 사도와 예언자가 언급되어 있으며 그들은 하나님의 부름
을 받아 말씀을 거역하는 백성들을 하나님의 길로 인도하기 위하여 사명을 다했다. 그
러나 그들의 백성들 중 일부는 그들을 인정하고 기쁜 소식을 받아들였지만 또 다른 일
부는 그들의 가르침을 거역하고 불신하며 그들을 박해하기도 하였다. 『꾸란』에는 25명
의 예언자와 사도들 이외에도 시대와 민족에게 적합한 더 많은 예언자와 사도들이 있었
음을 인정하지만 비교적 잘 알려진 대표적인 25명의 예언자와 사도들을 언급하여 그 시
대에 그들에게 주어졌던 사명과 역할에 대하여 이해할 수 있는 계기가 되도록 했다.

군가 주님을 만나고자 하는 자 있다면 선을 행하고 주님을 경배함에 그분과 어떤 동반자도 두지 말라.(18:110)

무함마드는 단지 하나님의 계시를 받은 평범한 한 인간일 뿐 다른 사람들과 다르지 않았다. 그의 삶은 나이 40이 되어 하나님의 사도로서 부름을 받을 때까지 너무나 평범했기 때문에 특별한 것이 없었다. 불우한 환경에서 어린 시절을 보냈음에도 정의롭고 패기 넘치는 평범한 청년으로 성장하여 25세가 되어서 결혼한 후 가정적으로 안정적인 삶을 누리고 사회적으로도 인정받는 평범한 한 가정의 가장이었다. 그러나 사도로서 하나님의 부름을 받은 이후의 그의 삶은 모든 것에서 풍족하고 여유로웠던 이전과 달리 예언자의 직분으로 인하여 온갖 고난과 박해의 중심에서 경제적 어려움까지 가중되어 힘든 하루하루를 보낼 수밖에 없었다. 그럼에도 그는 한순간도 흔들림이 없었으며 오직 하나님의 사도이자 예언자로서 그 역할에 충실했던 것이다. 그 결과 불과 23년이라는 짧은 기간 동안에 아라비아 반도를 이슬람이라는 하나의 정신으로 통일시키고 반도 전체를 지배하는 위대한 통치자가 되었던 것이다. 그럼에도 그는 스스로 양의 젖을 짜서 마셨고, 자신의 신발과 옷을 수선해 입었으며, 집안일을 도와주고, 주변에 있는 가난한 사람들을 돕고, 환자를 방문해 위로해 주는 일을 소홀히 하지 않는 평범한 한 사람이었다.

우리(하나님)가 그들(사도들)을 인류를 인도하기 위한 이맘(지도자)으로 만들었으니 그들은 우리(하나님)의 명에 따라 (사람들을 올바른 길로) 인도하고 우리가 그들에게 선행을 실천하도록 계시했으니 그들은 예배를 근행하고 자선(자카트)을 행하는 (하나님을 경배하는) 종복들이었느니라.(21:73)

무함마드는 너희 가운데 어느 한 사람의 아버지가 아니며 하나님의 사도이자 마지막 예언자니라, 실로 하나님은 모든 것을 알고 계시느니라.(33:40)

(오, 무슬림들이여!) 말하라, 우리는 하나님을 믿고 우리에게 계시된 것과 이브라힘과 이스마일, 이삭과 야곱 그리고 그의 자손들에게 계시된 것과 모세와 예수에게 계시 된 것, 그리고 예언자들이 그들의 주님으로부터 계시 받은 것들을 모두 다 믿나이다. 우리는 그들 중 누구도 구별하지 않으며 오직 그분(하나님)께만 순종할 뿐입니다.(2:136)

이와 같이 『꾸란』은 무함마드의 지위와 역할에 대하여 명백히 규정하고 있다. 그 또한 다른 예언자나 사도들과 다를 수 없으며 인류를 하나님의 사랑으로 인도하기 위하여 복음을 전달할 중책을 맡은 수많은 예언자들 중에서 이 땅에 보내진 마지막 사도이자 예언자의 한 사람에 불과했다. 이와 같이 이슬람은 예언자와 사도들 사이에 어떤 차별도 하지 않지만 그들이 맡은 각자의 임무와 역할에 대해서는 구별할 수 있다. 특히 이전의 수많은 예언자나 사도들이 하나님의 숭고한 사명을 충실히 수행했음에도 안타깝게도 그들에게 전해진 경전들이 시간이 흐름에 따라 소실되기도 하고 인간들에 의해 첨삭이 이루어져 원전이 그대로 전해지지 않은 반면에 무함마드에게 전달된 경전(『꾸란』)은 지금까지 한 획의 수정이나 변경 없이 그대로 전해졌다는 것과 무함마드의 모범적인 삶이 그대로 기록되어 지금까지 전해지면서 사람들에게 삶의 귀감이 되고 있다는 것에서 보다 사실적인 접근이 가능하다는 것이다. 그래서 무함마드가 삶을 통해서 보여준 모범은 사람들에게 순나(Sunna)[67]라는 이름으로 생활의 모든 면에서 지침이 되어 실천되고 있으며 이러한 이유로 무슬림들의 무함마드에 대한 애착과 존경은 어떤 무엇보다 더 각별하다.

『꾸란』에는 무슬림들에게 무함마드의 모범적인 삶을 본받고 이를 추종하는 것은 곧 하나님을 위한 것이며 내세를 위한 것임을 강조하고 있다.

> 진실로 너희들에게 예언자(무함마드)의 훌륭한 모범이 있었으니 그것은 하나님과 내세, 그리고 하나님을 많이 염원하고자 하는 자들을 위한 것이니라.(33:21)

---

67) 순나(Sunna)는 예언자 무함마드의 말과 행동 그리고 묵인한 사항들을 추종하는 행위를 말하며 무슬림들은 이를 추종하는 것으로 더 많은 축복을 얻을 수 있다고 여긴다. 그것은 무함마드가 자신의 삶을 통해서 하나님의 가르침인 『꾸란』을 가장 충실히 실천하였고 그의 모범적인 삶은 무슬림들이 살아가는 일종의 지침과 같은 것이기 때문이다. 이러한 무함마드의 언행을 기록한 책들을 일컬어 하디스라고 한다.

02 『꾸란』에 등장한 대표적인 예언자들

『꾸란』에는 앞의 표에서 보인 것과 같이 25명의 예언자와 사도들이 언급되어 있다. 하나님을 믿는 종교인 유대교와 기독교 그리고 이슬람교는 모두 흙으로 창조한 아담을 인류의 조상으로 시작해서 같은 계보를 이어 오고 있다. 또한 이슬람은 믿음의 대상인 하나님(Allah)에 대하여 유대교와 기독교에서 믿는 하나님(God)과 결코 다르지 않음을 정확히 규정함으로써 마지막 예언자인 무함마드 이전에 하나님의 선택을 받아 말씀을 전한 예언자들과 사도들의 지위를 더욱 공고히 할 수 있었으며 이러한 확신이 있었기 때문에 시대를 초월하여 완성된 믿음의 계보를 이을 수 있었다.

> 우리는 우리에게 계시된 것(『꾸란』)과 너희들에게 계시된 것(구약과 신약)을 모두 믿으며 우리의 하나님과 너희들의 하나님은 같은 분이시니 우리는 모두 그분에게 순종하는 자들(무슬림)입니다라고 그들(유대인, 기독교인)에게 말하라.(29:46)

이와 같이 『꾸란』에는 하나님을 믿는 백성들 즉, 성서를 계시 받아 믿고 있는 유대인들과 기독교인들을 '성서의 백성들(Ahlu al-Kitāb)'로 칭하고 모두 다 그분에게 복종하고 그분의 말씀을 따르는 같은 백성들임을 밝히고 있다. 그래서 『꾸란』에 언급되어 있는 25명 예언자들 중에서 21명은 이미 이전에 계시된 성서들에 의해서 언급되었던 인물들이며 인간들이 유일신에 대한 믿음을 멀리 하고 사회에 악이 만연할 때마다 하나님께서 어김없이 새로운 예언자를 보내주셨는데 그때마다 그들은 하나님의 말씀에 따라 방황하는 인간들에게 이전의 계시들을 일깨워 주고 새로운 구원의 방법을 제시해 주었던 것이다.

본 장은 『꾸란』에 언급되어 있는 25인의 예언자들 중에서 가장 잘 알려진 대표적인 예언자들과 그들에 대한 『꾸란』의 가르침과 역할을 소개한다.

아담(Ādam)의 창조

아담의 창조를 통해서 우리는 하나님의 진정한 창조 목적과 그분의 절대적인 권능, 그리고 그분만이 베풀 수 있는 인류에 대한 무한한 사랑을 이해할 수 있다. 인간을 창조하신 그분의 유일한 목적은 단지 피조물인 인간들이 그분께 경배토록하기 위함임을 『꾸란』에는 분명하게 언급되어 있다.

> 하나님께서는 원하시면 무엇이든 창조하시니, 실로 그분께서는 무엇인가를 원하시어 "있어라"고 하시면 그곳에 (원하시는 그것이) 있느니라.(03:47)

> 우리(하나님)가 인간과 진(Jin, 영마, 요정(妖精))을 창조한 목적은 오직 그들이 나에게 경배토록 하기 위함이니라.(51:56)

아담 이전에 이미 창조되어 존재했던 천사들은 하나님께서 지상에 대리인을 두실 것임을 알고 있었다. 천사들은 아담과 그의 자손들의 창조에 대하여 아담 이전에 살았던 요정들로부터 전해 들었다고 한다.

주께서 천사들에게 말씀하시니 "실로 나는 지상에 대리인을 둘 것이니라." 이에 천사들이 말하길 "세상을 부패하게 하고 피를 보게 하는 '누구를 두시려 하십니까? 우리는 당신의 은혜에 감사드리며 오직 당신에게만 경배 드립니다." 이에 하나님께서 말씀하시니 "실로 나는 너희들이 모르는 모든 것에 대하여 다 알고 있느니라."(02:30)

    하나님께서 서로 다른 땅들에서 가져온 흙으로 아담의 형태를 빚으시고 영혼을 불어 넣으시어 인간으로 창조하셨다. 그리고 아담이 눈을 뜨자 모든 천사들은 그에게 절하여 경의를 표하고 있었는데 단 한 존재만이 조금 떨어진 곳에 절하지 않고 서 있었다. 아담은 자신에게 경의를 표하지 않은 한 존재에 대하여 그것이 어떤 피조물인지 전혀 알지 못했고 그것의 이름조차 알지 못했다고 한다. 그럼에도 천사들은 아담이 자신들과는 다르게 자신들이 모르고 있는 많은 것들에 대하여 알고 있다는 것과 아담이 무엇인가에 대하여 배울 수 있는 능력을 갖추고 있다는 것에 대하여 깨닫게 되었다. 그래서 아담이 창조되자 하나님의 명령에 따라 모든 천사들은 아담에게 절하며 경의를 표했으나 이블리스(Iblis)만 이를 거역하여 하나님의 노여움을 사게 되었던 것이다. 이러한 사실들은 『꾸란』에서 보다 자세한 근거들을 살펴 볼 수 있다.

    우리(하나님)가 천사들에게 아담에게 엎드려 절하라 명하니 모두가 엎드려 절하였으나 이블리스[68]는 이를 거절하며 교만하였으니 그

---

68) 이블리스(Iblis): 천사들은 빛으로 아담은 흙으로 창조되었지만 이블리스는 불로 창조되었기 때문에 스스로 불로 창조된 자신이 흙으로 창조된 아담보다 더 우월하고 나은 존재라고 여기면서 하나님께 감사하기보다는 교만과 자만에 빠져 불신자들과 함께 있게 된다. 이후 하나님의 명을 거역한 후 이블리스는 그분의 노여움으로 저주받은 사탄이

는 불신자들 중에 있었느니라.

하나님께서 말씀하시니 "오, 아담! 너와 너의 아내는 천국에 거주하며 원하는 무엇이든 먹어라. 그러나 이 나무에는 접근하지 말라, 그렇지 않으면 죄지은 자가 될 것이니라."

그러나 사탄이 그들을 유혹하여 천국으로부터 쫓겨나게 하니, 이에 하나님께서 말씀하시니 "너희들은 서로가 서로의 적이 되어 지상에서 한동안 살도록 하라."

아담은 주님의 말씀을 접하고 회개하니 하나님께서 그를 용서하셨느니라. 실로 그분은 사랑과 관용으로 충만한 분이시니라.(02:34~37)

사탄의 유혹은 아담을 불행하게 했으나 이내 아담은 하나님의 본뜻을 이해하고 자신의 위치로 돌아와 회개함으로써 잘못을 용서받게 된 것이다. 그래서 이슬람은 아담이 지은 죄를 원죄(原罪)라는 이름으로 인류가 짊어지고 가야 할 숙제로 묶어 두지 않는다. 아담이 스스로 뉘우쳐 자신의 잘못에 대한 책임을 다함으로써 그의 죄는 후손들에게 대물림되지 않고 끝난 것으로 간주한다.

다음의 『꾸란』 구절들은 아담의 창조와 아담과 함께한 하와(Hawa)[69]를 아담으로부터 창조한 것에 대하여 부연설명하고 있는데 아담과 하와가 창조되어 함께함으로써 인류가 번성하게 되었으며 자손들 중 일부는 믿음을 거역하고 불신하기도 했지만 아담의 뒤를 이은 셋(Seth)[70]은 후손들에게 하나님의 말씀을 전하고 사도로서 그의 역할을 다했다.

되어 불지옥에 들어가게 되었다고 한다.

[69] 하와(Hawa)는 살아서 숨을 쉬는 것을 의미한다. 일설에 의하면 하와는 아담의 가장 짧은 왼쪽 갈비뼈로부터 창조되었다고 한다.

[70] 셋(Seth)은 아담과 하와의 셋째 아들로 구약성서에 나오는 인물이다. 큰아들이었던 카인이 아벨을 죽였기 때문에 하나님께서 아벨 대신 주신 아들로 기록되어 있으며 아담이 죽은 후에 사도직의 책임을 맡아 하나님의 신앙을 후손들에게 전한 것으로 알려져 있다.

오, 사람들이여! 너희들의 주님께 경배하라. 그분께서 하나의 영혼으로부터 너희들을 창조하시고 그로부터 배우자를 두게 하시니 그 둘로 하여금 남녀가 풍성히 번성토록 하였노라.(04:01)
하나님께서 너희들을 하나의 영혼으로부터 창조하시고 그로부터 배우자를 두어 함께 살게 하시어 둘이 결합하여 임신하고 시간이 흘러 몸이 무거워지니 "오, 하나님! 저희에게 착한 아이를 주신다면 실로 저희는 감사하는 자들이 될 것입니다."라고 하나님께 기도하느니라.(07:189)

노아의 백성들

아담의 뒤를 이어 그의 자손들에 의해서 하나님을 숭배하는 신앙은 지속되었다. 성서의 역사에서 아담 이후 노아(Noah)까지 몇 년이 흘렀는지 정확한 근거를 제시할 수는 없지만 유일신 하나님을 믿는 신앙은 많이 퇴색되어 가고 있었다. 노아의 백성들은 자신들이 만든 조각품들을 신으로 경배하기도 하고 또 그들이 만든 우상들이 그들을 악으로부터 보호해 주며 복을 줄 것으로 믿고 있었다. 원래 그들이 만든 우상들은 그들과 함께 살던 훌륭한 사람들이었는데, 그들이 죽자 이를 기념하기 위하여 조각품을 만들게 되었고, 시간이 흐르자 그들은 물론 그들의 후손들까지도 그 조각품들을 신으로 경배하게 된 것이다. 이러한 혼란스러운 상황에서 하나님께서는 사람들에게 그분의 메시지를 전달하기 위하여 노아를 예언자로 파견하여 사람들을 유일신의 길로 인도하도록 하신 것이다. 노아는 달변가였고 인내심이 강한 사람으로서 당시 유일하게 삶을 통하여 보이는 수많은 신비와 자연 현상들을 하나님의 권능으로 이해하고, 하늘과 땅의 소유권은 오직 신성한 창조주에게만 있는 것임을 사람들에게 가르쳤다. 그러나 사람들은 그의 말을 따르지 않았고 불신하였으며 자신들이 누리는 풍요와 안녕이 영원히 지속될 것이라고 믿고 있었다. 노아는 950년 동안 그의 백성들에게 하나님을 믿으라고 호소했지만 그들은 오만하여 그가 전하는 진실을 듣지 못했다.

> 우리(하나님)가 노아를 그의 백성들에게 보내어 오십 년 모자란 천
> 년을 머물게 했지만 (그들은 그를 믿지 않아) 대홍수가 그들을 덮
> 쳤으니 실로 그들은 죄지은 자(불신자)들이었느니라.(29:14)

시간이 지남에 따라 노아에 대한 불신자들의 냉대와 질시는 극에 달했고 하나님의 명에 따라 바다와 멀리 떨어진 뭍에서 방주를 제작하는 노아의 모습은 불신자들에게 조롱과 비웃음거리에 불과했던 것이다. 그럼에도 노아는 흔들림 없이 배를 완성시켰고 하나님의 명을 기다리고 있었다. 『꾸란』 71장(Sūrat Noah)은 이러한 역사적 사실에 대하여 사실적으로 자세히 묘사되어 있다. 예언자 노아의 약 천 년에 걸친 믿음과 그의 백성들을 믿음으로 인도하기 위한 노력과 불신자들의 조롱과 박해에 대한 그의 인내, 하나님의 전지전능하신 속성과 창조의 본질 그리고 유일신에 대한 불신의 결과가 어떤 것인지를 잘 이해할 수 있다.

> 실로 우리(하나님)가 노아를 그의 백성들에게 보낸 것은 그들에게
> 고통스러운 징벌이 닥치기 전에 이를 경고하기 위함이었느니라.
> 노아가 말하길, "오, 백성들이여! 실로 나는 분명한 경고자로서 너
> 희들에게 왔노라.
> 그러니 하나님께 경배 드리고 그분을 두려워하며 나를 따르시오
> 그러면 하나님께서 너희들의 죄를 용서하시어 한동안 (너희의 잘

못을) 유예하실 것이니라. 그러나 하나님께서 정하신 운명은 결코 유예할 수 없음을 너희는 알아야 하니라."

노아가 말하길, "오, 주여! 실로 저는 백성들을 밤낮으로 인도했습니다.

그러나 (믿는 자들은) 늘지 않았고 단지 바른길에서 벗어나는 자들만 있었습니다.

진실로 당신께서 그들을 용서하실 것임을 말할 때마다 그들은 손가락으로 귀를 막고 옷으로 자신들을 가리며 저의 말을 불신하고 오만한 자세를 취할 뿐이었습니다.

그럼에도 저는 그들에게 소리 높여 호소하며 이를 공지하기도 하고 그들에게 비밀스럽게 다가가기도 했습니다."

그리고 그들에게 "여러분의 주님에게 용서를 구하시오. 실로 그분은 용서하시는 분이십니다"라고 말했습니다.

그분께서 하늘에서 비를 내려 주시며,

그분께서 너희들의 재산과 자손을 번성케 해 주시며 너희들에게 정원들을 만들어 주시고 그곳에 물을 흐르게 해주시는 분이시니라. 그럼에도 너희들이 하나님을 두려워하지 않은 것은 무슨 일인가?

실로 하나님께서 여러 단계를 거쳐 너희들을 창조하셨느니라. 하나님께서 일곱 개의 층으로 하늘을 창조하신 것을 너희는 보지 못했는가?

달을 창조하시니 그곳에 빛이 있고 해를 창조하시니 등불이 되게 하셨느니라.

그리고 하나님께서 너희를 흙으로 빚어 땅위에 살도록 하신 후 너희를 흙으로 돌려보내 (부활의 날) 다시 나오도록 할 것이니라. 하나님께서 너희들을 위하여 대지를 융단처럼 펼쳐 주셨으니 이것은 너희들이 그곳에 있는 편안한 길을 걷도록 하기 위함이라.

노아가 말하니 "주여! 실로 그들은 나를 배신하고 그들의 재산과 자손들에게 유익하지 않고 해되는 자들만 따를 뿐입니다.

이슬람과 꾸란

그리고 그들은 엄청난 음모를 꾸미며,

'너희들의 신들을 버리지 말라. 왓드(Wadd)와 수와아(Suwa') 야구
스(Yaguth) 야우끄(Yaūq) 그리고 나스르(Nasr) 신(神)[71]을 포기하지
말라'라 말하니

(오, 주여!) 그들은 이미 많은 사람들을 방황케 하였습니다. 당신께
서 방황하는 불신자들이 늘어나지 않게 해 주소서.

그들은 죄악으로 인하여 수몰되어 불지옥에 들게 되었으니, 당신
이외의 어떤 누구도 그들을 도울 수 없을 것입니다."

노아가 말하니 "오, 주여! 지상에 믿지 않는 자는 한 사람도 남겨
두지 마소서.

실로 당신께서 그들(불신자들)을 남겨 두신다면 그들로 인하여 당신
의 종들은 또다시 방황하고 사악한 불신자들만 낳게 될 것입니다.
오, 주여! 저와 저의 부모를 용서해 주시고 믿음을 가지고 저의 집
에 들어온 자들과 믿는 남성들과 여성들을 용서해 주시옵소서! 그
리고 결국 멸망할 불신자(우상숭배자)들이 늘어나지 않게 해 주소
서."(71: 01~28)

방주는 완성되었고 노아는 하나님의 명령을 기다렸다. 이윽고 하
나님의 명령이 떨어지자 노아는 서둘러 믿는 자들에게 배에 타도록
불렀다. 그는 또한 지상에 있는 모든 종류의 동물들과 새와 곤충 등
을 암수 한 쌍으로 데리고 배에 탔다.

하늘에서 구멍이 난 듯 쏟아지는 폭우와 땅의 갈라진 틈에서 솟구
치는 물이 마른 땅을 순식간에 덮쳤다. 노아와 믿는 자들이 탄 방주
가 산처럼 높은 파도를 따라 표류하기 시작하자 노아는 멀리 떨어져
있는 그의 아들에게 불신자들과 함께하지 말고 방주에 타라고 했다.

---

71) 그들이 숭배한 우상들의 이름이다. 그들은 이러한 이름으로 불리는 우상들 외에도 많은
종류의 우상들을 경배했으나 이 구절에 언급되어 있는 우상들은 그 시대에 불신자들이
경배한 대표적인 우상들로 알려져 있다.

그러나 그의 아들은 노아의 말을 거역하고 높은 산으로 올라가 홍수를 피하겠다고 했지만 파도가 그들 사이를 갈라놓는 순간 그는 불신자들과 함께 물에 잠겨 흔적도 없이 사라져 버렸다.

모든 대지가 물에 잠긴 후 하늘에서 비가 그치고 대지가 물을 삼키면서 땅에는 다시 고요함이 찾아왔고 물이 빠진 메마른 대지는 햇살 속에서 다시 빛났다. 대홍수는 지상의 모든 불신자들과 우상숭배자들을 깨끗이 정화하고 다시 태어나도록 했다. 방주에서 내린 노아와 믿는 자들은 진심으로 하나님께 감사드리고 감사의 표시로 하루 동안 단식을 했다고 한다.

이슬람의 조상 이브라힘

이슬람에서는 이브라힘(Ibrahim)을 믿는 사람들의 조상으로 여길 만큼 그의 신앙적 역할을 중요시한다. 특히 유일신을 숭고히 여기고 조건없는 사랑을 실천하여 모범적인 신앙생활을 한 이브라힘은 이슬람에서뿐만 아니라 기독교와 유대교에서도 믿음의 원천이 된다. 이슬람의 5대 실천사항 중 하나인 성지순례 중에 거행되는 희생제는 숭고한 이브라힘의 신앙심을 기리기 위한 무슬림들의 대표적인 신앙의식으로 볼 수 있다.

이러한 숭고하고 복종적인 이브라힘의 신앙심을 기억하기 위해서는 그가 유년 시절에 보여준 우상숭배에 대한 확고한 태도와 이후 어른이 되어 하나님께서 아들을 제물로 바칠 것을 명하셨을 때 그가 보여준 하나님에 대한 숭고한 신앙심은 항상 믿는 자들의 입에서 회자되어 신앙실천의 본보기가 되고 있다. 『꾸란』에는 이러한 사건들에 대하여 상세하게 묘사되어 있기 때문에 이것은 믿는 자들에게 확신을 갖게 하고 신앙의 깊이를 더할 수 있도록 도와준다.

이브라힘의 아버지 아자르와 그의 백성들에게 말하니 "당신들이 숭배하는 이 우상들은 무엇인가요?" 그들이 "우리는 선조 때부터 그것을 숭배하는 것을 보아 왔느니라."라고 말하니, 이브라힘은 "진실로 당신들과 당신들의 선조들은 분명히 방황 속에 있습니다." 라고 말하더라. 이에 그들은 "너는 우리에게 진실을 말하는가? 아니면 우리를 조롱하는가?"라고 다그치더라. 이브라힘은 "천만에요, 당신들의 주님, 그분은 하늘과 땅을 창조하신 분이시니 저는 오직 당신들에게 (이를 증명하기 위한) 증인일 뿐입니다."라고 말했느니라.(21:52~56)

그리하여 하나님께서 이브라힘에게 하늘과 땅의 왕국을 보여주시니 그가 확신에 찬 신앙인들과 함께 있도록 하였음이라.
밤이 어둠으로 그를 가리니 그는 별들을 보고 "이 별들이 나의 주님입니까?"라고 말하고 아침이 되어 별들이 지자 "나는 지는 것을 좋아하지 않습니다."라고 말하더라.
그는 또한 둥근 달을 보고 "이 달이 나의 주님입니까?"라고 하더니 그 달이 지자 "만일 나의 주님께서 나를 인도하지 않으신다면 실로 나는 방황하는 사람들과 함께하게 될 것입니다."라고 말하더라.
그는 또한 떠오르는 태양을 보고 "이것이 나의 주님이란 말인가? 이것은 모든 것 가운데 가장 큰 것이니라."라고 하더니 저녁이 되어 태양이 지자 "오, 사람들이여! 실로 나는 하나님과 동반자를 두어 숭배하고 있는 너희들과 다르니라."라고 말하며,
"진실로 나는 하늘과 땅을 창조하신 그분께로 나의 얼굴을 돌렸으니 결코 나는 우상숭배자가 아니니라."(6:75~79)

이브라힘

이브라힘은 돌과 나무, 별들과 태양, 그리고 달이나 위대한 성인들을 숭배하는 전형적인 우상숭배 가정에서 태어났다. 그의 아버지 아자르(Azar)는 우상을 신으로 숭배할 뿐만 아니라 우상을 만들어 팔았기 때문에 매일 음식을 장만하여 신전에 바치고 사람들에게 우상숭배를 강요하기도 하였다. 그와는 달리 이브라힘은 어린 시절부터 우상들에 대한 증오심으로 가득 차 있었다. 그는 조각품을 만든 사람이, 자신이 만든 것들을 어떻게 신으로 숭배할 수 있는지 이해할 수 없었다. 그 조각품들은 먹지도 마시지도 이야기 하지도 못하며 자신들 앞에 차려져 있는 수많은 음식들에 파리가 앉아 있어도 쫓지 못하고 또 음식이 썩어가도 어떻게 할 수도 없는데 어떻게 사람들은 그러한 조각품들이 사람들을 이롭게도 하고 해롭게도 할 수 있다고 생각한단 말인가?

어느 날 이브라힘은 사람들이 축제에 나가고 아무도 없을 때 신전에 모셔져 있던 제일 큰 우상 한 개만 남기고 그 우상을 둘러싸고 있던 잡다한 우상들을 모두 부셔버렸다. 사람들이 돌아왔을 때 그들은 자신들이 믿는 신들이 파괴된 것에 대해 크게 화가 나 이브라힘에게 누가 신들을 파괴시켰는지에 대해서 물었다. 이브라힘은 신들 중에서 제일 큰 신이 다른 신들을 모두 파괴시켰으니 궁금하면 그 신에게 직접 물어보라고 말했다. 사람들은 우상들은 돌이나 나무로 만든 것이고 말을 할 수도 들을 수도 움직일 수도 없으며 또한 다른 조각품을 파괴할 수도 없는 단지 조각품에 불과한 것임을 잘 알고 있었지만 오만함으로 그들의 어리석음을 인정하지 않았다. 사람들은 자신들의 우상을 파괴한 이브라힘을 벌하기 위하여 대책회의를 하고 그를 불속에 던져 태워버릴 것을 결의했다. 그들은 자신들의 신들에 대한 헌신의 표시로 장작을 모으고 거대한 웅덩이를 파서 그 속에 불을 피운 후 이브라힘을 묶어 그 불속에 던졌다. 그러나 하나님께서는 이브라힘을 결코 버리지 않으셨다. **"불아, 차게 있어라! 그리고 이브라힘을 안전하게 하라"**(『꾸란』 21:69) 불기둥은 하나님의 뜻에 따라 안전했다. 이브라힘을 뜨겁게 하지도 않았고 타게 하지도 않았다. 그래서 이브라힘은 불속에서 편안하게 하나님을 염원할 수 있었다. 사람들은 훨훨 타오르는 불길도 결코 이브라힘을 해할 수 없음을 알고 그를 풀어 주었다.

이브라힘이 불에 던져져 기적적으로 살아난 사건이 있었음에도 왕을 신격화하고 우상숭배를 삶의 근본으로 삼고 있던 당시의 사회적 분위기를 바꿀 수는 없었다. 이브라힘은 지속적으로 사람들에게 유일신을 믿도록 촉구하고 우상숭배자들을 설득하기 위하여 노력했지만 누구도 자신의 부름을 믿으려 들지 않는다는 것을 알았을 때 이주를 결심했다. 그는 가족들을 데리고 우르(Ur)[72]에서 하란(Haran)을 거쳐 팔레스타인으로 이주했다. 이슬람 전승에 따르면 이러한 이브라힘의 여정 중에 메카에 간 것도 포함되어 있다. 이브라힘은 그의 두 번째 부인이었던 하갈(Hagar)[73]과 그녀의 몸에서 태어난 첫째 아들 이스마일을 데리고 메카로 이주하게 되었는데 당시 이스마일은 아직 젖을 떼지 않은 어린아이였다. 긴 여행 끝에 어렵게 메카에 도착했음에도 이브라힘은 그들을 그곳에 두고 돌아갔다. 하나님의 뜻이었기 때문이다. 사막 한가운데 버려진 하갈과 이스마일은 살기 위해서 물을 찾아 헤매었고 누군가 도움을 청할 사람이 있지 않을까 열심히 찾았지만 개미 한 마리도 찾을 수 없었다. 그녀는 울부짖으며 사파(Safa')와 마르와(Marwa) 두 동산사이를 일곱 바퀴나 돌았지만 물을 구할 수는 없었다. 결국 그녀는 물 구하기를 포기하고 하나님께 운명을 맡겼는데 그 순간 기적이 일어났다. 발밑에서 물이 솟아나기 시작한 것이다. 발밑에서 잠잠(ZamZam)수가 솟아나기 시작한 것이다. 하나님께서 이스마일과 그의 어머니 하갈에게 자비를 베푸신 것이었다.

이브라힘은 일정 기간이 지난 후에 다시 그들을 찾아왔는데 잠잠 샘 근처에서 사냥을 위하여 화살을 다듬고 있는 어엿하게 성장한 이

---

72) 우르(Ur): 오늘날 터키의 우르파 지역

73) 이브라힘의 첫 번째 부인이었던 사라(Sara)는 불임이었다. 이브라힘이 나이가 들고 머리가 희어졌음에도 자식을 얻지 못했기 때문에 사라는 남편으로 하여금 자신의 몸종이었던 하갈을 아내로 삼도록 했다. 하갈은 이내 아들 이스마일을 낳았고 이후에 두 번째 아들인 이삭이 사라로부터 태어나게 되었다.

스마일을 보고 기쁨을 금할 수 없었다.

이브라힘은 하나님께서 잠잠 샘이 있는 그곳에 제단을 쌓고 경배드릴 수 있는 집을 한 채 지으라고 명하신 것을 이스마일에게 설명하고 그의 도움을 청했다. 그들은 주변의 돌들을 모아 토대를 만들고 사막에 떨어진 운석을 옮겨와 제단을 쌓고 예배소를 완성한 후 그곳에서 감사예배를 드렸는데 그들의 가슴속에는 하나님을 향한 경외심과 헤아릴 수 없는 그분의 축복과 사랑으로 가득 차올랐다. 이렇게 해서 만들어진 것이 오늘날 메카에 있는 하나님의 집 카으바(Kaaba)이다.

이브라힘과 이스마일이 그 집(카으바)의 주춧돌을 쌓아올리며 오, 주님이시여! (저희들의 노력을) 받아들여 주시옵소서! 실로 당신께서는 모든 것을 들으시고 모든 것을 아시는 분이십니다.(2:127)

그러던 어느 날 이브라힘은 아들 이스마일을 제물[74]로 바쳐야 한다는 하나님의 뜻을 꿈에서 접하고 이를 수행해야 함을 아들에게 말했다. 이에 이스마일은 하나님의 의지에 추호의 주저함이나 불평이나 두려움 없이 바로 그분의 명에 자신을 맡겼다. 『꾸란』에는 이브라힘과 이스마일 부자의 숭고한 신앙 정신과 관련한 이 사건을 다음과 같이 언급하고 있다.

---

[74] 이때 이스마일의 나이는 13세였다고 『꾸란』 해설가들은 전한다. 구약의 창세기에는 이브라힘이 제물로 바쳤던 아들은 이스마일이 아니라 이삭이라고 전하는데(창세기 22:1~18) 이삭은 이브라힘이 100살 때 태어났고 이스마일은 이보다 14년 전 그가 86세 때 태어났다고 전한다. 이 말은 이삭이 태어나기 전 14년 동안 이스마일은 이브라힘의 독자로 있었음을 의미한다. 그래서 창세기 22장 2절에서 말하는 "그분께서 말씀하사 그대가 가장 사랑하는 독자를 데리고 모리아 땅으로 가서 제단에 올려라."라는 말은 희생(번제)의 대상은 이삭이 아니라 이스마일임을 반증해 준다. 이삭이 태어나기 전에 이스마일이 이미 독자로서 14년 동안 있었기 때문에 이스마일을 의미함은 의심할 여지가 없다. 또한 "모리아 땅"을 예루살렘에 있는 한 언덕이라고 말하는 의견에 무슬림학자들은 그곳은 이스마일이 어린 시절을 보낸 메카의 "마르와 동산"임을 근거로 제시한다. (The Holy Qur'an, Trans &Commentary, Abdullah Yusuf Ali, Jeddah: Dar al-Qiblah)

그(이스마일)가 그(이브라힘)와 함께 일할 수 있는 나이가 되었을 때, 이브라힘이 말하니 "오, 아들아! 실로 내가 너를 희생시키는 것을 꿈에서 보았는데 너의 생각이 어떤지 알고 싶구나." 이에 그가 말하니 "아버지 당신께서 명령 받으신 대로 하십시오 당신께서는 제가 하나님의 뜻을 따르는 인내하는 한 종임을 알게 되실 것입니다."
두 사람은 (하나님의 말씀에) 순종하고 이스마일의 머리를 숙이려 했을 때
우리(하나님)가 그를 부르니, "오, 이브라힘!
너는 그 꿈을 확신하였으며 (이미 그것을 이행한 것이니라), 실로 우리는 선을 행하는 자들에게 보상을 베풀 것이니.
진실로 이것은 분명한 시험이었느니라,
그래서 우리(하나님)는 큰 희생(양)으로 그(이스마일)를 대신하였느니라."(37:102~107)

이와 같이 이브라힘의 순종적인 신앙심은 하나님의 의지에 조건 없이 복종하는 이슬람적 신앙관과 일치되며 이러한 이유로 이슬람을 이브라힘의 종교로 부르기도 한다. 그것은 예언자 이브라힘이 그의 삶의 모든 면을 통해서 하나님 한 분을 믿는 일신교의 기틀을 잡았고 이를 그대로 실천한 예언자들 중 한 분이었기 때문이다.

이브라힘은 유대인도 기독교인도 아니었으니 그는 한 분이신 (하나님을 믿는) 순수한 무슬림이었으며 어떤 다신행위도 하지 않았느니라.(3:67)

예언자 모세 이야기

예언자 모세의 이야기는 이집트를 통치하며 야곱의 후손들[75]을 억

---

75) 야곱의 후손들은 이스라엘 사람들을 말하며 파라오 폭정하에 그들은 파라오에게 예속되어

압한 폭군 파라오로부터 시작된다. 파라오는 모든 백성들이 그에게 복종하고 그를 신으로 숭배하도록 했으며 특히 이스라엘 사람들에게는 노동을 착취하며 심한 박해를 하였다. 파라오왕조는 대를 이어 성공적으로 이어져 내려 왔다. 그들은 백성들에게 자신들이 만든 신들을 믿을 것을 강요했으며 스스로 그 신들의 대변인임을 자청했다.

그러던 어느 날 파라오는 꿈속에서 하나의 불을 보았는데 그 불은 예루살렘에서 이집트로 날아와 한순간에 이집트인들과 콥트인들의 집은 다 태워 버렸지만 이스라엘 사람들이 사는 집에는 어떤 해도 끼치지 않았던 것이다. 파라오는 자신이 꿈속에서 본 환영이 무엇을 의미하는지 마법사들과 사제들을 불러 알아보았다. 그들은 파라오의 왕국에서 장차 이스라엘의 자손들 중에서 한 사내아이가 태어날 것이고 이집트는 그에 의해서 멸망할 것이라고 충고했다.

실로 파라오는 그의 땅에서 오만하여 그는 백성들을 여러 무리로 나누고 한 무리를 심하게 박해하였으니 그들의 남자아이들을 모두 살해하고 여아들만 남겨놓도록 하였노라, 실로 그는 폭군들 중 하나였느니라.(28:4)

파라오는 이집트에서 태어난 이스라엘의 사내아이들을 모두 죽이라고 명령했다. 이러한 혼란기에 모세는 태어났으며 그의 어머니는 두려움에 떨며 숨어서 그를 키울 수밖에 없었다. 그때 하나님의 계시가 있었는데 그것은 갓 태어난 모세를 바구니에 넣어 나일강물에 띄우라는 것이었다.

있었다. 그들은 그를 위해 무임금으로 노동을 강요당했으며 모든 비천함의 수단으로 사용되어졌던 사람들이다. 신적인 존재로 군림하던 파라오체제하에서도 그들은 유일신에 대한 믿음의 끈을 놓지 않았으며 비교적 순종적으로 그들에게 명령된 일을 하면서 살았다.

그래서 우리(하나님)는 모세의 어머니에게 "그에게 (배불리) 젖을 먹이고 만일 (그를 양육함에) 두려움이 있다면 그를 강물에 던지도록 하라, 그러나 결코 두려워하거나 슬퍼하지 말라. 진실로 우리는 그를 너에게로 다시 돌려보낼 것이며 그가 사도 중의 한 사람이 되도록 할 것이니라."라고 계시하였느니라.(28:7)

계시가 모세의 어머니에게 전달되자 그녀는 즉시 실행에 옮겼다. 그녀는 모세에게 배불리 젖을 먹인 다음 그를 바구니에 안전하게 넣고 물 위에 띄웠다. 그녀는 가슴이 아프고 불안했지만 그가 하나님의 보호 속에 있을 것임을 알았기 때문에 참을 수 있었다. 바구니는 잔잔한 물결을 따라 흘러 가다가 어느 한 곳에 멈춰 섰는데 그곳은 파라오가 살고 있는 궁궐의 강둑이었다. 이윽고 아기가 들어있는 바구니는 궁궐의 하녀들에게 발견되어 왕비에게 전달되었다. 왕비는 포악한 파라오와 달리 믿는 사람이었으며 자비로운 여성이었다. 그녀는 아이가 없었으므로 항상 슬퍼했고 아이를 갖고자 했기 때문에 바구니 속에 버려진 모세의 출현은 그녀에게 한없는 축복이자 기쁨이었다. 파라오는 자신의 아내가 갓난아이를 안고 기뻐하는 것을 보고 깜짝 놀랐다. 그녀는 파라오에게 자신이 아이를 아들로 삼아 키우도록 해줄 것을 청하였다.

파라오의 아내가 말하니, "이 아이가 나와 당신을 편안하게 할 것이니 절대 죽이지 마세요! 이 아이는 우리에게 유익할 것이니 양자로 삼을 수도 있을 것입니다." 그들은 그들에게 어떤 일이 일어날 것인지 결코 알지 못하더라.(28:09)

그렇게 해서 모세는 파라오의 왕궁에서 살게 되었다. 왕비는 궁궐 안에 있는 유모들을 불러 모아 모세에게 젖을 먹이고자 했지만 모세는 어떤 유모의 젖도 먹지 않았고 울기만 했다. 왕비는 크게 걱정했지만 도리가 없었다. 급기야 왕비는 궁 밖에서 사는 한 여자를 불러들여 그녀의 젖을 먹도록 해 보았는데 어떻게 된 일인지 모세는 바로 그녀의 젖을 먹기 시작했다. 파라오와 왕비는 신기함과 이상함이 교차했지만 모세가 젖을 먹는다는 기쁨에 그녀가 누구인지 그리고 왜 모세가 그녀의 젖만을 거부하지 않고 먹는 것인지 묻지 않았다. 우여곡절 끝에 그녀는 왕궁에서 한동안 모세에게 젖을 먹이며 유모로서 역할을 할 수 있었다. 그녀가 바로 모세의 친모였다. 그래서 모세는 친모의 젖을 먹으며 궁궐에서 왕자로 성장했다. 그는 건강하고 총명하며 정의롭게 성장했다.

> **그가 성장하여 어른이 되었을 때 우리(하나님)는 그에게 현명함과 지식을 주었으니 실로 우리는 선을 행하는 자들에게 보상을 하느니라.**(28:14)

반듯하게 성장한 모세는 자신의 정체성으로 인하여 번뇌의 나날을 보내고 있었다. 그러던 어느 날 모세는 길거리에서 이스라엘인이 이집트인에게 맞고 있는 것을 보았는데 이스라엘인을 도와주려 이집트인을 밀치며 말리는 상황에서 그만 이집트인이 죽고 말았다. 자신이 사람을 죽였다는 사실에 모세는 깊은 슬픔에 빠졌으며, 살인을 한 자신은 더 이상 이집트에 머물 수 없다는 것을 깨닫고 서둘러 이집트를 떠났다.

그는 동행할 어떤 사람도 탈것도 없이 혼자서 8일 밤낮을 걸어서 미디안76)에 도착했다. 뜨거운 사막의 유일한 벗은 하나님에 대한 막연한 믿음과 경건함뿐이었다. 사막을 가로 질러 미디안에 도착한 그는 우연히 우물가에서 양들에게 물을 먹이기 위하여 막연히 기다리는 두 여인들을 발견했다. 그녀들은 남자 양치기들이 양들에게 물을 다 마시게 한 후에야 자신들도 양들에게 물을 마시게 할 수 있다고 했다. 모세는 거친 사막에서 남자들이나 할 수 있는 어려운 양치기 일을 하고 있는 그녀들을 측은히 여겨 그녀들을 대신해서 양들에게 물을 먹여 주었다. 『꾸란』에는 이에 대하여 다음과 같이 언급하고 있다.

> 그때 두 여인 중에 한 여인이 모세에게 다가와 수줍어하며 말하니 "실로 저의 아버지77)께서 당신을 초대하여 저희를 위하여 양에게 물을 먹여준 은혜에 보답하고자 합니다." 그래서 그(모세)는 그 여성의 아버지에게 가서 (지나온 일들을) 말했더니 그는 "두려워하지 마시오, 당신은 사악한 백성들로부터 구제된 것이요."라고 말하더라. 두 여인 중 한 여인이 말하니 "오, 아버지! 그를 고용하소서. 실로 그는 아버지께서 고용한 자들 중에서 가장 힘이 세고 믿을 수 있는 사람입니다."
> 그녀들의 아버지가 말하니 "나는 나의 두 딸 중 한 딸과 당신을 혼인시키고자 하니 이것은 나에게 8년 동안 봉사하는 조건이니라. 그리고 만일 당신이 10년을 채운다면 이는 당신의 뜻이니 나는 결코 당신에게 어려움을 지워주고자 함이 아니니라. 하나님의 뜻이라면 당신은 내가 정녕 선을 베푼 것임을 알게 될 것이니라."(28:25~27)

---

76) 미디안(Midian): 구약성서에 나오는 고대 민족으로 오늘날 이스라엘 동남쪽 아라비아 반도에 살았던 민족이다. 최근 고고학적 발굴로 인하여 요르단 남부와 사우디아라비아의 홍해 연안 헤자즈 지방에서는 미디안의 고유한 물질문명인 성벽을 갖춘 고대 도시의 유적들이 발견되고 있다. 특히 기원전 13~11세기경 제작된 채색 토기는 그리스 남부 문명의 중심지였던 미케네 채색 전통의 영향을 받은 것으로 평가된다.

77) 이드로(Idro):그는 유목민 미디안 족(族)의 사제(司祭)였으며 모세는 그의 딸 시뽀라를 아내로 맞이하여 게르솜과 엘리에젤 두 아들을 얻었다.

미디안에서 양을 치며 사색으로 보낸 10년은 모세에게 자신이 누구인지 진정한 정체성을 되찾는 기회가 되었으며 자연의 섭리를 통해서 신의 존재와 자신의 내면 깊은 곳으로부터 갈망하는 의무감을 일깨워 주었다. 그는 더 이상 지체할 수가 없었다. 이집트로 돌아가겠다는 그의 결정은 오직 신이 정한 운명에 순응하는 것뿐이었다. 파라오의 폭정, 살인을 하고 쫓기고 있는 자신, 마술과 온갖 신들이 존재하는 그곳을 다시 찾는 것은 오직 신의 부름에 복종하는 예언자의 사명일뿐이었다. 모세는 온 몸으로 하나님의 권능을 느끼며 이집트를 향해 길을 떠났다.

> 그리하여 모세가 기간을 채우고 그의 가족과 함께 여행을 하던 중 뚜르(Tur)산 쪽에서 불을 발견하고 그의 가족에게 말하니 "기다리시오, 실로 내가 불을 보았나니 그곳으로부터 어떤 소식을 가져오거나 불을 가져와 따뜻하게 해주리라." 모세가 그곳에 이르렀을 때 축복받은 나무가 있는 오른쪽 계곡 한 곳에서 부르는 소리가 있었으니 "오, 모세야 실로 내가 이 세상의 주(主) 하나님이니라. 그러니 너의 지팡이를 던져보라." 그래서 그가 그것을 보았을 때 그것이 마치 뱀처럼 움직이니 (그가 놀라) 물러서 돌아보지 못하니 "오, 모세! 받아들여라, 그리고 두려워하지 말라, 실로 너는 안전할 것이니라. 그리고 너의 손을 주머니에 넣었다가 빼 보라, 티 없이 깨끗한 하얀 손이 되어 나올 것이니라. 그래서 너의 손을 가까이 하여[78] 두려움을 없애 주리라. 이 두 가지가 너의 주님께서 파라오와 그의 족장들에게 보여줄 증거(Burhan)이니 실로 그들은 사악한 자들이니라."(28:29~32)

---

78) 원뜻은 '날개를 접어 두려움으로부터 멀리하도록 하리라.'이다. 새는 두려움을 느끼면 날개를 펴서 날아갈 준비를 하지만 두려움이 없어지면 날개를 접고 안정된 자세를 취하는데 이를 표현한 것이다.

파라오는 자신의 전능함과 절대적인 권위에 도전하는 모세를 용서할 수 없었다. 파라오가 아닌 또 다른 신을 숭배하는 것은 그의 왕국에서 절대 허용될 수 없었으며 이에 대한 처벌은 투옥되거나 사형에 처해지는 것이 관례였던 것이다. 하물며 파라오가 베푼 은혜와 스스로 행한 용서받지 못할 살인죄를 망각한 모세의 처사는 파라오를 능멸하는 도저히 용서받을 수 없는 것이었다. 그럼에도 10년 만에 돌아온 모세는 뜻을 굽히지 않고 유일신 하나님과 그분의 은혜 그리고 천국과 지옥을 말하며 오직 그분만이 절대자임을 강력히 주장한 것이다.

하나님의 기적은 모세가 강력한 파라오를 대면해 이길 수 있도록 이미 준비되어 있었다. 『꾸란』에는 파라오 폭정하에 시달리는 이스라엘 백성들을 안전하게 인도하기 위하여 모세를 통해 보여준 수많은 하나님의 기적들이 언급되어 있다. 모세가 보여준 수많은 기적들 중에서 가장 돋보이는 2가지 기적은 모세가 마술을 통해서 파라오에게 보여준 기적이었으며 또 다른 하나는 모세가 이스라엘 백성들을 이끌고 홍해를 건널 때 보여준 기적이었다. 영악한 파라오와 그의 신하들은 이러한 기회를 틈타 유일신에 대한 믿음을 주장하는 모세의 기세를 꺾으면서 자신이 절대적인 숭배의 대상임을 백성들에게 심어 주고자 했다.

당시 이집트 전역에는 마술이 아주 성행했었다. 사람들을 마술사들이 보여주는 마술에 매료되어 울고 웃으며 행복해 했다. 파라오는 이집트 전역에서 최고의 마술사들을 불러 모세와 마술을 겨루어 그에게 이기면 큰 상을 내릴 것임을 약속했다. 사람들은 이 큰 시합을 보고자 흥분하여 모여들기 시작했다. 파라오와 그의 마술사들은 자신들이 보여줄 마술로 사람들을 현혹시키고 모세를 사기꾼으로 몰아 파라오만이 오직 유일한 숭배의 대상임을 과시하고자 했던 것이다.

> 그들(마술사들)이 "모세, 그대가 먼저 던지겠나? 아니면 우리가 먼저 던져 마술을 보일까?"라고 말하니, 모세가 "당신들이 먼저 하시오." 그때 그들이 밧줄과 지팡이들을 던져 마술을 부리니 실로 그 것들이 살아 움직이더라.(20:65~66)

파라오의 병사들과 추종자들은 크게 환호였고 사람들은 경악하며 박수를 보냈다. 그때 모세는 긴장하며 자신이 들고 있던 지팡이를 던졌다.

> 우리(하나님)가 말하니 두려워 말라, 진실로 너는 (그들보다) 위에 있노라. 그러니 너의 오른 손에 있는 것을 던져라, 그것이 순식간에 그들이 음모한 마술을 삼켜버릴 것이니 실로 마술사들은 그들이 획책한 그것으로는 성공하지 못할 것이니라.(20:68~69)

그것으로 모든 상황은 종료되었다. 파라오가 초청한 마술사들이 던진 지팡이와 밧줄들이 뱀으로 변해서 꿈틀거리는 것을 보고 환호하던 군중들은 모세가 던진 지팡이가 거대한 뱀으로 변해 그 뱀들을 한 마리씩 차례로 삼켜 버린 후 어느 순간 거대한 뱀은 지팡이로 변해 모세의 손에 쥐어져 있었던 것이다.

> 그러자 마술사들이 엎드려 절하며, "우리는 모세와 아론79)의 주님

---

79) 아론(Aaron): 아랍어로는 하룬(Hārūn)으로 불리며 모세의 형으로 언변이 좋아 모세와 함께 파라오를 찾아가 지팡이의 기적을 보이는데 일조했다고 한다. 또한 그는 동생 모세를 도와 이스라엘 민족이 파라오의 폭정으로부터 벗어나 이집트(애굽)에서 나올 수 있

을 믿습니다."라고 하였느니라.(20:70)

모세와 파라오의 갈등이 심화되자 파라오의 횡포는 더욱더 심해
졌고 그럴수록 모세는 이스라엘 자손들을 노예에서 해방시켜 줄 것
을 강력히 요구했다. 파라오는 결코 모세의 메시지를 믿지 않았고
또한 이스라엘 자손들에 대한 횡포도 멈추지 않았다. 모세는 하나님
을 찾았다.

> 오, 주여! 실로 당신께서 파라오와 그의 신하들에게 현세의 영광과
> 부귀를 주었나이다. 오, 주여! 그럼에도 저들은 (사람들을) 당신의
> 길에서 방황하게 합니다, 오, 주여! 저들이 누리는 부를 멸하게 하
> 시고 믿지 않는 자들의 마음을 굳게 하여 고통스러운 벌을 받게
> 하소서. 하나님께서 답하시니, 너희들의 기도가 받아들여졌노라.
> 그러니 너희들은 바른길을 따르고 무지한 자들이 가는 길을 따르
> 지 말라.(10:88~89)

모세는 더 이상 파라오와의 설전과 대치를 지속할 수 없었다. 하
나님께서 그의 백성들을 이집트 밖으로 인도하도록 영감을 주셨던
것이다. 이스라엘 백성들 중 많은 수는 파라오를 두려워한 나머지
모세를 따라 이집트를 떠나는 것에 대하여 주저하였다. 그러나 모세
는 파라오와의 수많은 설전 끝에 그로부터 이스라엘 백성들이 이집
트를 떠나도 좋다는 내키지 않는 허락을 받았다. 파라오 역시 반신
반의하며 설마 그들이 이집트를 떠날 수 있을까 하는 마음에서 그들
에게 이집트를 떠나는 것을 허락한 것이다. 그러나 모세의 결심은
단호했고 더 이상의 지체도 타협도 용납하지 않았다.

도록 지원하기도 했다.

이집트를 떠나는 이스라엘 백성들의 행렬은 파라오의 추적을 피해 홍해를 향해 이동해 갔다. 그들이 홍해에 도달했을 때 그들의 앞은 통과할 수 없는 바다의 장벽으로 막혀져 있었고 뒤는 폭군 파라오의 추적으로 죽음만이 반길 뿐이었다. 사람들은 심하게 동요했고 그들 중 일부는 다시 노예로 돌아가는 것을 갈망하기도 했다. 그러나 기적은 있었다. 동요하는 사람들을 뒤로하고 앞으로 나선 모세가 지팡이를 들어 바다를 내려치자 일순간 바다는 갈라졌고 길이 만들어졌다. 모세는 사람들을 이끌고 홍해를 건넜다. 진실로 주님은 모세와 그의 백성들을 위하여 함께하셨던 것이다.

> 동쪽에서 그들(파라오의 군인들)이 추격하여 따라오니
> 서로가 (가까워져) 서로를 보게 되자
> 모세의 추종자들이 (두려움에 떨며 말하니) 실로 우리는 패배하게 될 것입니다.
> 모세가 말하니 결코 그렇지 아니하리라.
> 나의 주님께서 항상 함께하시며 나를 인도하실 것이니라.
> 그래서 우리(하나님)가 모세에게 명(계시)하니 너의 지팡이로 바다를 내려쳐라.
> 그렇게 하자 바다는 두 갈래로 갈라져 마치 거대한 산처럼 나누어졌느니라.
> 그리고 우리는 그곳으로 그들을 가까이 인도하고 (파라오의) 군대를 뒤쫓게 한 후
> 모세와 그를 따르는 모두를 안전하게 구하고,
> 다른 사람들(파라오의 군대)을 물속에 가두어 수장시켰느니라.
> 실로 (하나님에 대한 확실한) 예증이 그곳에 있었으나 그들 중 많은 사람들은 이를 믿지 아니하였느니라. 진실로 너의 주님, 그분은 전능하신 분이시며 자비로우신 분이시니라.(26:60~68)

폭군 파라오는 하나님의 징벌을 피할 수 없었다. 또한 이집트의 백성들은 자신들이 신으로 숭배하고 복종하던 절대자 파라오가 자신에게 닥친 죽음마저 피해갈 수 없는 한 인간에 불과함을 눈으로 보고 직접 느낄 수 있었다.

이에 반해서 파라오의 폭정과 우상숭배에 잘 길들여진 이스라엘의 백성들은 하나님의 기적으로 고통과 억압에서 벗어났음에도 은혜에 감사할 줄 몰랐다. 그럴수록 모세는 그의 백성들이 하나님을 두려워하고 하나님의 법을 지키며 살 수 있는 약속의 땅으로 인도해 줄 것을 진심으로 기도했다.

> 하나님은 이스라엘의 자손들에게 바다를 안전하게 건너게 하니 그 곳은 우상을 섬기는 자들이 있는 곳이더라. 그들이 말하니 모세여, 그들이 가지고 있는 신들과 같은 신을 만들어 주시오 이에 모세가 말하니 실로 당신들은 무지한 사람들이라. 이 사람들은 그들의 우상숭배 행위로 인하여 멸망할 것이니 그들의 (우상숭배) 행위는 참으로 헛된 것이니라.
> 모세가 말하니 어찌 나에게 너희들을 위하여 하나님이 아닌 다른 신을 구하라 하는가? 세상에서 너희들에게 보다 큰 은혜를 베푸신 분이 바로 그분(하나님)이시니라.(7:138~140)

그들의 방랑은 시작되었다. 특별한 목적지도 없이 걷고 또 걸었다. 모세는 방황하며 그의 백성들을 데리고 시나이 산[80]으로 들어갔다. 그리고 하나님께 백성들을 인도할 율법을 내려주실 것을 간절히

---

[80] 시나이 산은 Har Sinai, Jabal Mūsā라고 부르기도 한다. 이집트의 시나이 반도 중남부에 있는 화강암 봉우리로 유대 역사에서 하나님께서 그 모습을 드러낸 중요한 장소로 알려져 있다. 구약성서(출애굽기 20, 신명기 5)에는 이곳에서 하나님께서 모세에게 10계명을 내렸다고 기록되어 있다. 이집트에서 이스라엘 자손들이 탈출한 경로에 관하여 학자들 간에 이견이 있음에도 시나이 산은 오래전부터 유대교, 기독교, 그리고 이슬람교에서 전설적인 장소로 인정되고 있다.

기도하였다. 하나님께서는 모세에게 40일 동안 단식을 하고 몸과 마음을 깨끗이 한 후 시나이 산을 오르면 백성들을 다스릴 율법을 내려 주시겠다고 약속하셨다.

> 하나님께서 말씀하시니 오, 모세! 진실로 나의 메시지로써 그리고 나의 말로써 사람들 중에서 너를 택하여 정결히 했으니[81] 내가 너에게 준 것을 가져라. 그리고 감사하는 사람들과 함께하라. 그리고 우리(하나님)는 그를 위하여 모든 것을 말씀으로 자세하게 이 모든 것에 관하여 판(版)에 기록하고 그에게 말하니, 이것을 결연한 자세로 가져가 너의 백성들이 최선을 다하여 지키도록 명하라. 너희들에게 불신자들의 거처가 (어떠할지) 보여주리라.(7:144~145)

모세가 하나님의 명령에 따라 이스라엘 백성들을 믿음의 길로 인도하기 위하여 서판을 가지고 산에서 내려왔을 때 그의 백성들은 유일신 하나님을 경배하는 사람들과 우상숭배자들로 나뉘져 있었다. 금송아지를 만들고 그것을 숭배하며 그 주변에서 춤추고 노래하는 백성들의 모습에서 모세는 격노했다. 그는 그들을 위해 가져온 하나님의 율법이 담겨있는 서판을 던져버리고 우상숭배자로 변해버린 사람들을 보며 형 아론에게 크게 화를 냈지만 아론의 무능함을 어떻게 할 수도 없었다.

모세가 기도하니 "오! 주여, 저와 그리고 저의 형을 용서 하소서[82]

---

81) '내가 택하여 정결히 했다(istafaituka)'는 평범하던 모세를 하나님의 계시를 받아 사도로서 그 역할을 할 수 있도록 선택하여 정화했음을 말한다. 동정녀 마리아가 평범한 처녀로 있다가 예수를 잉태할 수 있었던 것도 하나님께서 처녀였던 마리아에게 택함과 정화(istifa')과정을 거쳤기 때문에 가능했으며 메카에서 평범하게 있었던 무함마드가 하나님의 계시를 받을 수 있었던 것도 마찬가지로 이해될 수 있다.

82) 아론(Aaron): 모세보다 3살 위의 형으로서 그를 도와 출애굽을 하는 데 많은 역할을 했

그리고 저희를 당신의 자비 속에 있도록 해 주소서. 실로 당신께서
는 가장 자비로우신 분이십니다.”
실로 송아지를 택하여 숭배한 자들에게는 주님의 노여움이 있을
것이며 현세의 삶이 수치스러울 것이니라. 또한 우리(하나님)는 거
짓된 자들을 벌할 것이니라. 그러나 잘못을 행한 후 이를 회개하고
(진심으로) 믿는 자들은 너의 주님께서 용서하시고 자비를 베푸실
것이니라.
노여움이 가라앉자 모세는 던졌던 서판들을 다시 집어 드니 그
안에는 하나님을 두려워하는 자들을 위한 인도와 자비가 있더라.
(7:151~154)

모세는 그의 백성들로 인하여 많은 고통과 인내를 감수해야 했다.
백성들의 불신과 학대에도 불구하고 그는 그들을 유일신 신앙으로
인도하기 위하여 지속적으로 노력했다. 이후 그는 백성들을 데리고
‘약속의 땅’ 가나안으로 들어가고자 40년 동안 방랑생활을 계속했지
만 결국 그곳에 도달하지 못하고 죽음을 맞이하게 된다. 모세가 120
세로 죽음을 맞이했을 때 그의 백성들은 여전히 광야를 헤매며 방황
하고 있었다.

하나님의 예언자로서 그리고 하나님으로부터 직접 말씀을 전달받
은 자[83]로서 사명을 가지고 이집트 땅에서 파라오와 그의 신하들을
대적하여 수많은 기적들을 보여 주고 진리의 길을 제시해 주었던 모
세와 같은 위대한 예언자는 이스라엘 자손들에게 더 이상 없었다.

다. 모세의 입으로 알려지기도 한 그는 뛰어난 언변으로 파라오를 회유하여 그의 폭정
에서 유대 백성들을 벗어나게 할 수 있었다. 모세가 시나이 산에서 하나님의 말씀을 접
하고 있을 때 그는 백성들이 금송아지를 만들어 우상으로 숭배하는 것을 막지 못했으며
이로 말미암아 모세가 크게 화를 냈던 것이다. 그러나 모세의 간절한 기도와 그의 회개
로 하나님께서 그의 잘못을 용서했다.

[83] 『꾸란』(4:164)에는 하나님께서 모세에게 말씀을 직접 전했다고 해서 모세를 칼리-물라
(Kalīmullāh, 하나님께서 말씀을 직접 전한 사람)로 칭한다.

5부

이슬람의
실상

[개관] 평화의 인사 "앗 쌀라무 알라이쿰!"

　세상에 존재하는 많은 종교들은 그 종교를 시작한 창시자 또는 그 민족의 이름을 따서 불리곤 한다. 예를 들면 유대교는 유대 민족의 이름으로 기독교는 예수의 이름으로 그리고 불교는 석가모니의 이름으로 그 종교를 의미하며 불리고 있다. 이러한 표현들과는 달리 이슬람은 어떤 특정 민족이나 국가 그리고 개인에게 국한되어 불리지 않고 순수하게 언어적으로 '복종' '순종'을 의미하는 '이슬람' 그 자체로 불리고 있다. 이것은 이슬람이 어느 특정한 인물이나 공동체, 민족에 국한되어 믿어지는 종교가 아니라 인종과 민족, 빈부귀천, 시공을 초월하여 모든 사람들을 위한 종교이기 때문이다. 그래서 이슬람은 오늘날, 세계 속의 모든 국가들에 전해져 교세가 날로 확산되고 있는 추세이며 특히 기독교의 본산으로 알려진 유럽과 미국에서는 이슬람이 부흥하고 있다고 할 만큼 수적으로나 질적으로 많은 변화와 성장을 거듭하고 있음을 알 수 있다. 이렇듯 이슬람의 기본

이념인 평화와 평등 그리고 국적을 초월한 무슬림 형제애는 오늘날 물질문명의 지배에 의해 상업화 되어가고 있는 세계인들의 정서에 새로운 돌파구로서 그 역할을 다하고 있다.

무슬림들이 나누는 평화의 인사인 "앗 쌀라무 알라이쿰(당신에게 하나님의 평화가 깃드시길 기원합니다)"과 이에 대한 대답으로 "와 알라이쿠뭇 쌀람(당신에게도 하나님의 평화가 깃드시길 기원합니다)" 은 하나님의 진정한 평화를 기원하고 무슬림 상호 간에 사랑과 신뢰, 보호와 안정감을 심어주며 모든 사람들에게 평화와 사랑이 충만할 수 있기를 기원하는 것이다. 그래서 불교가 자비, 기독교가 사랑을 종교의 근본으로 삼고 있다면 이슬람은 이 모든 것을 포괄한 평화와 사랑을 교리의 근본으로 삼고 이를 실천하는 종교라고 말할 수 있 다. 그뿐만 아니라, 이슬람의 평등사상은 국적과 민족, 피부색, 언어, 빈부의 귀천, 신분의 고하를 초월하여 모든 인류는 하나님의 피조물 인 아담의 자손으로서 한 가족이며 창조주 하나님 앞에서 평등함을 강조하고 있다. 예언자 무함마드는 그의 언행록인 하디스에서 다음 과 같이 말했다.

> **아랍인이 비아랍인보다 우월할 수 없고 또한 비아랍인이 아랍인보 다 우월할 수도 없느니라. 단지 경외심(Taqwa)만이 그들을 구분할 수 있느니라.[84]**

이 말은 인간은 창조주 하나님(Allah) 앞에서 모두가 평등하며 단지 인간들이 행한 선행만이 그 가치를 구분 지을 수 있음을 뜻한다. 절

---

84) 예언자 무함마드가 고별순례 시 아라파트 대 평원에서 행한 연설문 중의 일부. Sahih al-Bukhari(1632, 1626, 6361), Sahih Muslim(98), Musnad Ahmad(19774)

대자에 대한 경외심만을 유일한 평가의 기준으로 그리고 그 가치를 구분하는 척도로 삼는다는 것이다. 그래서 무슬림들은『꾸란』을 믿고 이를 가장 충실히 따랐던 사도 무함마드의 언행을 추종함으로써 참된 구원에 이를 수 있다고 확신한다. 또한 이러한 믿음의 기초하에 이슬람 공동체(Ummah)는 혈연과 지연관계를 초월하여 하나님을 경배하는 공통의 목표를 지향하기 위하여 서로가 서로를 사랑하라고 가르친다. 이러한 이유로 이슬람에서 말하는 무슬림 형제애(兄弟愛)는 역사 속에서 유례를 찾아볼 수 없는 강한 단결력과 결속력을 가짐을 알 수 있다. 예언자 무함마드는 이슬람 공동체를 이루는 구성원 한 사람 한 사람의 역할을 다음과 같은 하디스로 묘사하였다.

> 모든 무슬림은 한 몸과 같아서 머리가 아파도 온 몸이 아프고, 눈이 아파도 온 몸이 아픈 것과 같으니라.[85]

---

85) Sahih al-Bukhari(10/368), Sahih Muslim(2586)

01 이슬람의 기본교리

이슬람 교리는 크게 다섯 가지로 이루어진 의무 실천 규정인 신앙고백(Shahāda)과 예배(Salāt), 단식(Saum), 희사(Zakāt), 성지순례(Hajj)와 여섯 가지의 보이지 않는 것에 대한 믿음 즉, 하나님(Allāh)과 천사들(Malāika) 그리고 예언자들(Anbiyāa)과 경전들(Kutub)의 존재에 대한 믿음과 언제일지는 모르지만 반드시 도래할 최후의 심판일(Yaum al-Ākhir)에 대한 믿음, 그리고 정명(Qadr)에 대한 믿음으로 이루어져 있다. 그래서 무슬림들은 이러한 육안으로 확인할 수 없는 보이지 않는 것들에 대한 믿음을 바탕으로 일상생활에서 다섯 가지의 실천사항들을 충실히 지킴으로써 무슬림의 올바른 삶을 영위했다고 볼 수 있으며 그 삶의 결과는 천국의 구원임을 확신한다.

이슬람을 이루고 있는 다섯 가지의 의무 실천 규정들을 살펴보면 한순간 이 모든 것들이 지켜질 수 있는 것이 아니라 매일 매일 반복되는 일상의 삶을 통해서 지속적으로 쉼 없이 실천하고 그 실천을 통해서 신앙을 키워 나가는 것이다. 또한 이러한 참된 신앙적 이끌림은 무슬림들에게 자신의 정체성을 잃지 않도록 유도하고 신앙을 지속적으로 연결해주는 끈이 됨을 알 수 있다. 그래서 이슬람의 모든 허용과 금기의 규정들은 이러한 의무 실천사항들을 구체적으로 실현하기 위하여 만들어진 법들이라고 볼 수 있다. 예를 들어 이슬람법에서 술이 금기 사항으로 규정된 것도 예배 의식의 실천과 직접적인 연관이 있음을 알 수 있다. 술에 취한 상태에서는 올바른 경배 행위가 이뤄질 수 없기 때문에 이슬람 초기 신앙이 완성되지 않은 무슬림들에게는 술에 취한 상태에서 예배에 임하지 말 것을 권고하다가 이후 이슬람 교리가 완성되고 신앙생활이 구체적으로 의무화되자 술은 해로운 것이며 사탄의 행위임을 경고하고 금기 사항으로 규정되었던 것이다.

무슬림들의 일상의 삶인 다섯 가지의 의무 실천 규정과 이를 뒷받침하기 위한 6가지 믿음은 이슬람을 이루는 전부로서 만일 이 중 한 가지라도 부정하거나 불신하면 이슬람은 배교 행위로 간주하고 믿는 자(Mu'min)로 인정하지 않는다.

다섯 가지의 의무 실천 사항(5行)

1) 신앙고백(Shahāda)

앗슈하두 알라- 일라하 일랄라, 와 앗슈하두 안나 무함마단 라수-룰라.
(하나님 외에는 어떤 것도 신이 아니고 무함마드는 하나님의 사도임을 증언합니다.)

'샤하-다(신앙고백)'는 유일신 하나님만을 믿고 따르겠다는 의지의 표현이다. 무슬림들은 일상생활에서 이러한 의지를 실천으로 옮겨야 한다. 또한 자신의 확신을 믿음으로 실천하기 위해서는 하나님의 전지전능하심과 완전무결하심에 대하여 확실한 신앙적인 정립이 필요하다. 그래서 '샤하-다'는 믿음을 규정하는 중요한 선서이며 이를 통해서 스스로 믿는 사람임을 확신하는 것이다. 비무슬림의 경우 이슬람에 입교하기 위해서는 반드시 거쳐야 할 관문으로 자신의 의도에 따라 샤하-다를 아랍어 원문 그대로 선언함으로써 무슬림이 될 수 있다. 이슬람의 입교절차는 매우 간소하고 쉬운 것이 특색인데 그것은 형식보다 믿는 자의 의도와 의지에 더 큰 비중을 두기 때문이다. 그러나 입교 후에는 믿음을 선언했기 때문에 믿는 자의 자세로 신앙을 실천하기 위하여 노력해야한다. 입교나 개종의 의미는 자신이 가지고 있던 이전의 삶을 버리고 이슬람이라는 새로운 삶을 선택한 것이므로 모든 것에서 변화를 가져와야 한다. 그래서 이슬람을 선택하면 그 순간 이전에 있었던 모든 죄를 용서 받게 되며 새로운 출발을 하게 되는 것이다.

2) 예배(Salāt)

예배는 신앙생활의 시작이며 자신이 무슬림임을 나타내는 정체성의 표현이다. 예언자 무함마드가 믿는 자와 믿지 않는 자를 구분할 수 있는 가장 중요한 기준이 예배라고 할 만큼 이슬람에서 차지하는 예배의 비중은 크다. 이슬람은 사람들이 하루를 보내면서 쉽게 망각할 수 있는 자신을 스스로 조명해보고 보다 성실하고 순수하게 자신에게 주어진 삶을 영위하도록 자기 성찰의 시간을 갖도록 한다. 그래서 정해진 시간에 절차에 따라 예배를 근행함으로써 반복되는 삶의 괘도를 벗어나지 않고 그 속에서 자신을 가꾸어 갈 수 있도록 유도하는 것이다.

예배의 종류에는 하루 다섯 번씩 행하는 의무예배와 매주 금요일에 근행하는 주마합동예배(Salāt al-Juma'), 그리고 축제일에 근행하는 축제예배(Salāt al-Eīd), 장례예배(Salāt al-Janāzah), 라마단 단식월에 근행하는 특별예배(Salāt at-Tarawīh) 등이 있다. 하루 다섯 번씩 근행하는 의무예배는 가능하면 이슬람 성원에 모여서 단체로 예배를 근행하도록 하지만 부득이 상황이 되지 못할 경우에는 가정이나 일터, 야외 등 깨끗한 공간이면 어디든지 근행할 수 있다. 각 예배를 근행하는데 소요되는 시간은 10분 정도로 하루 다섯 번의 예배를 모두 다 근행한다고 해도 한 시간 정도면 충분히 할 수 있다. 예배 근행 방식은 사우디아라비아의 메카 방향을 향해 서서 절차에 따라『꾸란』을 암송하고 반절과 큰절을 정해진 횟수만큼 반복하며 경건한 마음으로 근행한다.

이슬람 성원에서 거행되는 합동예배는 피부색, 국적, 민족, 빈부귀천을 떠나 모든 사람이 하나님 앞에서 평등함을 알게 해주며 하나님을 경외하는 경외심만이 서로가 다를 수 있다는 이슬람의 특징을 실감케 해 준다. 매일 반복하여 근행하는 다섯 번의 의무 예배 명칭은 다음과 같다.

* 파즈르(Fajr)예배: 동트기 전 이른 새벽에 근행하는 예배
* 주흐르(Dhuhr)예배: 정오를 조금 지난 시간에 근행하는 낮 예배
* 아스르(Asr)예배: 정오예배와 저녁예배의 중간 시간에 근행하는 오후예배
* 마그립(Magrib)예배: 일몰 직후에 근행하는 저녁예배
* 이샤(Isha)예배: 잠들기 전에 근행하는 밤중예배

이와 같이 하루에 다섯 번씩 거행되는 예배 의식은 믿는 자들에게 자신의 신앙을 확인할 수 있는 중요한 계기가 되며 정해진 시간에 예배를 근행함으로써 하루의 일과를 끝낼 수 있는 무슬림들의 일상의 삶임을 알 수 있다. 예언자 무함마드는 정해진 시간에 예배를 근행하는 것이야말로 하나님께서 가장 좋아하시는 일임을 강조하여 말하기도 하였다.

예배는 어떠한 상황에서도 근행해야 하는데 만일 서서 할 수 없을 때는 앉아서 하고, 그마저도 할 수 없을 때는 누워서라도 근행해야 한다. 또한 여행자는 상황에 맞게 예배시간을 늦추거나 횟수를 줄여 함께 근행할 수도 있다.

아래의 『꾸란』 구절은 이슬람에서 예배의 중요성을 강조하는 단적인 표현이다.

> 만일 너희가 (불안한 상태에서) 예배를 근행한다면 선 채로 또는 앉은 채로 또는 누운 채로 하나님을 염원하라, 그리고 만일 너희가 안녕을 찾았다면 온전하게 예배를 근행하라. 실로 예배는 믿는 자들에게 정해진 시간에 근행하도록 되어 있느니라.(4:103)

3) 단식(Saum)

단식은 이슬람력 9월 라마단(Ramadan) 한 달 동안 새벽 예배가 시작되기 전 미명부터 해가 질 때까지 낮 시간 동안 일체의 음식이나 음료, 부부간의 성행위를 금하는 것을 말한다. 아랍어의 사움(Saum) 또는 시얌(Siyam)은 절제를 의미하며 식욕, 물욕, 성욕 등 인간 본능에 대한 외적인 절제와 언행과 모든 사악함에 대한 내적인 절제까지 다 포함된다. 예언자 무함마드는 단식은 정신적, 물질적 차원에서의 절제를 의미하며 일상의 삶에서 필요로 하는 모든 음식물을 새벽예배가 시작되기 직전부터 일몰시까지 금하고 모든 악의 요소들로부터 멀리하는 것이라고 말했다.

> "인류를 위한 인도와 옳고 그름의 분명한 기준으로 라마단 달에 『꾸란』이 계시되었나니, 너희들 중 누군가 그 달을 맞이했다면 단

식을 하라.......”(2:185)

단식은 신앙을 가진 무슬림 개개인이 내적으로 신앙을 재정립할 기회를 갖고 인내와 자제를 통해서 외적 성숙함을 키워나갈 수 있는 계기가 될 수 있도록 유도한다. 그뿐만 아니라 정화 차원에서 라마단달의 단식은 사회적으로 만연한 비도덕적이고 비이성적인 악습들을 뿌리 뽑을 수 있는 계몽기간으로 삼을 수도 있다. 무슬림들에게 단식이 의무화된 중요한 의미 3가지는 단식의 필요성을 쉽게 이해할 수 있도록 도와준다. 첫째, 단식은 정신세계를 정화하는데 그 의미를 두고 있다. 단식을 행하는 무슬림은 매일 매일 근행하는 예배에 보다 충실해야 하며 단식기간 중에 『꾸란』을 읽는 시간을 늘려 하나님의 가르침을 상기하고 자신을 되돌아 볼 수 있는 자성의 시간을 가질 수 있어야 한다. 그래서 1개월간 지속되는 단식은 신앙심 고취는 물론 진정한 회개를 통하여 신앙인의 자질과 인내심을 키우는 수련기간이라고 할 수 있다. 둘째, 단식은 자신의 육체적 능력을 시험해 볼 수 있는 기회이다. 결코 짧지 않는 한 달 동안의 단식을 통해서 자신의 건강 상태를 확인하고 육체적 한계를 체험해 자신이 누리고 있는 축복과 은총에 감사하는 마음을 가지도록 한다. 세 번째는 자신의 정신세계와 육체를 재정비하는 과정에서 배고픈 사람들의 고통이나 아픔을 자신이 직접 체험해 도움을 필요로 하는 자들에게 자선을 베풀 수 있는 계기를 만든다. 우리는 일상생활을 통해서 축적된 부를 여러 가지의 방법을 통하여 사회에 환원할 수 있는데 단식은 이러한 계기를 만드는 중요한 역할을 할 수 있다.

이와 같이 단식은 무슬림들에게 정신적, 육체적, 그리고 물질적으로 스스로를 정화할 수 있는 계기를 만들어 주며 성공적으로 한 달 간의 단식을 완수한 무슬림은 처음 태어났을 때와 같이 깨끗한 상태로 정화된 자신을 발견할 수 있다.

4) 희사(Zakāt)

이슬람을 이루는 네 번째의 중요한 의무 사항은 희사 의무이다. 수입이 있는 모든 무슬림은 1년을 단위로 자신의 수입을 정산하여 순수 저축액 중의 2.5%에 해당되는 금액을 반드시 사회에 환원하여야 한다. 그러나 부채가 있거나 가족을 부양해야 할 의무가 있는 사람은 부채상환과 가족부양의 의무가 우선된다. 이슬람의 희사 규정은 가난한 사람이나 부자 누구를 막론하고 잉여 재산이 발생했을 때는 의무로 부과된다. 희사(Zakāt)는 구빈세와 같은 세금으로 희사금이나 자선금의 의미까지 포함되어 있다. 언어적으로 '자카트'는 정화, 증대 그리고 축복을 의미한다. 자카트 의무를 이행함으로써 마음이 정화되고 자신이 소유한 재산이 순수하고 깨끗해지며 이로 인하여 재산이 감소하는 것이 아니라 증대됨을 알게 한다. 그래서 자카트는 재물에 대한 인간의 탐욕과 부정한 마음을 정화시켜 주고 가난한 자가 부자에게 가질 수 있는 시기심과 위화감으로부터 보호될 수 있도록 해준다. 그래서 자카트 의무가 잘 지켜지는 이슬람 사회는 부의 편중 현상을 막을 수 있고 많이 가진 부자에게는 사회적 의무감을 갖게 하여 자신의 재산 중 일부가 자신이 속해 있는 사회 구성원들을 위한 것임을 알게 하여 사회적 안정을 찾을 수 있도록 한다.

또한 의무희사인 자카트와 더불어 축제헌금(Zakāt al-Fitr)은 라마단 단식월이 끝나고 새 달(Sawal)을 맞이하는 첫째 날에 근행되는 축제예배(Eid al-Fitr)가 끝나기 전까지 자신의 가족 수만큼 주변의 필요한 사람들에게 한 끼의 식사를 제공하도록 하는 희사제도도 있다. 이는 축제의 기쁨을 사회 구성원 모두가 함께 나눌 수 있도록 하기 위한 것으로 볼 수 있다.

5) 성지순례(Hajj)

성지순례는 정해진 기간에 행하는 대순례(Hajj)와 기간 외에 거행하는 소순례(Umrah)로 구분한다. 대순례는 순례를 거행할 수 있는 능력이 된다면 즉, 건강하고 경제적 능력이 되는 무슬림이라면 일평생에 한 번은 반드시 성지 메카(사우디아라비아)를 순례하도록 의무화하고 있다. 이와 달리 소순례는 선택 사항으로 원하는 시간에 언제든지 메카 성지를 방문하여 순례를 거행할 수 있다.

이슬람력 12월(Dhul Hijjah)에 거행되는 대순례 행사는 전 세계에서 메카를 찾아온 수백만 명의 무슬림 순례객들이 같은 복장을 하고 인종과 신분, 빈부귀천의 차별 없이 신앙의 대 행렬에 참가함으로써 자신의 신앙을 다지고 확인하며 무슬림 공동체 의식을 공유하는데 큰 의의가 있다. 또한 대순례 의식을 통해서 순례자는 예언자 이브라힘(Ibrahim)과 이스마일(Ismail)의 하나님에 대한 숭고한 신앙과 복종을 체험해 봄으로써 신앙적 깨달음을 얻고 나아가 자신의 믿음을 확고히 하는데 있다.

여섯 가지 믿음(6信)

위에서 언급한 다섯 가지 실천사항을 토대로 이슬람 신앙은 기초를 다지게 되며 이러한 믿음이 실천으로 옮겨지기 위해서는 보이지 않는 것들에 대한 절대적인 확신을 가져야만 한다. 확신과 의무사항의 실천은 곧 믿음으로 승화되어 신앙인으로 인정받게 된다. 이슬람에서 여섯 가지의 보이지 않는 것들에 대한 확신은 다음과 같다.

1) 유일신 창조주 하나님에 대한 믿음

이슬람은 유대교와 기독교와 함께 창조주 하나님으로부터 계시된 순수한 유일신 종교이다. 이슬람에서 신의 유일성에 대한 믿음은 절대적이며 신앙의 근본으로 볼 수 있다. 창조주 하나님만이 오직 이 우주를 창조하시고 유지하시는 전지전능하신 분이시며 그분 이외에는 어떤 것도 신적 존재로 믿음의 대상이 될 수 없다.

> 자비로우시고 자애로우신 하나님 이름으로
> 말하라, 그분 하나님은 한 분이시라고
> 영원하신 하나님[86]
> 그분은 낳지도 않으시고 낳아지지도 않으셨으니
> 그분과는 대등한 어떤 것도 없느니라.(112장)

2) 천사들에 대한 믿음

천사들은 하나님의 명령을 수행하는 임무를 맡은 영적 존재로 예언자들에게 하나님의 계시를 전하거나 인간이 행한 선악을 기록하고 인간의 생사를 담당하는 등, 각 분야에서 하나님의 명령을 성실

---

86) 영원함은 창조주 하나님의 속성을 말한다. 세상의 모든 피조물은 그분으로부터 도움을 필요로 하지만 그분은 전지전능한 분이시며 완전무결한 영원한 분이시기 때문에 어떤 것도 필요로 하지 않으심을 강조한다.

하게 이행하는 피조물이다. 그러나 천사들은 이성적 판단에 의해 스스로 행동하는 능력을 부여받지 못했기 때문에 오직 하나님의 명령에 따라 움직이는 충실한 심부름꾼과 같은 존재이다. 우리가 알고 있는 천사들은 지브리일(천사장, 계시의 천사), 라끼브(선행을 기록하는 천사), 아띠드(악행을 기록하는 천사), 이스라필(부활의 천사), 이즈라일(죽음의 천사) 등, 이 이외에도 수많은 천사들의 존재함을 믿어야 한다.

3) 사도(예언자)들에 대한 믿음

사도들은 인류를 하나님의 바른길로 인도하도록 선택된 사람들이다. 무슬림들은 인류의 조상이며 최초의 예언자인 아담을 비롯하여 노아, 이브라힘, 이스마일, 이삭, 야곱, 모세, 예수 그리고 무함마드에 이르기까지 수많은 예언자와 사도들을 모두 인정해야만 한다. 그들은 모두 하나님의 부름을 받아 인간들을 유일신에 대한 믿음으로 이끌어야 할 중대한 사명을 띠고 이 땅에 보내진 사람들이다. 그래서 사람들은 그들로 인하여 유일신의 존재를 인식하고, 믿음의 확신을 가질 수 있었다.

이슬람은 그들 중 어떤 누구를 특별히 예우하거나 차별하여 믿음을 갖지 않으며 단지 그들의 모범을 통해서 삶의 방향을 정하도록 가르친다. 이슬람에서 예언자 무함마드가 특별한 것은 그가 마지막으로 하나님의 계시를 받았고 또 그 계시를 가장 충실히 이행하였으며, 그의 모든 행적이 오늘날까지 고스란히 전해져 오기 때문에 그 이전의 사도나 예언자들에 비해 그의 모범적인 삶을 추종하기가 쉽기 때문이다. 그럼에도 이슬람은 마지막 예언자인 무함마드를 비롯하여 그 이전에 있었던 모든 예언자나 사도들을 인간의 모범으로 존경하고 사랑할 뿐 우리와 똑같은 피조물로만 믿는다.

4) 성서들에 대한 믿음

하나님으로부터 계시된 모든 성서들에 대한 믿음을 말한다. 무슬림들은 다윗의 시편, 모세의 구약, 예수의 신약, 무함마드의 『꾸란』 등 하나님으로부터 계시된 모든 성서들을 옳고 그름을 판단하는 삶의 지침서로 믿고 따른다. 그러나 이러한 성서들이 만일 인간들에 의해 인위적으로 수정, 보완되거나 첨삭이 이루어졌다면 완전한 하나님의 말씀으로 믿을 수는 없다.

『꾸란』은 하나님의 말씀이 최종적으로 완성된 계시서로 1,400여 년이 지난 오늘날까지 한자의 첨삭도 없이 원문 그대로 철저하게 보존되어 오고 있으며 그것은 『꾸란』이 순수한 하나님의 말씀이 기록된 성서임을 증거 하는 한 예이다.

5) 최후의 심판일과 부활에 대한 믿음

모든 인간은 사후에 하나님의 심판을 받기 위하여 부활하며 현세의 삶의 결과에 따라 내세의 삶이 행복과 불행, 성공과 실패로 결정되어 짐을 믿는다.

그날(부활의 날) 저울은 공정할 것이니 선행으로 무거운 자는 성공(구원)할 것이니라.(7:8)

언제일지 정확히 알 수 없지만 그날 인간들은 그들이 살았던 현세의 삶을 심판받기 위하여 모두 부활하게 된다. 천국과 지옥에 대한 구원의 기준은 현세에서 그들이 어떻게 삶을 영위했는가에 대한 결과로 구분될 것이다. 하나님의 명령에 따라 선을 행하고 올바른 삶을 영위한 사람은 내세에서 하나님의 보상을 기약할 수 있을 것이다.

6) 정명에 대한 믿음

하나님께서는 온 우주를 창조하시고 유지하시며 인간들의 생사를 주관하시는 절대적인 분이시다. 그분은 이 세상에서 일어나는 크고 작은 모든 일들을 다 알고 계시며 이 모든 것은 그분의 뜻과 예정에 의해 이루어진 것이다. 그래서 인간들은 그들이 현세에서 겪는 모든 희로애락을 창조주의 뜻으로 믿고 이를 겸허히 수용할 수 있는 확신이 필요하다.

> **말하라, 하나님께서 명하신 것 외에는 어떤 일도 일어나지 않을 것이니라, 하나님은 우리의 보호자이시니 믿는 자들은 모든 것을 하나님께 의탁해야 하느니라.**(9:51)

정명을 믿는 올바른 자세는 자신에게 주어진 일에 최선을 다하고 그 결과가 어떤 것이라 할지라도 하나님의 뜻으로 겸허히 받아들이는 것이다.

이슬람의 의식 및 축제

이슬람의 의식은 주로 예배를 통해서 이루어진다. 예배의 종류에는 하루 다섯 번씩 근행하는 의무예배와 금요(Jumaa)일 정오예배 시간에 근행하는 합동예배 그리고 축제(Eid)일에 근행하는 축제예배,

고인의 명복을 빌기 위하여 근행하는 장례예배 등이 있다. 각 예배마다 형식이나 횟수의 차이는 있지만 예배를 행하는 가장 중요한 의미는 하나님의 말씀에 복종하고 그분의 은총에 감사드리는 데 있다.

1) 금요 합동예배(Salāt al-Juma')

매주 금요일에 근행하는 축제 예배이다. 기독교에서 매주 일요일을 안식일로 정하여 예배를 근행하는 것과는 달리 이슬람에서 근행하는 금요 합동예배는 안식일 개념이 아니라 매일 반복되는 일상에서 벗어나 성원에 모여 모든 무슬림들이 함께 하나님의 은혜에 감사드리고 소홀할 수 있는 이웃 친지들과 형제의 정을 나누는 의미가 더 크다. 금요 합동예배는 정오 예배 시간에 맞춰 근행되며 합동예배의 아잔(예배를 알리는 소리)이 울리면 하던 일을 멈추고 성원에 모여서 예배를 근행하고 하나님을 염원할 것을 『꾸란』은 명하고 있다. 합동예배의 형식은 매일 반복해서 근행하는 의무 예배와는 달리 이맘[87]의 설교를 듣고 정해진 절차에 따라 2라크아의 예배를 근행함으로써 끝난다.

> **오! 믿는 자들이여, 금요합동예배를 알리는 소리가 들리면 상거래를 중단하고 서둘러 하나님을 염원하러 가라. 만일 너희가 알고 있었다면 그렇게 하는 것이 너희들을 위하여 더욱더 좋을 것이니라.(62:9)**

---

87) 이맘(Imām), 예배인도자를 칭하는 말로 사람들 앞에서 예배를 인도하고 종무업무를 관장하는 종교지도자를 말한다. 시아파(Shia')에서는 정통 이슬람 교리와 다르게 이맘의 지위가 신적인 존재로 격상되어 이맘의 말이 곧 신의 말로 여겨지기도 한다. 이란에서는 최고 이맘의 호칭을 아야툴라(Ayāt Allāh, 하나님의 말씀)라 부르며 최고 종교지도자로 인정하고 존경하는 것을 볼 수 있다.

2) 축제 예배(Salāt al-Eid)

이슬람의 주요 축제에는 두 가지가 있다. 하나는 라마단 달의 단식을 종료하는 축제행사로, 단식기간 동안 자신의 신앙을 바로잡는 수행의 시간을 무사히 끝내고 새로운 달(Shawal)을 맞이하는 첫째 날(10월1일) 거행되는 축제행사이다. 이 축제를 일컬어 '이둘 피트르(Eid al-Fitr, 파제절)'라고 하는데, 우리의 추석이나 설과 같은 명절로 볼 수 있다. 이날 무슬림들은 동이 트면 집 근처 가까운 이슬람 성원에 가서 축제예배를 근행하며 한 달 동안 건강하게 단식에 임할 수 있도록 은총을 베풀어 주신 하나님께 감사드리고 가족과 친지를 방문하며 안부를 묻고 축제의 기쁨을 함께 나눈다.

또 다른 축제는 이슬람력 12월에 거행되는 성지순례 중에 행해지는 축제의식으로 12월 10일 순례가 절정에 이렀을 때 '이둘 아드하(Eid al-Adha, 희생제)' 의식을 치르는 것이다. 성지순례 중인 사람은 순례지에서 양을 희생하여 예언자 이브라힘과 이스마일의 하나님을 향한 숭고한 희생정신과 신앙심을 기리며 순례의 의미를 되새긴다.

성지순례를 떠나지 못한 사람들은 자신이 거주하는 집에서 가까운 이슬람 성원에서 희생제 예배를 근행하고 양을 도살하여 이웃 사람들에게 나누어 주고 음식을 만들어 사람들과 함께 나누어 먹으며 형제애를 나눈다.

희생제의 중요한 의미는 인간들이 행하는 예배와 희생 그리고 삶과 죽음, 이 모든 것이 창조주 하나님을 위한 것임을 상기하며 하나님께서 이브라힘에게 그의 아들 이스마일을 희생시킬 것을 명하자 그 명에 따라 추호의 의심 없이 복종하였다는 성서에서 유래하여 그들의 숭고한 희생정신과 하나님에 대한 절대적인 복종, 그리고 그 믿음의 실천을 본받는데 있다.

3) 장례예배(Salāt al-Janāzah)

이슬람에서 장례예배는 망자(亡者)가 살아 있는 사람들에게 요구할
수 있는 현세에서의 마지막 권리이다. 그래서 사회 구성원 중 한 사
람이 사망하게 되면 장례에 따르는 모든 절차를 공동체 전체가 이행
해야 할 공동의 의무(Fard al-Kifāyah)88)로 간주하고 그 공동체에 소속되
어 있는 구성원들은 솔선수범하여 함께 장례의식을 치르도록 권장
한다. 그래서 무슬림들은 고인이 자신과 직접적인 연관이 없다고 해
도 가능한 한 장례식에 참석하여 고인의 가족들을 위로하고 마지막
길을 함께하도록 권장한다. 이슬람에서는 사망 사실이 확인되면 아
래의 절차에 따라 장례의식을 거행한다.

* 세정(Ghusl): 사망 사실이 확인되면 반드시 깨끗한 물로 세정의식
  에 따라 시신을 씻어야 한다. 살아 있을 때 예배나 신앙의식을
  수행하기 위하여 씻는 것과 같이 온 몸을 순서에 따라 깨끗이
  씻어 망자에 대한 예를 갖추어 주어야 한다. 시신을 씻을 때는
  고인이 남자이면 남자들이 그리고 여자이면 여자들이 씻는다.
* 염(Kafan): 깨끗이 씻은 시신은 가급적 흰 천으로 남자는 3겹, 여
  자는 5겹으로 머리끝부터 발끝까지 싸서 묶어야 한다.

---

88) 이슬람법에서 말하는 의무규정(Fard)에는 두 가지가 있다. 하나는 절대의무(Fard al-Ain)
로 무슬림이면 예외 없이 누구에게나 다 의무화된 것으로 예배, 단식, 희사, 성지순례
등과 같은 의무규정들을 말한다. 무슬림 개개인은 이러한 의무규정을 지키지 못했을 때
죄가 부과될 수도 있다. 그러나 본문에서 언급한 것과 같이 공통체의무(Fard al-Kifāyah)
는 부득이한 사정으로 개인이 그 의무를 다하지 못했다고 해도 공동체가 의무를 다함으
로써 사회적 질서를 유지할 수 있다.

* 장례예배(Salāt al-Janāzah): 깨끗이 씻어서 염을 한 시신은 이슬람 성원으로 운구하여 얼굴을 메카를 향하게 뉘고 시신 뒤로 대오를 맞춰서 선 후 장례예배를 근행한다. 이맘의 인도에 따라 근행되는데 장례예배는 일반 예배와는 달리 절을 하지는 않는다.
* 매장(Dafan): 모든 의식을 마친 시신은 장지로 운구하여 매장해야 한다. 이슬람은 화장을 금하고 있는데 그것은 인간은 흙으로부터 왔으며 다시 흙으로 돌아가는 것이 하나님의 섭리이기 때문이다. 매장을 할 때 시신의 얼굴은 반드시 메카를 향하도록 해야 한다.

모든 살아 있는 생명체는 죽음을 맞이하게 된다. 죽음은 또 다른 새로운 삶의 시작이며 현세의 삶에 따라 망자의 새로운 삶, 내세는 결정될 것이다. 예언자 무함마드는 사람이 죽으면 세 가지가 고인과 함께 무덤까지 따라가지만 결국 두 가지는 돌아오고 한 가지만 남게 될 것이라고 했다. 그 세 가지는 가족과 재산 그리고 그가 현세에서 쌓은 업적이라고 했다. 매장이 끝나고 모두가 떠난 그곳에 남아 있을 것은 오직 고인이 현세의 삶을 통해서 쌓은 업적뿐이라는 것이다.

02 『꾸란』에서 말하는 유대교와 기독교

이슬람 신앙의 기초는 계시나 예언을 통하여 유일신 하나님에 대한 믿음을 확립한 예언자들의 삶을 추종하고 본받는 것으로부터 시작된다. 하나님의 메시지를 전달받은 예언자들은 자신의 삶을 통해서 올바른 귀감을 보임으로써 추종자들로 하여금 신앙을 확신케 하고 그 믿음을 이어올 수 있도록 한 것이다. 『꾸란』은 인류의 조상인 아담으로부터 시작된 이러한 믿음의 영속성을 부정하지 않는다. 특히 유대교와 기독교는 이슬람교와 더불어 이러한 예언자들의 계보를 잇는 하나님의 종교로서 동질성과 유사성에 대하여 서로를 부정할 수 없다. 그래서 『꾸란』에는 이러한 종교들을 일컬어 아흘룰 키타브(Ahlu al-Kitāb, 성서의 백성들)로 칭하고 같은 하나님을 믿는 신앙인들로 간주하며 『꾸란』의 가르침을 따르는 것은 유일신 하나님에 대한 연속적인 신앙의 계승을 의미하며 진리와 정의의 원칙을 벗어난 이전 사람들의 오류를 바로 잡아 유일신 하나님에 대한 믿음을 더욱 공고히 하기 위한 새로운 제시로 볼 수 있다.

> 우리(하나님)가 그대(무함마드)에게 이전의 경전들을 확인하고 증거 하기 위하여 진리로서 『꾸란』을 내려 보냈으니 하나님께서 내려 보내주신 그것으로 그들을 심판하라. 그리고 정의에서 벗어난 그들의 요구를 따르지 말라. 하나님께서는 너희들 각자에게 법과 바른길을 제시해 주셨나니 그분께서 원하셨다면 너희들을 하나의 공동체로 만들었을 것이니라. 그러나 하나님께서는 너희에게 주신 것으로 심판하고자 하셨으니 선을 행함에 경주하라. 그리고 너희 모두는 하나님께로 귀의할 것이니 너희들의 이견을 확실히 밝혀주실 것이니라.(5:48)

(무함마드) 말하라, 오! 성서의 백성들이여, 너희들은 단지 우리가 하나님을 믿고 우리에게 계시된 것과 우리 이전에 계시된 것을 믿는다고 우리를 비난하는가? 실로 너희들 대부분은 불신자들이니라.(5:59)

성서의 백성들이 믿음을 가지고 (하나님을) 두려워했다면,[89] 우리 (하나님)는 분명 그들의 죄를 사하여 주고 천국에 들게 하였으리라. 만일 그들이 구약(at-Taurah)과 신약(al-Inzil)을 주님께서 계시한 (그대로) 행했다면 그들은 그들 위로 그리고 그들 발아래로 (펼쳐진) 참된 진리를 맛보았으리라. 그러나 그들 중 일부는 올바른 길로 향하기도 했지만 많은 사람들은 나쁜 길을 따랐느니라.(5:65~66)

(예수가 말하니) 진실로 하나님은 나의 주님이시고 또한 너희들의 주님이시니 단지 그분 한 분만을 경배하라, 이것이 올바른 길이니라.(19:36)

이와 같이 『꾸란』은 계시될 그 당시에 유일신 하나님에 대한 믿음을 두고 분분하던 이견들과 주장들을 일축할 수 있는 정확한 근거와 방향을 제시해 줌으로써 이전의 경전들을 믿고 따랐던 자들로 하여금 자신들의 믿음에 대한 새로운 조명은 물론 모순을 해결할 수 있는 중요한 실마리가 되기도 했다. 그럼에도 오늘날까지 지구상에 존재하는 하나님을 믿는 종교인 유대교, 기독교 그리고 이슬람은 각자의 교리로 자신들만의 독특한 신앙을 키워가고 있다. 우리는 여기서 『꾸란』에서 제시하는 유대교와 기독교의 본질을 이해하고 각 종교간에 같음과 차이가 무엇인지 구체적으로 조명해 보도록 하겠다.

---

89) 성서의 백성(유대인, 기독교인)들이 무함마드에게 계시된 하나님의 말씀을 신뢰하고 경외심을 가지고 두려움으로 대했다면 하나님께서는 그들의 잘못을 용서해주시고 천국의 보상을 주셨음을 의미한다.

이슬람에서 본 유대교

무슬림들은 이슬람을 무함마드에 의해서 만들어진 새로운 종교로 믿지 않는다. 이슬람은 태초에 하나님께서 인류를 창조하면서부터 시작된 유일신교의 마지막 종교로서 무함마드에 의해서 계시가 완성된 종교로 믿는 것이다. 그래서『꾸란』은 이슬람 이전에 유일신을 믿는 종교로 이미 존재해 왔던 유대교와 기독교를 동일한 한 분 하나님을 믿는 종교임을 분명하게 밝히고 있다.

> 사도(무함마드)와 믿는 자들(무슬림들)은 그의 주님께서 그에게 계시하신 것을 그대로 믿느니라. 그들은 하나님과 천사들 그리고 경전들과 사도들을 믿으며, 그들 중 어떤 누구도 차별하지 않으며, 단지 우리는 듣고 따랐으며, 당신(하나님)의 관용을 구하며, "오, 주님이시여! 우리는 당신에게로 돌아갑니다."라고 말했느니라.(2:285)

이와 같이 이슬람은 이전에 시대와 민족을 달리해서 보내진 예언자나 사도들의 행적과 그들에게 보내진 경전들에 대한 확실한 믿음을『꾸란』을 통해서 확인하고 계시된 사실을 그대로 인정하고 믿어야한다. 그래서 그들 중 누구를 편애하거나 특별히 대우하지 않고 똑같은 확신을 가지고 따라야 함을 알 수 있다.

이러한 유일신교의 동일한 계보를 잇는 배경과 역사적 근거에도 불구하고 유대교와 이슬람이 신앙의 길에서 같은 길을 걸을 수 없었던 중요한 이유는 각 종교가 예언자 이브라힘을 믿음의 조상으로 여기고 있는데서 시작된다고 볼 수 있다. 유대인들과 아랍인들의 공동의 조상인 이브라힘은 이스마일과 이삭 두 아들을 두고 있는데 이슬람에서 이브라힘과 이스마일로 이어지는 장자의 개념과 이삭으로 이어지는 유대교와 기독교의 개념적 차이에서 이견을 발견할 수 있다. 이러한 이견에 대한 이슬람적 견해는 하나님과 이브라힘의 약속으로부터 시작되는데 이삭보다 먼저 태어난 이스마일이 당연히 장자로서 역할을 하여야 함을 뜻하기 때문이다. 구약의 창세기 21장 18절에 **"그로 큰 민족을 이루게 하리라 하시니라"**의 말씀은 이브라힘과 이스마일로 이어지는 아랍인들의 계보에서 아랍민족에게 이후에 예언자가 나타날 것임을 암시하고 있음을 알 수 있다. 이러한 암시는 예수를 통해서도 확인되었으며 자신 이후에 도래할 예언자가 있음을 유대인들에게 통보하고 그의 이름이 '아흐마드(무함마드)'라고 했을 때 그들은 이를 믿지 않고 비웃음과 조롱으로 대한 것이다.

> **마리아의 아들 예수가 말하니, "오! 이스라엘의 자손들이여, 실로 나는 너희들에게 보내진 하나님의 사도로 나 이전에 계시된 구약을 증언하고 '아흐마드'라고 불리는 나 이후에 올 사도에 대한 기쁜 소식을 전하노라." 그러나 그들에게 그가 분명한 예증을 가지고 오니 그들은 '실로 이것은 사악한 마술이니라.'라고 하더라.(61:6)**

또한 이슬람에서는 하나님께서 이브라힘의 신앙을 시험하기 위하여 그의 아들 이스마일을 제물로 바치라고 했을 때 조금도 주저함 없이 복종했던 숭고한 희생정신을 중시한다. 그래서 매년 거행되는 성지순례(Hajji) 기간 중에는 그들의 숭고한 희생정신을 기리며 하나님에 대한 절대 복종의 본보기로 삼기위하여 희생제를 거행하며 그 뜻을 기린다. 이러한 사실은 번제의 대상을 이삭으로 언급한 구약성서의 주장(창세기 22:1~18)과는 다름을 알 수 있다. 이브라힘의 장자를 이삭이 아니라 이스마일로 확신하며, 그를 합법적인 약속의 아들로 삼고 있는 이슬람적 견해는 이삭의 출생과 연관해 유추해보면 쉽게 이해될 수 있다. 사실 이삭은 이브라힘이 100살이 되었을 때 태어났고 이스마일은 이삭보다 14년 전에 태어났다. 그래서 창세기(22:2)에서 **"너의 사랑하는 유일한 아들 이삭을 데리고 모리아 땅으로 가서…… 그를 번제로 드려라."**라고 말한 것은 이삭을 의미하는 것이 아니라 이스마일을 의미할 수밖에 없음을 알 수 있다. 왜냐하면 이브라힘의 "유일한 아들"이라고 할 수 있는 것은 이삭이 태어나기 전 14년 동안 이스마일이 유일한 독자였고 이후 이삭이 태어났을 때도 이스마일은 살아 있었기 때문에 이미 이브라힘은 두 아들의 아버지가 되었던 것이다.

이러한 신학적 배경을 근거로 유대교와 이슬람교는 이슬람 초기 메디나에서 이미 그 갈등이 표면화되어 불신과 적개심이 팽배해 있었음을 알 수 있다. 예언자 무함마드가 메카에서 메디나로 이주한 후 메디나에서 서로 종교가 다르고 민족이 다른 부족들을 통합하여 공존할 수 있는 평화협정을 체결할 때 유대인들은 겉으로는 무함마드와 동맹을 맺어 안녕을 추구하는 듯 했지만 내적으로는 지속적으로 무함마드와 이슬람 공동체를 부정하고 불신한 것이다. 이에 더하여 그들의 우월감은 유대민족만이 신의 계시를 받을 수 있고 그들만이 예언자로서 역할을 할 수 있다는 것이었다. 민족과 인종을 초월하여 신의 계시를 전달하고 이를 가르쳐야 할 사명을 받은 무함마드에게 그들의 행위는 한계를 넘는 받아들이기 힘든 적대 행위가 아닐 수 없었던 것이다. 이처럼 유대인들과 감정의 골이 깊어지면서 계시 초기 메카에서 예루살렘을 향하여 예배를 근행한 무슬림들은 메디나 이주 16~17개월이 지난 후 전격적으로 이브라힘의 예배 방향이었던 메카 하람 성원을 향하도록 바꾸었던 것이다.

> 우리(하나님)는 하늘을 향해 있는 너(무함마드)의 얼굴을 보고 있
> 었노라, 그러니 네가 원하는 방향을 예배방향으로 정하라. 너의 얼
> 굴을 (메카) 하람 성원을 향하도록 하라. 그리고 너희들이 어디에
> 있던 그쪽으로 너희들의 얼굴을 향하라. 실로 성서를 계시 받은 자
> 들은 이것이 주님으로부터 온 진리임을 알 것이니 하나님께서는
> 그들이 하는 어떤 일에도 소홀함이 없으시니라. 네가 성서의 백성
> 들에게 어떤 증거를 가져온다고 해도 (그들은) 너의 예배방향을 따
> 르지 않을 것이며 너 또한 그들의 예배 방향을 따르지 않을 것이
> 니라. 그들은 서로가 서로의 예배 방향을 따르지 않을 것이니 너희
> 들이 이를 알면서도 그들을 따른다면 너희들도 (그들처럼) 잘못을
> 저지른 자들이 될 것이니라. 우리(하나님)가 성서를 계시한 그들
> (유대인, 기독교인)은 (그들의) 후손들에 대하여 (잘)알듯이 무함마
> 드에 대해서도 (잘)알고 있노라. 그러나 그들은 자신들이 알고 있
> 는 진리를 숨기고 있느니라. 실로 이것은 너희들의 주님으로부터
> 계시된 진리이니 이를 의심치 말라.(2:144~147)

유대인들의 불신과 반목에도 불구하고 메디나에서 이슬람의 교세
는 날로 커져갔고 그럴수록 유대인들의 입지는 약해져 갈 수밖에 없
었다. 그럼에도 유대인들은 메디나에서 그들의 주장을 굽히지 않았
고 아랍민족에 대한 무시와 무함마드에 대한 불신은 극에 달해 메디
나에서 무함마드와 이슬람 공동체가 더 이상 그들을 수용할 수 없는
상황이 되었다. 그래서 그들은 결국 메디나에서 추방되어 아라비아
반도의 북부 카이바르(Khaibar) 지역을 거쳐 중앙아시아로 이주하여 오
늘날까지 그곳에 정착하여 살게 되었던 것이다. 이슬람 공동체가 그
들에게 제시한 것은 단지 유일신 하나님에 대한 신앙을 공유하고 같
은 하나님을 믿는 사람들로서 서로를 이해하고 받아들이며 공존하

는 것이었지만 그들의 교만함과 우월감은 이를 수용할 수 없었던 것
이다.

**이브라힘은 유대인도 기독교인도 아닌 순수한 무슬림[90]이었으며
어떤 다신행위도 하지 않았느니라.(3:67)**

이슬람에서 본 기독교

이슬람과 기독교는 일신교에서 주장하는 절대 신성(神性)을 정립
하는 차원에서 본질적인 차이를 두고 있음을 알 수 있다. 두 종교가
동일한 대상을 경배하고 있음에도 이러한 차이에서 오는 반목과 불
신의 골은 서로 간에 교리적 이견을 좁히지 못하고 있는 상황이다.
문제의 핵심은 예수의 신성을 인정하느냐 아니면 이를 부정하느냐
에서 시작된다고 볼 수 있는데『꾸란』에는 예수에 대하여 이전의 예
언자나 사도들과는 다르게 그에 대한 논쟁과 이견(異見)의 핵심을 정
확히 정의해 줌으로써 하나님의 복음을 인간들에게 전달한 목자로
서 보다 특별한 애정과 신뢰를 보여주고 있음을 엿볼 수 있다. 왜냐
하면『꾸란』을 계시 받을 당시(610~633) 기독교는 이미 예수의 신
성에 대한 논란으로 아라비아 반도와 주변국들 사이에 여러 종파로
분열되어 다양한 형태의 교리적 갈등이 팽배해져 있는 상황이었고
특히 유대인들은 예수가 신의 예언자임을 거부하고 마리얌(Maria)의
부정한 행위로 인해 출생하였다고 주장하였다.

이러한 혼란의 시기에『꾸란』의 계시는 유일신에 대한 믿음의 확

---

90) 순수한 무슬림(Hanîfan Musliman):이브라힘은 어떤 우상도 숭배한 적이 없는 유일신 하
나님 한 분만을 경배한 순수한 신앙인이었음을 의미한다.

실한 정의는 물론 새로운 방향을 제시해주는 이정표로서 그 역할을 할 수 있었다.

> 유대인들은 우자이르(Ezra)[91]를 하나님의 아들이라 하고 기독교인들은 예수를 하나님의 아들이라고 말하노라. 그것은 그들이 입으로만 하는 말이니 실로 그 말은 이전에 불신하던 자들의 말이니라. 하나님께서 진실을 왜곡하는 그들을 벌할 것이니라.
> 그들은 하나님을 제외하고 그들의 아흐바르(Ahbār, 율법학자)와 루흐반(Ruhbān, 수도승) 그리고 마리아의 아들 예수를 그들의 주님으로 경배하려 하나 그들에게는 오직 유일하신 한 분 하나님 외에는 어떤 것도 경배치 말라 하셨으니 실로 지고하신 그분(하나님)은 그들이 경배하는 것들 위에 있는 분이시니라.(9:30~31)

1) 예수의 출생

『꾸란』은 남자의 손길이 닿지 않은 동정녀 마리아를 통해서 출생한 예수를 하나님의 기적으로 인정한다. 인류의 조상인 아담이 하나님의 의지에 의해 부모가 없었음에도 인간으로 태어날 수 있었던 것처럼 하나님께서 원하시면 무엇이든 그곳에 있을 수 있는 것이다. 이는 유대교에서 예수의 출생에 대하여 부정하게 보는 견해와는 다름을 알 수 있다.

> 그녀(마리아)가 말하니, 어떤 남자도 저를 접촉하지 않았고 또한

---

91) 우자이르(Uzair) 또는 에즈라(Ezra)로 불리며 바빌론에서 출생한 유대인 사제(司祭)이며 율법학자였다. 그는 페르시아 지배하에 있던 예루살렘을 방문하여 율법을 전하고 종교개혁을 단행했는데 B.C. 5~6C 이스라엘 민족의 역사와 유대교 형성 전후의 내용을 담고 있는 구약성서 중 한 권인 에즈라서(The Book of Ezra, B.C. 3C경에 성립됨)에는 그의 개혁에 따라 성전과 율법을 중심으로 하는 유대 교단(教團)이 확립된 것으로 전하고 있다.

부정한 행위를 하지도 않았는데 어떻게 제가 아이를 가질 수 있습니까?

그(천사)가 말하길 그렇게 되리라. 너의 주님께서 말씀하시니 그것은 우리에게 쉬운 일이라. 그것으로 사람들에게 증거가 되게 하고 우리(하나님)로부터 베풀어진 은혜가 되도록 하기 위함이니 이미 그렇게 명령된 일이었느니라. 그리하여 그녀는 잉태하였고 멀리 떨어진 곳으로 옮겨갔느니라.(19:20〜22)[92]

2) 원죄(原罪)

우리(하나님)가 말하니, 오! 아담, 너와 너의 아내는 천국에서 살아라. 그리고 그곳에서 원하는 것은 무엇이든 먹어라, 그러나 절대 이 나무에는 가까이 하지 말라. 그러면 너희는 죄지은 자들 중에 있게 되리라. 사탄(이블리스)이 그것으로 그들을 유혹하니, (사탄의 유혹을 이기지 못하고 하나님의 명을 어겨) 그들은 있던 그곳에서 쫓겨 나게 되었느니라. 그래서 우리(하나님)가 말하니, 너희들은 서로가 적의를 가지고 내려가라, 그리고 지상이 너희들을 위한 거주지이니 그곳에서 한동안 살게 되리라. 그때 아담이 그의 주님의 말씀을 접하고 (회개하니) 그분께서 그의 회개를 받아들여 주셨느니라. 실로 그분은 회개를 받아들여주시는 자비로우신 분이시니라.(2:35〜37)

위 내용은 원죄설이 무효함을 그대로 보여주는 『꾸란』 구절의 한 부분이다. 아담과 그의 아내 하와는 사탄의 유혹을 이기지 못하고 하나님의 명을 거역하고 죄를 짓게 되지만 스스로 회개하여 잘못을 뉘우쳐 자신들에게 주어진 책임을 다한 것이다. 그래서 하나님께서는 그들의 순수한 회개를 받아들여 주셨고 그들의 잘못은 그것으로

---

92) 천사 지브리일이 마리아에게 예수를 잉태하게 된 것에 대하여 알려 주는 부분이다. 마리아는 나사렛에서 아기예수를 잉태하여 종려나무 숲이 우거진 베들레헴으로 옮겨가 출산한 것으로 이해된다.

용서되었던 것이다. 이슬람에서는 인간들에 의해서 만들어진 '연좌제(連坐制)'법[93]도 그 불합리성으로 인하여 폐지된 상황에서 아담과 하와의 잘못을 물어 갓 태어난 순수한 어린 아기에게 원죄를 묻는 것은 창조주 하나님의 무한한 사랑과 관용에 반하는 모순으로 보고 있다.

3) 예수의 신성과 삼위일체(三位一體)

이슬람을 비롯한 일신교들의 특징은 믿음의 대상인 '하나님은 오직 한 분이시다.'라는 공통된 것으로부터 시작된다. 간단하면서도 명료한 이러한 기본 원칙을 교리의 기본으로 삼고 있는 이슬람은 유일신 하나님과는 어떤 것도 대등하게 두거나 동반할 수 없음을 잘 알 수 있다. 그래서 믿음에 있어서 어떤 상황이든 유일신 하나님과 대등한 어떤 것을 두는 것은 그 순간 다신행위로 간주되며 믿음의 최대 저해요소가 되는 것이다. 신은 인간들의 어떤 잘못도 다 용서하지만 그분의 신성을 나누는 다신행위에 대해서는 절대 용서하지 않음을 알 수 있다.

진실로 하나님께서는 다신교도[94]를 용서하지 않으시니라. 그러나 누군가 원한다면(회개하고 잘못을 뉘우친다면) 그분께서는 다신행위를 제외한 어떤 것도 다 용서하시느니라. 누군가 하나님과 대등

---

93) **연좌제**(連坐制)는 죄인의 죄를 가족·친지들에게도 함께 묻는 제도를 말한다. 이 법은 전근대 사회의 왕조국가에서 주로 사용되었는데 대역 죄인이나 반국가 행위를 한 자들의 죄를 물어 본인의 부모 형제는 물론 가까운 근친까지 적용하여 처벌하였던 제도이다. 우리나라에서 연좌제는 1894년 대한제국시대의 갑오개혁 때 폐지되었으나 공식·비공식으로 통용되어 오다가 1980년 8월1일 공식 폐지되었다.

94) 다신교도(Mushrik): 믿음에 있어서 하나님과 대등한 어떤 것을 두고 함께 경배하는 자를 말한다.

한 것을 두고 함께 믿는 것은 실로 엄청난 잘못을 저지르는 것이
니라.(4:48)

이와 같이 이슬람적 논리에서 볼 때 예수에게 신성을 부여하는 기
독교의 삼위일체 신관은 하나님의 신성을 다원화하는 행위이며 이는
절대 받아들일 수 없는 다신행위로 이해될 수 있다. 그래서 『꾸란』에
는 예수의 신성을 주장하는 기독교 교리와 다르게 다양한 형태로 예
수의 신성을 부정하고 그는 하나님의 사도로서 사탄의 유혹에 빠져
방황하는 인간들을 바른길로 인도하기 위하여 보내진 많은 예언자
들 중에 한 사람이었음을 강조한다.

> 불신자들은 "실로 하나님, 그분은 마리아의 아들 예수(al-Masīh)이
> 니라"라고 말하니, 이에 예수가 말하길 "오! 이스라엘의 자손들이
> 여, 나의 주님이시고 너희들의 주님이신 하나님 한 분만을 경배하
> 라. 실로 그분께서는 다신행위자에게 천국을 금하시고 불지옥에 머
> 물도록 하셨노라. 실로 다신행위자들에게 도움을 주는 어떤 것도
> 없을 것이니라."(5:72)[95]
> 마리아의 아들 예수는 사도 이외의 어떤 존재도 아니니라, 그 이전
> 에 수많은 사도들이 있었던 것처럼. 그의 어머니는 진실한 여성이
> 었으며 그 둘(예수와 마리아)은 (다른 사람들이 그랬던 것처럼) 음
> 식을 먹었느니라(과연 하나님께서도 음식을 드셨는가?). 보라! 우리
> (하나님)가 어떻게 그들에게 그 증거를 보였는가? 보라! 그럼에도
> 그들은 진실을 왜곡하고 있지 않는가?(5:75)
> 그(예수)가 말하니, 실로 나는 하나님의 종으로 그분께서 내게 성

---

95) 사탄의 유혹에 빠져 다신행위를 일삼는 불신자들을 경고한 메시지로 예수는 자신은 하
나님의 사도이며 창조주 하나님을 경배하는 한 사람에 불과함을 강조하고 있음을 알 수
있다. 그분을 경배함에 있어서 어떤 것을 동반하거나 대등한 무엇을 두고 함께 믿은 것
은 다신행위에 해당되며 모든 사도나 예언자들은 이러한 잘못된 믿음의 행태를 바로 잡
기 위하여 보내졌던 것이다.

서를 주시고 나를 예언자로 택하셨노라.(19:30)

오! 성서의 백성들(기독교인들)이여, 너희들의 믿음(종교)에 한계를 넘지 말라. 또한 하나님에 관하여 진실 외에는 말하지 말라. 진실로 마리아의 아들 예수(al-Masih)는 하나님의 사도이며 그분께서 마리아에게 말씀[96]으로 그리고 영혼을 있게 하였느니라. 그러니 하나님을 믿고 그분의 사도들을 믿어라 그리고 삼위일체에 대하여 말하지 말라. 그만두라, 그러는 것이 너희들에게 더욱더 좋을 것이니라......(4:177)

4) 예수의 십자가 처형

또 다른 논쟁의 핵심은 예수가 십자가에 못 박혀 처형되었다는 것이다. 정통 기독교 교회는 십자가에 의해 처형된 예수의 최후를 교리의 근본으로 삼고, 대속의 근거로 삼았으며 여기에 더해서 그의 부활을 통하여 구원을 이룰 수 있다고 믿고 있다. 그러나 초기 기독교 일부 교파에서는 예수의 십자가 처형을 부정하기도 했는데 그들은 예수를 대신하여 다른 사람이 처형되었다고 하기도 하며 그의 십자가 처형은 단지 그렇게 보였을 뿐이지 사실이 아니었다는 주장을 하기도 했다. 그러나 이에 관하여 『꾸란』이 계시되어 예수의 십자가 처형을 부정하고 새로운 방향을 제시하여 예수의 지위를 확보함으로써 이슬람적 견해를 확실히 할 수 있었다.

그들(유대인들)은 '진실로 하나님의 사도, 마리아의 아들 예수를 우리가 죽였노라'라고 주장하지만 그들은 그를 죽이지도 않았고 십자가에 못 박아 매달지도 않았느니라. 단지 그들에게 그와 유사하게

---

96) 그분(하나님)께서 '있어라'라고 하시니 그가 그곳에 있었느니라. 즉 하나님의 말씀으로 예수가 창조된 것을 말한다.

했을97) 뿐이니라. 실로 그들은 이에 관하여 서로 (견해가) 달랐으며 그것에 관하여 의심하였느니라. 그것은 진실을 알지 못하는 그들의 단순한 추측에 불과할 뿐이니 확실한 것은 그들은 그를 죽이지 않았느니라. 그러나 하나님께서 그를 그분에게(하늘)로 오르게 하셨으니 실로 하나님은 전능하시고 지혜로우신 분이시니라. (4:157~158)98)

이와 같이 유대인들은 예수를 십자가에 못 박아 처형했다고 믿고 있으나 하나님의 권능과 지혜로우심은 그를 십자가에 처형되도록 내버려두지 않았으며 그들의 눈을 현혹시켜 그와 유사한 다른 사람이 그를 대신하여 십자가에 처형되도록 했다는 것이다.

이러한 일련의 사건들을 통해서 이슬람은 인류에게 보내진 예수의 사명과 본분에 대하여 그가 십자가에 못 박혀 죽음으로써 인류의 죄를 대속하여 구원에 이르도록 하는 것이 아니라 신의 사도이자 예언자로서 그분의 가르침에 따라 복음을 인류에게 전달하고 올바른 구원의 길을 제시해 주는 것이 그의 사명이었음을 다시 한 번 확인시켜 준다.

오! 우리의 주님이시여, 우리는 당신께서 계시한 것을 믿으며 당신의 사도(예수)를 따릅니다. 그러니 저희들을 (이를) 증언한 자들과 함께 기록하여 주소서.(3:53)
우리(하나님)가 (예수의) 제자들에게 '너희는 나와 나의 사도(예수)를 믿어라'라고 말하니 그들은 '저희는 믿습니다, 그리고 실로 우리는 무슬림(하나님께 복종하는 자)임을 증언합니다.'라고 말하였노라.(5:111)

___

97) 초기 기독교의 일부 학파에서 주장하던 것처럼 이슬람은 예수의 십자가 처형에 대하여 인정하지 않았다. 단지 그 당시에 예수를 대신하여 그와 유사하게 생긴 다른 사람이 십자가에 처형되었다고 믿고 있다.

98) 『꾸란』에는 예수가 하늘로 올려진 것에 대하여 하나님의 권능과 지혜로 표현하고 있는데 하나님께서는 예수의 육신과 영혼을 산 채로, 그대로 그분에게로 오르게 하여 불신자들로부터 벗어나도록 하였다고 전한다. (al-Tafsīr al-Muyassar, p. 103)

03 『꾸란』에서 말하는 인간의 권리

창조주 앞에서 인간은 피부색, 인종, 민족이나 남녀노소, 빈부귀천을 떠나 누구나 평등하며 하나님을 경배하는 것으로 그 가치를 평가받을 수 있다. 예언자 무함마드가 고별순례를 거행하면서 아라파트 대평원에서의 행한 마지막 연설은 인류 최초의 인권선언으로 이해될 수 있다. 인간의 존엄성은 절대자 앞에서 누구를 막론하고 평등할 수밖에 없다는 그의 연설은 오늘날에도 그 의미의 깊이를 더해 주고 있다.

> "오! 사람들이여, 인류는 모두가 아담과 이브의 자손으로 한 핏줄을 이어 받은 형제입니다. 아랍인이 비아랍인보다 우월하지 않으며, 또한 비아랍인이 아랍인보다 우월하지 않습니다. 백인이 흑인보다 우월하지 않으며 흑인 또한 백인보다 우월하지 않습니다. 우열은 오직 하나님을 믿는 경외심(al-Taqwah)에 있습니다. 또한 모든 무슬림은 서로가 서로에게 형제이며 무슬림들은 모두가 하나의 움마(공동체)로 이루어져야 한다는 사실을 깨달아야 합니다."[99]

예언자 무함마드의 이러한 시대를 초월한 평등사상은 이슬람 신앙의 근본인 『꾸란』의 계시를 통하여 만들어진 결과물로 볼 수 있다. 『꾸란』의 계시는 인류창조의 목적과 의미를 다시 한 번 상기시켜 주며 창조주와 피조물 간의 관계를 규정하고 인간사회의 질서를 유지할 수 있도록 한 것이다.

> 오! 사람들이여, 하나의 영혼으로부터 너희들을 창조하신 주님을 공경하라. 그리고 그분께서 그것으로부터 그의 아내(하와)를 창조

---

[99] 무함마드가 순례 중에 아라파트 평원에서 행한 이 연설은 최초의 인권선언으로 간주된다. 오늘날에도 무슬림들은 그의 가르침을 삶의 지표로 삼고 이를 지키고자 노력한다.

하시고 그 둘로부터 남성과 여성을 번성케 하였노라.......(4:1)
오! 사람들이여, 진실로 우리(하나님)는 남성과 여성으로부터 너희
들을 창조하였으며 민족과 부족을 두어 서로가 서로를 알도록 하
였으니 너희들에게 가장 고귀한 것은 그분(하나님)을 두려워하고
공경하는 것이니라. 실로 하나님께서는 모든 것을 알고 모든 것을
보시는 분이시니라.(49:13)

위 『꾸란』 구절들이 보여주는 가장 중요한 특징은 "오! 믿는 자들
이여" 또는 "오! 무슬림들이여"라고 무슬림들에게만 국한해서 그 의
미를 축소해 계시하지 않았다는 것이다. **"오! 사람들이여"**라고 계시
함으로써 어떤 특정 민족이나 종교 그리고 인종을 떠나 인류전체를
대상으로 서로가 서로를 이해하고 포용하여 공존할 수 있는 길을 제
시해 주었던 것이다.

인종과 민족, 그리고 빈부와 성(性)에 관계없이 인류의 평등과 평
화가 이루어지기 위해서는 오직 상대방을 이해하고 포용하여 이 사
회에 우리가 아닌 다른 사람들도 함께할 수 있다는 공생과 공영의
길을 제시해 준 것은 이슬람이 가지고 있는 큰 장점으로 보여 진다.

이슬람에서 여성의 지위

인류의 발전과 더불어 여성의 지위는 문화와 관습 그리고 환경에
따라 다양한 모습으로 발전되어 왔다. 이슬람 이전 아랍과 주변국들
의 사회상을 통해서 알 수 있는 여성의 지위는 남성과 동등한 인격
체를 가진 삶의 동반자이기보다는 남성들이 소유할 수 있는 물질적
이고 쾌락적인 가치로서의 의미가 더 컸던 것으로 이해된다. 그러나
『꾸란』이 계시되면서 여성의 지위는 단계적으로 향상되어졌음을 알

수 있는데, 특히 계시를 통해서 인류 최초로 여성들에게 유산상속법이 지정되고 이로 말미암아 남성들의 전유물이었던 사유재산이 여성들에게도 인정되면서 여성의 지위는 남성들과 대등한 입장에서 사회 구성원으로 역할을 할 수 있게 되었던 것이다.

> 부모와 친척들이 남긴 것(재산)에는 남성들에게 주어진 합당한 몫이 있는 것과 같이 여성들에게도 주어진 합당한 몫이 있느니라. 그들에게 남겨진 그것이 적든 혹은 많든 정당한 몫이 있느니라.(4:7)[100]

이슬람은 여성을 남성과 차별하진 않지만 남성과 같을 수 없는 특수성을 고려하여 구별함을 알 수 있다. 『꾸란』에서 의미하는 남성과 여성은 창조 목적에서부터 서로의 역할과 본분이 다르기 때문에 서로가 가지고 있는 본성에 따라 최선을 다하도록 가르친다.

> 남성들은 여성들을 보호하고 부양해야 하느니라. 왜냐하면 하나님께서 그들에게 여성들보다 더 강한 힘을 주셨기 때문이니라. 그리고 그들은 그들이 가진 재산으로 여성들을 부양해야 하느니라. 이에 훌륭한 여성은 헌신적으로 남편을 따르며 남편이 부재 시 그의 명예와 자신의 순결을 지키느니라.(4:34)

이 『꾸란』 구절이 의미하는 것은 남성에게 가정을 이끌기 위하여 최선을 다하는 가장으로서의 역할이 주어진 것과 같이 여성에게는 가정에서 아이를 출산하고 양육하면서 가사 일을 돌보며 남편이 바깥에서 충실히 일할 수 있도록 내조에 최선을 다하도록 가르침을 알

---

100) 이슬람 이전 무지의 시대('Ahd al-Jāhiliyah)에는 여성과 어린이에게는 유산을 물려주지 않았다. 그러나 이 『꾸란』 구절이 계시된 후부터 여성들과 어린이들에게도 남성들과 동등한 입장에서 정당하게 자신에게 주어진 권리에 따라 유산을 상속받을 수 있게 되었다.

수 있다. 이슬람은 가정을 지키는 여성의 가치를 부각시켜 아내로서 그리고 어머니로서의 위치와 그에 적합한 대우를 강조하여 남편과 자식들에게 아내와 어머니에게 어떻게 해야 하는지에 대하여 다음과 같이 예언자 무함마드의 언행록을 통해서 가르치고 있다. 아부 후라이라가 전하는 하디스는 아내에게 어떻게 대해야 하는지에 대하여 자세히 알 수 있는 좋은 계기가 된다.

'오, 믿는 자들이여, 내가 여러분들에게 충고하니 여러분의 아내들에게 친절 하라는 것입니다. 왜냐하면 여자들은 하나의 구부러진 갈비뼈에서 창조되었기 때문입니다. 여러분이 만일 그것을 똑바로 펴고자 한다면 그것은 부러지고 말 것입니다. 그러나 그것을 구부러진 채로 그냥 둔다면 그것은 그대로 있을 것이기 때문입니다. 그러니 여러분의 아내들에게 친절하게 대해야 한다는 것입니다.'

또한 이슬람은 어머니의 존재를 매우 영광스럽게 여긴다. 그래서 어머니에게 최선을 다해 예우하고 부양해야 한다고 가르친다. 부카리 하디스에는 어머니의 존재에 대하여 다음과 같이 전한다. 한 남자가 무함마드에게 와서 다음과 같이 질문했다. "오! 하나님의 예언자시여, 저는 사람들 중에 누구를 가장 공경해야 합니까?" 그러자 무함마드는 그 사람에게 **"너의 어머니이니라."**라고 답했다. 그러자 그 남자는 "그 다음은 누구입니까?"라고 또 물었다. 이에 무함마드는 **"그 다음도 너의 어머니이니라."**라고 답했다. 이어서 그 남자는 그 다음은 누구입니까? 라고 묻자 무함마드는 **"그 다음도 너의 어머니이니라."**라고 말했다. 이어서 그 남자가 그 다음에는 누구를 공경해야 할지 다시 한 번 더 묻자 이에 무함마드는 **"그 다음은 너의 아버지이니라."**라고 답했다고 전한다.[101]

너의 주님께서 명하시니, 그분(창조주 하나님) 이외에는 어떤 것도
경배하지 말라, 그리고 너희 부모에게 효도하라. 그들 중 한 사람
또는 두 사람 모두가 나이 들어 연로해졌을 때 그들에게 저항하거
나 멸시하지 말고 그들에게 부드럽고 공손하게 대해야 하느니라.
그리고 너희 부모에게 날개를 낮추고 사랑으로 공손하게 대하라,
그리고 오! 주님이시여, 그들이 내가 어렸을 때 나를 양육하기 위
하여 베풀었던 사랑처럼 두 분에게도 자비를 베푸소서라고 기도하
라.(17:23~24)

이와 같이 이슬람 여성은 그 사회를 이루는 구성원으로서 그 여성
이 미혼자이든 또는 기혼자이든 자신의 위치에서 자신이 가질 수 있
는 권리가 있음을 알 수 있다. 또한 그 권리는 남성과 결코 다르지
않으며 '평등'이라는 교리적 뒷받침하에 남성과 대등한 입장에서 그
역할을 하는 것이다.

'히잡(Hijāb)', 여성을 위한 보호인가, 속박인가

이슬람은 남녀 무슬림 모두에게 불필요하게 과다한 노출을 금하고
있다. 그래서 아우라('Aurah)[102]라고 해서 여성에게는 물론 남성에게도
외부인 앞에서 노출할 수 있는 허용 범위를 교리적으로 정하고 필요
이상의 과다한 노출을 금한다. 이슬람에서 남녀 모두에게 노출의 한
계를 분명히 하는 가장 중요한 이유는 합법적 배우자가 아닌 다른 이

---

101) Hadith Sahih al-Bukhari 5971, Muslim 2548

102) 아우라('Aurah)는 이슬람에서 남성과 여성이 외부인 앞에서 노출할 수 있는 노출의 한
계를 말한다. 그래서 남성은 반드시 배꼽부터 무릎 아래까지 가려야 하고 여성은 얼굴
과 손을 제외한 신체의 모든 부분을 다 가리도록 한다. '외부인'의 한계는 사촌 이내의
촌수(寸數)인 경우 마흐람(Mahram, 보호자)으로 인정하여 여성의 보호자 역할을 할 수
있지만 친척 관계라고 해도 그 이상의 촌수인 경우에는 외부인(Ajnabiyun)으로 간주하
여 필요 이상의 노출을 금하도록 한 규정을 말한다.

성으로부터 받을 수 있는 불쾌한 성적 유혹을 막고 건전한 관계 속에서 서로를 존중하고 배려하며 과다한 신체노출을 통해서 무시되거나 간과될 수 있는 내적 표현기회를 충분히 보장하는데 그 목적이 있다.

> 오! 예언자(무함마드)여, 그대의 아내들과 딸들과 믿는 여성들에게 베일[103]로 그녀들의 몸을 가리게 하라. 그것이 자신의 신분을 밝히고 불쾌한 일을 당하지 않는 가장 좋은 방법이니라. 실로 하나님은 관용과 자비로 충만한 분이시니라.(33:59)

위 꾸란 구절을 통해서 알 수 있듯이 '히잡'은 정숙함과 고결함을 강요하기 위한 억압과 속박이 아니라 여성들에게 눈으로 비쳐지는 외적인 모습보다 내적가치를 중시하여 정신적, 육체적 자유를 누릴 수 있도록 하는데 있다.

이슬람에서 여성은 종종 보석으로 비유된다. 아무리 아름답고 값진 보석도 길거리에서 쉽게 발에 차일 수 있는 수많은 돌들과 함께 섞여 굴러다닌다면 그 가치를 인정받을 수 없을 것이다. 그러나 잘 다듬어져 보존된 보석은 그 가치가 더욱더 빛날 것이다. 만일 나의 아내, 나의 어머니, 나의 누이가 과다한 노출과 치장으로 뭇 남성들에게 눈요기로 비춰진다면 이를 포용하고 기쁜 마음으로 받아들일 수 있을까?

---

103) 『꾸란』에는 잘라비브(Jalābib)로 표기되어 있는데 질바브(Jilbab)의 복수형인 잘라비브는 몸 전체를 가리는 망토와 같은 넓은 옷을 말한다. 이 『꾸란』 구절을 통해서 이슬람 이전 아랍사회의 시대적 배경을 엿볼 수 있다. 당시의 아랍 여성들은 가슴이 드러나는 옷을 입고 외출을 하는가 하면 이로 말미암아 많은 사회적 물의를 일으키곤 한 것이다. 그래서 이 『꾸란』 구절이 계시되어 믿음이 있는 무슬림 여성들이 외출할 때는 반드시 베일로 신체를 가려 불필요한 노출을 금하도록 했으며 그래서 외부로부터 받을 수 있는 수많은 유혹들과 위험으로부터 자신을 보호하고 보다 건전하게 사회 구성원으로서 그 역할을 다하도록 한 것이다.

명예살인, 이슬람 교리에 의한 가르침인가?

오늘날 지구촌의 일부 지역에서 명예살인(Honor killing)이라는 이름으로 자행되고 있는 인권유린 행위는 많은 사람들에게 아픔을 주고 있다. 특히 일부 이슬람 지역에서 가문의 명예나 공동체의 관습을 따른다는 명분하에 자행되는 여성차별적인 관행들이 종교적 가르침이나 관행으로 이해되어 여성들에게 부당한 대우를 받게 하는 것은 큰 잘못이다. 왜냐하면 이러한 여성 차별적인 법률과 관행이 있다면 그것은 이슬람 교리에 근거한 것이 아니라 이슬람 이전부터 전해져 오고 있던 그 사회의 오래된 나쁜 관습에 기인한 것으로 볼 수 있기 때문이다. 이슬람을 비롯하여 지구상에 존재하는 어떤 종교도 상식을 벗어난 비이성적 행위를 용인한다면 그 순간 종교로서 가치를 상실하게 될 것이다. 또한 맹목적이고 비 인륜적인 범죄 행위를 종교적 가르침으로 알고 이를 따르는 사람이라면 진정한 믿음을 가진 신앙인이라고 할 수 없을 것이다. 『꾸란』에는 인간의 존엄성과 생명의 가치에 대하여 다음과 같이 언급하고 있다.

> 만일 누군가 지상에서 어떤 해악도 끼치지 않는 (선량한) 한 사람을 살해하는 것은 모든 사람을 살해한 것과 같은 것이며 만일 어떤 사람이 한 사람을 구한다면 그것은 인류전체를 구하는 것과 같은 것이니라……(5:32)

04 현대 사회와 이슬람

오늘날, 이슬람과 관련한 수많은 국제적 이슈들이 난무하고 있음에도 이슬람은 지속적으로 발전하여 그 인구가 세계 전역에 방대하게 분포되어 증가 추세를 보이고 있다. 특히 유럽에는 '이슬람의 부흥'을 논할 정도로 활발하게 이슬람 선교가 이루어지고 있다. 또한 프랑스에서는 이슬람이 제2의 종교로 발전하여 10%를 웃도는 많은 사람들이 이슬람을 믿고 있으며 현재 1,600여 개의 이슬람 성원이 있다고 한다.

2000년대 초 전 세계를 경악시킨 9.11 테러를 구실로 이슬람을 겨냥한 미국의 '대 테러와의 전쟁'은 급기야 아프가니스탄과 이라크 침공으로 이어졌고 대량 살상무기와 테러를 발본색원하겠다는 미국의 야심찬 의지는 오늘날 어떤 명분도 실리도 챙길 수 없는 국가 부도의 위기 상황을 맞이하게 했다. 과연 그곳에 대량살상무기가 있었나? 미국과 연합군의 무자비하고 야만적인 도발 행위는 그들이 개발한 신무기를 실험하는 좋은 예가 되었지만 재래식 무기로 대항할 수밖에 없었던 수많은 이라크와 아프가니스탄의 무슬림들은 속수무책으로 당할 수밖에 없었다. 이와 같이 미국을 중심으로 한 국제 사회의 대적할 수 없는 엄청난 횡포와 테러 행위에도 불구하고 이라크에 들어간 많은 미군들 중에는 이슬람으로 개종하는 숫자가 하루가 다르게 늘어났으며 급기야 2009년 10월 미국의 퓨포럼(Pew Forum)에서 배포한 종교 및 공공생활에 관한 보고서에는 전 세계 무슬림 인구를 15억 7000만 명으로 총인구 4명 가운데 1명이 이슬람을 믿고 있다고 밝혔다.

이슬람에 대한 수많은 오해와 편견에도 불구하고 무엇이 사람들

로 하여금 이슬람에 대하여 다시 생각하도록 하였을까? 보이지 않는
거대한 자본에 의해 조종되고 있는 국제정세와 여론은 어떻게 이슬
람의 손을 들어줄 수 있을까? 풀리지 않는 수많은 의혹과 질문들을
남겨둔 채 '대 테러와의 전쟁'을 명분으로 정당성을 주장하며 시작
된 전쟁은 더 큰 테러를 양산하였고 한 나라를 침공하는 일은 가능
할지 모르나 그 나라와 문화를 지배하는 것은 불가능함을 다시 한
번 깨우쳐 주었다. 그리고 어떠한 상황에서도 폭력은 반드시 더 큰
폭력을 부른다는 것을 보여 주었다.

> **정당한 이유 없이 하나님께서 금하신 살인을 하지 말라, 누군가 부
> 당하게 살해되었다면 우리(하나님)가 그의 보호자에게 (그의 생명
> 에 대한) 권리를 부여하노라, 그러나 살인 (이에 상응하는 것) 이상
> 의 것을 집행하지 말라, 실로 그(살인자)도 법에 따라 보호받을 권
> 리가 있느니라.(17:33)[104]**

아랍사회와 민주화운동

2010년 12월 튀니지 중부의 소도시에서 부패 경찰의 노점상 단속
으로 생존권을 위협받은 한 청년의 분신자살로 시작된 튀니지의 반
정부 시위는 SNS(Social Network Service)에 힘입어 재스민 혁명[105]이라

---

104) 이슬람은 어떠한 경우에도 정당한 사유 없이 생명을 빼앗는 살인 행위를 엄격히 금하
고 있다. 고의적으로 살인을 했거나 순결한 여성을 강간했을 때와 같이 처벌을 받아야
할 경우 피해자의 보호자는 법의 판결에 따라 이에 합당한 처벌을 할 수 있는 권리를
갖게 된다. 의도적으로 살인을 한 경우에 피해자의 보호자는 판결에 따라 끼싸스
(Qisas, 살인과 동등한 처벌), 또는 디야(Diyah, 보상), 아우프('Auf, 용서) 3가지 중에
한 가지를 선택하여 집행할 수 있는 권한을 갖는 것이다. 그러나 보호자가 원한이나
복수를 결심하고 가해자에게 법에서 판결한 이상의 보상을 요구하거나 해를 입히는 것
은 허용되지 않는다.

105) 재스민 혁명(Jasmine Revelation), '튀니지 혁명'으로 부르기도 하는데 튀니지의 국화인
재스민 이름을 따서 재스민 혁명이라고 부른다. 이 혁명으로 인하여 1987년부터 23년

는 이름으로 순식간에 전국적으로 확산되었다. 튀니지 군부가 중립을 지킴에 따라 23년 동안 장기집권한 제인 엘아비딘 알리 대통령의 독재정권이 반정부 시위대에 의해 붕괴되었다. 아랍의 민주화라는 명분으로 이어진 대규모 군중 시위는 곧바로 이집트로 건너가 후스니 무바라크의 부패정권을 심판대 위에 올려놓았고 그 여파는 리비아에서 시민혁명으로 불붙어 42년 동안 지켜온 무암마르 카다피의 철통정권을 허무는 계기가 되었다. 이러한 민중들의 움직임은 여기서 끝나지 않고 아랍사회 전역으로 퍼져 갔으며 예멘과 시리아 그리고 걸프 만 연안의 세습왕정 국가들에게까지 크게 위협하는 사상 초유의 사태를 맞이하게 되었다. 이러한 전대미문의 사태가 발생하게 된 가장 중요한 이유는 장기집권을 통한 통치자들의 부정과 부패, 그리고 일부 특권계층에 한정된 부의 편중, 세습정권에 의한 전근대적인 통치방식 등, 불평등하고 불공정한 국가운영에 대한 민중의 불만이 대규모 반정부 시위로 이어진 것이다. 그러나 이러한 사태는 비록 아랍지역에서 시작되긴 했지만 지구촌 어디서든 독재정권에 의한 장기집권과 그들의 부정과 부패 그리고 인권유린이 만연한 사회구조하에서는 피할 수 없는 수순일 것이다.

아랍 이슬람지역에서 발생한 이러한 시민혁명을 두고 많은 사람들은 개혁과 개방 그리고 여성들의 자유와 인권을 운운하면서 아랍

동안 장기 집권한 제인 엘아비딘 알리 대통령은 권좌에서 물러나 사우디아라비아로 망명하게 된다. 사건의 개요는 2010년 12월 17일 튀니지의 26세 청년 무함마드 부 아지지는 튀니지 수도에서 남쪽으로 300km에 위치한 중부 소도시에서 부패한 경찰의 노점상 단속으로 생존권을 위협받자 이에 항거하여 분신자살을 시도하면서부터 시작되었다. 무함마드는 이날 오전 지방청사 앞에서 휘발유를 둘러쓰고 자신의 몸에 불을 붙여 분신자살을 시도하였고 이를 촬영한 휴대폰 영상은 페이스북을 통하여 전 세계로 걷잡을 수 없이 확산되었던 것이다. 이 사건을 계기로 시작된 튀니지 민중들의 봉기는 대규모 반정부 시위로 이어졌으며 독재정권에 항거한 전국적인 소요사태는 마침내 부패정권의 붕괴를 초래하게 한 것이다.

사회에 민주화의 새 바람이 부는 것처럼 말하기도 한다. 그들이 원하는 진정한 민주화는 어떤 것일까? 『꾸란』에는 만일 이슬람국가의 통치자가 이슬람법의 근원인 『꾸란』을 통치의 기초로 삼고 이를 충실히 실천하고 모범적인 삶을 영위한 예언자 무함마드의 관행을 따르는 지도자라면 그를 따르고 그에게 복종하도록 가르친다.

오! 믿는 자들이여, 하나님께 복종하라 그리고 사도(무함마드)에게 복종하고 너희들 중에서 권한이 부여된 사람(통치자)[106]에게 복종하라.......(4:59)

이와 같은 변할 수 없는 신법(神法)의 절대적인 지원에도 불구하고 오늘날 장기집권을 하면서 절대적인 권력을 누리다가 권자에서 물러난 아랍의 지도자들이 국민적 지지를 받지 못하는 중요한 이유는 자신들의 사리사욕에 눈이 멀어 민중의 아픔을 헤아리지 못했기 때문이다. 국민 대부분이 이슬람 신자인 상황에서 그 나라의 지도자가 이슬람에 대한 신념이 없다면 어떻게 민중의 지지를 받을 수 있겠는가? 특히 튀니지를 비롯한 북아프리카 국가들은 이미 프랑스와 같은 강대국의 지배를 받으면서 서구 민주주의의 폐허를 경험한 나라들이다. 그들이 원하는 진정한 개혁과 개방은 이슬람법에 의해 지배되

---

106) 이슬람 공동체에 이견이 있을 때 하나님의 말씀인 『꾸란』을 따르고 이를 충실히 수행한 예언자 무함마드의 하디스를 따르며 이 『꾸란』과 하디스에 근거하여 이슬람법에 따라 통치하는 통치자를 따르는 것을 말한다. 초기 이슬람 공동체는 이슬람 지도자인 이맘(Imam)을 중심으로 이러한 법적인 문제들이 『꾸란』의 가르침에 따라 잘 적용되었으나 이슬람 교리에 입각한 신앙 공동체로서의 목적 수행보다는 자신들의 사리사욕과 정치적 목적을 수행하기 위한 위정자들이 생겨나면서 정교가 분리되는 현상이 생겨나게 된 것이다. 그래서 『꾸란』에는 이를 경고하여 만일 통치자가 『꾸란』과 예언자의 전승에 근거하여 정당하게 통치한다면 이를 추종하여 이슬람 공동체가 분열되지 않도록 했지만 그렇지 않을 경우 이에 저항하여 참된 이슬람 공동체를 유지하도록 한 것이다.

는 이슬람화를 원하는 것이지 서구화를 원하는 것이 아니었던 것이다. 우리는 과거 이슬람 역사를 통해서 이슬람국가에서 이슬람을 무시한 시도들이 어떠한 결과를 낳았으며, 이를 통해 이슬람을 위한 진정한 개혁과 개방이 무엇인지 알 수 있다.

이란 팔레비 왕조(1925~1979)의 몰락은 이러한 상황을 이해할 수 있는 좋은 예가 된다. 그들의 지나치게 서구화된 개혁과 개방정책은 여성들에게 히잡을 벗게 하고 청바지를 입도록 강요하면서 시아파 이슬람전통이 뿌리 깊게 자리 잡은 국민들로부터 지지를 얻을 수 없었던 것이다. 그래서 현대적 개혁을 원했던 왕조의 의지는 결국 친서구적인 것으로 비난받아 1979년 2월 아야톨라 호메니(Ayatollah Khomeini, 1901~1989)를 옹립하는 이슬람 혁명에 의해 무너지게 되었던 것이다.

또한 터키공화국(1923~)의 아버지로 불리며 국민들의 사랑과 존경을 받고 있는 케말 아타튀르크(Mustafa Kemal, 1881~1938)는 그의 재임기간 동안 개혁과 개방이라는 이름으로 술탄제도가 폐지된 터키에 새로운 발전과 도약의 계기가 되었다. 그러나 그의 화려한 이력에 가려진 채 잊혀져간 수많은 이슬람에 대한 박해의 흔적들은 역사 속에서 고스란히 전해져 오고 있다. 그는 군부의 절대적인 지지를 등에 업고 세속주의를 표방하며 국민 대다수가 무슬림인 터키공화국에 이슬람의 영향력을 축소시키고 서구식 법치와 정치제도를 도입하고자 심혈을 기울였던 것이다. 그래서 그는 이에 반대하는 수많은 이슬람학자들을 숙청하였고 이슬람 전통복장을 강제로 폐지시켰으며 교육개혁의 일환으로 남녀공학을 실시했다. 그 결과 여성들은 히잡을 쓰고 집밖으로 나올 수 없었으며 남성들에게는 예언자 무함마드의 관행인 수염을 기르지 못하도록 강제한 것이다.

약 1세기가 지나가고 있는 오늘날 터키는 공화국의 아버지 아타튀르크가 의도한 것처럼 이슬람의 흔적들을 모두 지우고 서구화될 수 있었나?

오늘날 신흥 경제대국으로 급부상하고 있는 터키 공화국에서 세속화와 근대화의 장애물로만 여겨왔던 히잡은 수많은 논쟁을 거듭하면서 군부와 세속주의자들의 강한 반대에도 불구하고 결국 의회에서 이를 허용하는 헌법 개정안이 통과되었으며 일정한 연령이 되기 전까지는 어린이들에게 『꾸란』교육을 금지시켰던 제도도 완화되어 이슬람교육을 받을 수 있는 기관들이 터키 전역에서 하루가 다르게 늘어나고 있는 추세이다.

이와 같이 역사가 진리를 말해 주듯이 종교는 누구에게도 믿음을 강요할 수 없으며 동시에 믿음의 자유를 박탈할 수도 없는 것이다. 이슬람은 현세를 위한 삶과 내세를 위한 삶이 조화롭고 평화롭게 균형을 이루도록 요구한다. 이러한 조화는 중용(中庸, al-Wāsatiyah)의 길을 말하며 통치자를 비롯한 사회 구성원 모두에게 공정하게 적용된다. 그래서 이슬람국가의 지도자는 세속적인 삶과 종교적인 삶을 조화롭게 이끌어 사리사욕을 버리고 대중의 지지를 받을 수 있는 이슬람 지도자로서 책임과 의무를 다해야 하고 이러한 공동체의 구성원인 무슬림 개개인은 『꾸란』의 가르침에 따라 지도자를 신뢰하고 따르는 성숙한 시민으로서의 역할이 필요하다.

맺는 글

이슬람, 통일성과 다양성을 인정하는 종교

  서기 610년 아라비아 반도 메카에서 무함마드를 통해 세상에 전해진 이슬람은 흥망성쇠를 거듭하면서 오늘날에 이르게 되었다. 역사의 흐름 속에서 이슬람은 중세 아바스 왕조(750~1258)에 이어 근대 오스만 터키제국(1299~1922)에 이르기까지 세계문화의 중심에서 황금기를 맞이하여 이슬람은 그 역할을 다하기도 했다. 또한 이슬람은 근대 산업혁명과 공산주의 이념으로 인하여 한동안 모습을 잃어가면서 쇠퇴의 길을 걷기도 하였다. 그러나 이슬람은 산업혁명이 낳은 자본주의와 서구민주주의에 염증을 느낀 현대인들, 그리고 공산주의의 이념적 폐단으로 인하여 붕괴된 국가들에게 그들의 본모습을 찾아가는 중요한 계기가 되고 있다.

  종교가 상업화되고 물질만능으로 치닫는 현대사회에서 이슬람은 개인주의와 물질주의에 젖어있는 인간들의 메마른 정서를 일깨워 주고 신을 통한 참다운 인간성을 회복하는 종교로서 민족과 국경 그리고 인종을 초월하여 현대인들을 이끌고 있다. 그것은 이슬람이 다른 종교와 달리『꾸란』이라는 하나의 통일된 원칙(Uṣūl)을 지키며 개개인의 특성과 문화의 차이를 극복할 수 있는 다양성(Furū')을 인정하고 있기 때문이다. 그래서 이슬람은 지구촌 어디를 막론하고 특유의 유연함으로 그곳의 다양한 문화와 관습을 인정함으로써 서로 융화될 수 있고 통일성에 의해 세계를 하나로 묶을 수 있는 21세기의 새로운 대안으로서 질적으로 그리고 양적으로 확대를 거듭하고 있는 것이다.

오늘날, 이슬람 세계는 테러와의 전쟁으로 인한 상처가 채 아물기도 전에 재스민 혁명으로 불린 튀니지 발 아랍 민주화로 인하여 각국에서 심한 내홍(內訌)을 앓고 있다. 그러나 어떠한 외부적 압력이나 내적 갈등도 결코 이슬람의 성장과 변화를 저지하지는 못할 것이다. 칭기즈칸이 바그다드를 침공하여 이슬람제국의 수도를 초토화 시켰던 그 때도, 그리고 근대 산업혁명으로 유럽과 강대국의 지배를 받던 그 때도 이슬람은 결코 멸하지 않고 발전을 거듭해 왔던 것이다. 이러한 힘의 원천이 바로『꾸란』이며 그들이 진정으로 원하는 것은 서구 민주화가 아닌『꾸란』에 의한 진정한 이슬람화를 원하는 것이기 때문이다.

너희 모두는 하나님의 동아줄(『꾸란』)을 붙잡고 절대 분열하지 말라. 그리고 하나님께서 너희들에게 베푸신 은혜를 기억하라. 만일

너희가 서로 적이었다면 하나님께서 너희들의 마음을 화해시켜 그
분의 은총으로 한 형제가 될 것이니라.(3:103)

노환(老患)으로 예언자의 사망 소식을 전해들은 메디나 사회는 그
의 죽음을 쉽게 받아들이지 못해 추종자들은 심하게 동요하며 오열
을 참지 못했다. 아부 바크르는 동요하는 청중들을 향해 큰 소리로
외쳤다.

'만일 여러분들이 무함마드를 숭배했다면 무함마드는 이제 죽고
없습니다.
그러나 여러분이 하나님을 믿고 숭배했다면 그분은 죽지 않으시며
영원히 우리와 함께하실 것입니다.'

부록 1_ 더 읽어보기

1. 이슬람법(Sharīa' Islāmiyah)

일반적으로 이슬람법 이론을 피끄흐(Fiqh), 그리고 법체계를 샤리아 (Sharia')라고 하는데 이 두 가지를 함께 사용하기도 한다. 이슬람법은 네 가지 단계를 거쳐서 해석되며 그 첫 단계가 이슬람 경전인 **『꾸란 (Quran)』이**다. 그리고 『꾸란』에서 정확한 근거를 찾지 못했을 때는 예언 자 무함마드의 언행인 **하디스**(Hadith)에서 법적 근거를 찾아 적용한다. 하디스에서도 명확한 근거를 제시해 주지 못했을 때는 당대의 이슬람 법학자들이 모여 『꾸란』과 하디스에 위배되지 않는 한계 내에서 **이즈마 아**(Ijmāa', 합의)가 이뤄질 경우 이를 기본법으로 삼을 수 있다. 만일 합의 가 이뤄지지 못했을 경우에는 이슬람 법학자 개개인이 『꾸란』과 하디스 그리고 합의에 근거하여 **끼야스**(Qiyās, 유추) 해석을 하도록 하였다. 이와 같은 네 가지 단계에 의해 모든 이슬람법은 해석되어 적용되며 시대와 민족을 초월하여 적합한 법을 적용할 수 있다. 그래서 혹자는 '이슬람법 샤리아는 영원하다'라고도 한다.

- 『꾸란』에 의한 법적용 사례
『꾸란』에서 어떤 명제에 대하여 명확하게 정의된 경우에는 그대로 법적 효력이 있다. 이 경우 하위법인 하디스나 이즈마아, 끼야스가 필요 없다. 예)『꾸란』에 명시된 금기사항들, 음주, 도박, 간음, 살인, 돼지고 기 등

- 하디스에 의한 법적용 사례

『꾸란』에 명시되어 있진 않으나 예언자 무함마드의 삶을 통해서 규정된 사항들로 법적 근거를 삼을 수 있다. 예) 오른손으로 음식을 먹는 행위, 무슬림 남성들이 수염을 기르는 행위 등

- 이즈마아(합의)에 의한 법적용 사례

『꾸란』과 하디스에는 언급되어 있지는 않지만 이슬람에 반하지 않는 것으로 당대의 법학자들이 모여서 합의한 사항들을 말한다. 그러나 오늘날처럼 광범위하고 다양한 형태로 이슬람이 분포되어 있는 상황에서는 이즈마아가 이루어질 수 없다고도 한다. 예) 라마단 특별예배(Salāt at-Tarāwīh), 예언자 시절에는 이맘 인도하에 함께 근행한 예배가 아니었지만 이후 칼리파 우마르가 함께 예배를 근행하는 것이 신앙증진에 더 큰 도움이 된다고 합의하여 그때부터 라마단 특별예배를 함께 근행하게 되었다.

- 끼야스(유추)에 의한 법 적용 사례

『꾸란』과 하디스에 근거를 찾지 못하고 학자들 간에 의견일치도 이루지 못한 경우에는 이슬람 법학자 개개인이『꾸란』과 하디스에 위배되지 않는 범위에서 새로운 법을 유추하여 해석할 수 있는 것을 말한다. 오늘날과 같이 복잡하고 다양화된 사회에 이슬람적인 것과 비이슬람 적인 것이 구분될 수 있는 것은 이렇게 유추할 수 있는 기회가 주어져 있기 때문에 이슬람적인 법해석이 가능하다. 예) 자동차나 컴퓨터를 사용하는 것 등 새로운 문물을 도입하여 이슬람 발전에 기여할 수 있는 모든 것이 여기에 해당된다고 볼 수 있다.

2. 이슬람법 용어

이슬람법을 이해하기 위한 기본적인 다섯 가지 용어를 말한다. 정교가 분리될 수 없는 이슬람 적 삶은 모든 것에서 하나님의 가르침을 따르고 실천하는 것으로 현세와 내세에서 축복을 받을 수 있고 또한 이를 어기면 처벌을 면할 수 없는 것임을 알 수 있다.

- **하람**(Harām): 금기사항으로 이를 행할 경우 죄를 짓게 되고 멀리하면 축복을 받을 수 있다.
  예) 음주, 도박, 간음, 도둑질, 살인 행위 그리고 예배, 단식과 같은 의무규정들을 실천하지 않는 것 등이 여기에 해당된다.
- **만둡**(Mandūb): 권장 사항을 말한다. 예언자 무함마드는 『꾸란』을 근거로 가장 모범적인 삶을 실천한 사람이다. 그래서 그의 언행을 추종하는 사람은 더 많은 축복을 받을 수 있다. 이 법은 실천하면 축복을 받지만 부득이 실천하지 못했다고 해도 처벌받지는 않는다.
  예) 매주 월요일과 목요일 단식을 하는 것, 선물을 주고받는 행위, 손님을 환대하는 행위 등
- **마크루후**(Makrūhu): 예언자 무함마드가 금하지는 않았지만 멀리하던 행위들로, 가능하면 기피해야 하지만 부득이 행해도 죄가 되진 않는다. 그러나 멀리하면 복을 받는 행위를 말한다.
  예) 흡연, 만둡(권장사항)을 지키지 않는 것,
- **무바하**(Mubāha): 일반적으로 행해도 되고 행하지 않아도 문제가 생기지 않는 것을 말한다.
  예) 물을 마시는 것, 밥을 먹는 것, 숨을 쉬는 것 등이 여기에 해당된다. 그러나 자해의도에 의한 과도한 행동은 허용되지 않는다.

- **할랄**(Halāl)**:** 허용된 것을 말하며 행하면 축복을 받고 행하지 않으면 벌을 받는 것을 말한다. 의식주 전반에 걸쳐 무슬림들의 모든 행위가 다 적용된다.

예) 이슬람식으로 도살된 육류를 섭취하는 것, 부인을 가까이 하는 것 등

3. 허용과 금기(Halāl & Harām)

무슬림들의 삶은 의식주 전반에 걸쳐서 허용과 금기 즉 할랄(Halāl)과 하람(Harām)으로 규정된 계율을 지키는 것이 의무이다. 그래서 허용과 금기는 신앙생활과 사회생활 전반에 두루 적용되며 무슬림들은 허용된 범위 내에서 그들의 삶을 계획하고 신앙생활을 실천한다. 『꾸란』에는 무슬림들에게 하나님께서 창조하신 것들 중에서 허용된 깨끗하고 좋은 것들만 먹으라고 가르친다.

> **오! 사람들이여, 땅 위에 있는 것 중에서 허용된 좋은 것만 먹도록 하라. 그리고 사탄의 발자국을 따르지 말라, 실로 사탄은 너희들의 분명한 적이니라.(2:168)**

이슬람문화에서 볼 수 있는 중요한 특징 중의 하나는 다양한 종류의 음식들이 이슬람의 발전과 함께 독특한 맛과 향을 바탕으로 이슬람에서만 찾아볼 수 있는 나름대로의 통일된 음식문화를 형성하여 오늘날까지 이어지고 있음을 알 수 있다. 이슬람은 채식에 관한 한, 술로 발효(변형)되지 않은 것이라면, 포도로 만들었거나 대추, 보리 기타 어떠한 농작물로 제조되었다고 할지라도 이를 금기로 규정하지 않는다. 그러나 이슬람은

식물일지라도 환각상태를 일으키거나 무기력하게 만드는 식품은 무엇이든 금기로 규정한다. 이슬람이 처음 계시되었을 때 유대교인과 기독교인 그리고 계시 이전의 아랍인들 간에 동물성 식품에 관한 많은 논쟁이 있었다. 그래서 『꾸란』은 이러한 논쟁들을 잠재우기 위하여 모든 육류에 대하여 허용되는 것과 허용되지 않는 것을 분명하게 규정하게 된 것이다. 우선 허용되지 않는 육류를 보면 다음과 같다.

> 오 믿는 자들이여, 하나님께서 너희들에게 베푸신 양식 중에서 좋은 것들만 먹어라 그리고 하나님께 감사하고 오직 그분만을 경배하라. 실로 너희들에게 죽은 고기와 피와 돼지고기를 금했느니라. 또한 하나님의 이름으로 도살되지 아니한 고기도 금했느니라. 그러나 고의가 아닌 불가항력에 의한 경우라면 (부득이 먹었다고 해도) 죄가 되지 않느니라. 실로 하나님은 관용과 자비로 충만한 분이시니라.(2:172~173)

또한 『꾸란』의 다른 구절에는 위 구절에서 말하는 하나님의 이름으로 도살되지 않은 죽은 고기가 어떤 것인지 보다 자세하게 설명하고 있다.

> 실로 너희들에게 죽은 고기와 피와 돼지고기와 하나님의 이름으로 도살되지 아니한 고기를 금했느니라. (죽은 고기는) 목을 졸라 죽인 것과 때려서 죽인 것 그리고 (높은 곳에서) 떨어져 죽은 것과 서로 싸우다 죽은 것과 맹수가 일부를 먹어버린 것, 그리고 우상에게 제물로 바쳐진 것과 화살에 점성을 걸고 잡은 것이니라. 실로 이것들은 불결한 것이니라.(5:3)

그러나 어류나 해산물은 죽은 동물과는 다르게 취급하여 먹을 수 있다. 예언자 무함마드는 '바닷물은 청결한 것이며 죽은 어류도 마찬가지이니라.'라고 말했다고 하디스에는 전한다. 또한 이슬람에서는 이러한 육류 외에도 술이나 마약과 같이 정신을 흐리게 하거나 환각 상태가 되게 하는 물질들을 금기사항으로 규정하고 있다.

4. 이슬람식 도축방법

1) 가축을 도살할 때 반드시 **"비쓰밀라히 알라후 아크바르"**라고 말하면서 위대하신 하나님의 이름으로 도살해야 한다.

2) 동물을 도살할 때는 예리한 칼로 목의 정맥을 한 번에 잘라 몸속에 있는 피가 완전히 빠지도록 한다. 그것은 도살되는 동물이 최단 시간에 고통 없이 죽도록 하기 위함이며 또한 도살된 동물의 체내에 있는 피가 완전히 제거됨으로써 보다 담백하고 깨끗한 고기를 얻을 수 있기 때문이다.

5. 이슬람과 조상숭배

이슬람은 하나님을 믿는 종교로 기독교나 유대교와 마찬가지로 유일신 한 분을 절대적으로 신봉하는 종교이다. 유일신 하나님은 어떤 것과도 대등하게 비교될 수 없으며 오직 한 분이신 하나님께만 경배드림을 선언함으로써 무슬림이 될 수 있다. 『꾸란』 112장은 유일신관을 정립하기 위하여 그 중요성을 다음과 같이 강조하고 있다.

> 말하라, 그분은 한 분이신 하나님
> 그분은 영원하시고
> 낳지도 낳아지지도 않으신 분이시니
> 그분과는 어떤 대등한 것도 없느니라.

이슬람은 위에서 언급한 것과 같이 피조물에게 신성을 부여하거나 믿음을 나눈다면 그 순간 다신행위로 간주되기 때문에 오직 한 분이신 창조주 하나님에 대한 신성을 정의하고 확인하는 것으로 신앙이 시작됨을 알 수 있다. 그래서 예언자 무함마드의 언행록에는 **"만일 누군가 하나님 이외에는 어떤 것도 신이 아니라고 확신하여 말한다면 천국에 들어갈 수 있느니라."**라고 전한다. 이러한 근거들로 인하여 이슬람은 다신행위에 해당되는 조상숭배를 원칙적으로 금하며 사망일을 기념하여 제사를 지내거나 하지 않는다. 예언자 무함마드는 교우들에게 자신이 죽으면 자신의 사망일을 기념하거나 특정한 날짜를 정해서 묘지를 방문하지 못하도록 가르쳤다. 왜냐하면 연중 또는 월중 특정한 날짜를 정해서 묘지를 방문하거나 기일을 정해서 기념하게 되면 결국 그 날에 대한 상징성을 갖게 되고 그 순간부터 유일신 하나님을 경배하는 순수성이 희석될 수 있기 때문이다. 그러나 이슬람이 부모와 조상들을 대함에 있어서 소홀히 하도록 가르치는 것은 아니다. 이슬람은 평상시 부모에게 효도해야 함을 하나님께 경배 드리는 것 다음으로 중요하게 가르치고 이를 실천하도록 명한다. 예언자 무함마드의 전승에는 다음과 같이 효(孝)의 중요성에 대하여 가르치고 있다. '한 사람이 예언자 무함마드에게 하나님께서 가장 좋아하시는 것이 무엇인지 묻자 그는 **"하나님께서 가장 좋아하시는 것은 정해진 시간에 예배를 근행하는 것이니라."**라고 말했다. 그리고 또 그 남자가 그 다음으로 하나님께서 좋아하시는 것은 무엇인지에 대하여 묻자 그는 **"부모에게 효도하는 것이니라."**라고 말했다.' 이 말은 하나님을 경배하는 것 다음으로 무슬림들에게 중요한 것은 부모에게 효도하는 것으로 부모에게 성심을 다하여 효도하도록 가르치고 있음을 알 수 있다.

　이슬람은 특정하게 날짜를 정하진 않지만 연중 편안한 시간에 돌아가

신 조상들의 산소를 방문하여 추모하고 그들이 내세에서 천국의 편안한 삶을 누리도록 기도하는 것은 허용된다.

6. 부자, 그들의 재산 중 일부는 사회 구성원들의 몫

이슬람은 부의 분배를 신앙의 한 부분으로 간주하여 자신이 소유한 재산의 일부를 사회에 환원함으로써 그의 종교적 의무를 다하는 것으로 가르친다. 그래서 부자는 재산 분배의 핵심인 자카트(희사)뿐만 아니라 신앙에서 우러난 공동체에 대한 배려의 표현으로서 각종 자선 행위를 주관하고 이에 동참하여 그에게 주어진 능력을 성실히 실천하는 것으로 천국에 임할 수 있다. 그러나 이와 달리 자신의 소유물에 대한 과도한 애착과 인색함으로 자선의 의무를 망각하고 실천하지 않거나 이를 부정하는 것은 이슬람을 거부하는 배교 행위로 간주한다. 특히 자카트의 경우 그 개념은 인정하고 받아들이지만 이를 베풀지 않는 것은 큰 죄를 짓는 것과 같이 취급한다. 『꾸란』은 자신이 소유한 부를 사회에 환원하지 않는 것에 대한 위험성과 재산을 사회에 환원함으로 인하여 얻을 수 있는 이점에 대하여 다음과 같이 언급하고 있다.

> 하나님께서 (관대함으로) 베풀어 주신 재산을 베풂(자카트)에 인색한 것이 그들에게 보다 좋을 것이라고 절대 판단하지 말라. 그 인색함이 그들에게 해가되어 최후의 심판일에 그들의 목을 죄일 것이니라. 하늘과 땅에 있는 모든 것들이 하나님을 위한 것이니 실로 하나님께서는 너희들이 행하는 모든 것을 알고 계시느니라.(3:180)

> 하나님의 길에서 재물을 바치는 사람은 한 알의 밀알과 같으니 이 낟알이 일곱 개의 이삭으로 그리고 매 이삭은 다시 백여 개의 낟알로 (수확되어 그를 보다 풍성하게 하여 주리라). 하나님께서는 그분께서 원

하시는 자들에게 몇 배의 보상을 주시니 실로 그분은 모든 것을 다 알고 계시느니라.(2:261)

또한 예언자 무함마드는 개인이 소유한 재산은 그 재산에 대한 정확한 양의 자카트가 지불되기 전까지는 순수한 것이 아니며 자카트를 지불함으로 비로소 그 재산은 깨끗이 정화되는 것이라고 그 중요성에 대하여 역설하였다. 다시 말해 부자가 소유한 재산의 가치는 그 스스로 자신의 재산을 정화 차원에서 사회에 환원하고 사회 발전을 위하여 기여함으로써 비로소 그 가치가 인정되는 것이다. 그래서 부자는 재산이 자신의 소유물이라는 생각보다는 하나님께서 현세에서 그에게 일시적으로 맡겨둔 것이며 그는 이를 이용하여 사회를 보다 안정되고 평화롭게 이끌어 나갈 수 있도록 그 역할을 위임 받았다고 해야 하는 것이 보다 바람직한 태도이다. 부자가 자신의 재산 중 일부를 사회에 환원하는 것은 하나님을 두려워하고 공경하는 순수한 마음으로 의무감을 가지고 이루어져야 하며 그렇게 했을 때 부자가 소유한 재산의 가치는 보다 값지고 빛나게 될 것이다. 그렇게 함으로써 부자는 그 사회에서 위화감을 조성하는 시기와 질투의 대상이 아니라 사회 구성원들로부터 그가 행한 자선 행위로 인하여 존경과 선망의 대상이 되어야 한다. 같은 무슬림 형제로서 서로가 서로에게 위안을 줄 수 있을 때 진정한 부자가 될 수 있을 것이다.

7. 부자의 고아에 대한 배려와 역할

이슬람은 사회에 쉽게 방치될 수 있는 고아에 대하여 특별한 배려와 관심을 요구한다. 그래서 그들을 돌보고 그들의 재산을 위탁받아 관리해야 할 사람은 공정하고 정당한 방법으로 친자식처럼 사랑으로 고아들을 돌보도록 가르친다.

> 그분(하나님)께서 가난하던 그대를 부유하게 하여 주지 않았는가? 그
> 러니 고아들에게 거칠게 대하지 말고 구걸하는 자들의 요구에 거절하
> 지 말라. 그리고 그들에게 주님의 은혜에 대하여 말하라.(93:8~11)
> 고아들에게 공정하라. 너희가 행하는 어떤 선행도 하나님께서는 그것
> 에 관하여 잘 알고 계시느니라.(4:127)

　또한 이슬람은 사회적으로 취약한 환경에서 소외될 수도 있는 고아들
이 성장하여 사회적 역할을 할 수 있는 성인이 될 때까지 그들을 보호 관
리해 주어야 하며 사회적 약자인 그들이 일반 사람들과 동등한 입장에
서 사회 구성원이 될 수 있도록 지원하고 관리해 주는 것이 기득권자들
과 부자들의 역할이라고 본다. 부자들은 자신이 가진 능력을 이용하여
그들이 성공적으로 사회에 적응할 수 있도록 배려해야 하며 특히 고아
의 재산을 위탁 받은 사람은 만일 그가 충분히 부자라면 당연한 의무감
을 가지고 그들에게 남겨진 재산과 상관없이 그들을 부양하고 관리해야
할 의무가 있다. 더불어 부자들은 고아들에게 남겨진 재산을 잘 유지 관
리하여 그들이 성장해 사회적 역할을 할 수 있을 때 그대로 돌려주어야
하며 만일 고아를 위탁 받은 사람이 자신과 자신의 가족을 부양하는데
어려움이 있는 상황이라면 고아들에게 남겨진 재산의 일부를 사용하여
보호자로서 행한 역할의 대가로 받을 수도 있다. 이처럼 이슬람은 기득
권을 가진 특권층에 의한 사회 운영이 아니라 사회를 이루는 구성원들
모두가 소외계층 없이 누구나 다 종교적 가르침에 기초한 신앙의 실천
으로 하나님을 두려워하고 공경하는 마음으로 사회 공동체를 운영하는
데 주안점을 두고 있다. 『꾸란』에는 고아를 위탁받아 그들을 돌보고 남

겨진 재산을 관리함에 있어서 특별히 공정하고 정확해야 하며 만일 이를 지키지 못하고 부당한 이익을 취했을 경우에 어떠한 징벌이 그들에게 주어지는지에 대하여 강력한 경고의 메시지를 아래와 같이 전한다.

> 고아들에게 그들의 재산을 돌려줄 것이며 좋은 것을 나쁜 것으로 대체하지 말며 그들의 재산을 너희의 재산으로 인정하여 갈취하지 말라. 이것은 큰 죄악이니라.(4:2)
> 고아들의 재산을 부당하게 탐내는 자는 그들의 복부에 불길을 삼키는 것과 같으니 그들은 타오르는 화염 속에 밥이 되리라.(4:10)

8. 채무자에 대한 배려

『꾸란』에는 채무자의 어려움을 들어 주기 위하여 부득이 약속된 날짜에 채무를 갚을 수 없을 경우에는 형편이 좋아 질 때까지 변제일을 연장해주도록 권한다.

> 만일 채무자가 (자신의 채무를 변제할 수 없는) 어려운 처지에 있다면 형편이 좋아질 때까지 상환을 연기하여 주라. 그러나 너희들에게 보다 더 좋은 것은 그들의 부채를 자선(Sadaqah)하여 면제해 주는 것이니라.(2:280)

또한 예언자 무함마드의 하디스에는 위 『꾸란』 구절에 더하여 천국의 구원을 얻는 방법으로 채무자의 형편을 배려할 것을 다음과 같이 전한다.
'최후의 심판일에 비통함과 고통스러움으로부터 구제받고자 한다면 가난한 자의 빚을 더디 재촉해야 하며 빚의 일부분 혹은 전액을 삭감해 주어야 하느니라.'
이슬람은 채무자에 대하여 무척 관대하다. 그러나 무엇보다 중요한 것은 채무를 변제해야 할 의무가 있는 사람은 자기 스스로 이를 변제하기 위하여 최선의 노력을 다해야 한다. 이슬람은 교리적으로 약속을 지키고 이를 따르는 것을 무척 중요하게 생각하기 때문에 약속을 하고 이를 지키지 않았을 때는 이중인격자(Munāfiqun)로 간주하고 그의 신앙에 대하여 의구심을 갖게 된다. 이러한 상황이 되면 인간관계에서 서로 간에 형성되었던 신뢰나 공동체에 대한 연대의식은 깨질 뿐만 아니라 신앙의 실천을 가장 중요한 삶의 방식으로 아는 공동체 사회에서 신뢰를 잃는다는 것은 곧 사회적 고립을 의미하며 이로 인하여 자신을 회복하는데 더 큰 어려움이 있을 수밖에 없을 것이다. 그러므로 무슬림은 자신이 진 빚에 대해서 책임을 져야 하고 성실한 자세로 이를 변제하기 위하여 노력해야 한다. 무슬림은 빚을 청산하기 전에는 천국에 들어가지 못한다고 한다. 이 말은 빚을 갚을 수 있을 만한 재산이 있거나 또는 능력이 있음에도 그 자신이 빚을 갚겠다는 의지가 없거나 이를 무시하는 경우를 말하는데 이는 스스로를 불명예스럽게 하는 것이며 심판의 날 벌 받을 준비를 하는 것으로 볼 수 있다. 그래서 이슬람을 위하여 죽어간 순교자의 모든 과실은 용서될 수 있으나 그가 죽기 전에 갚지 못한 빚이 있다면 이는 결코 용서될 수 없다고 한다. 이와 마찬가지로 돈을 빌려준 채권자의 경우에도 채무자의 상황을 고려하여 그의 거짓 없는 순수한 의도를 받아들여 줄 수 있어야 한다. 그래서 만일 채무자가 그의 채무를 변제하기 위하여 많은 노력을 하고 있지만 이와 상관없이 그의 상황이 더욱더 힘들어져 정해진 약속일에 이를 상환할 수 없는 처지에 있다면 채무자의 현실적인 상황을 충분히 고려하여 유예해 주는 것이 바람직하다. 특히 이자가 허용되지 않는 이슬람법은 이러한 경우 만일 채무자가 빚을 상환할 수 없는 어려운 처지에 놓여 있다면 채권자는 그의 현실적인 여건을 고려하여 채무관계를 면제해 주도록 권고한다. 그 결과 채무자는 빌린 돈에 대한 상환의무로부터 벗어나 자립할 수 있는 계기를 만들고 채권자의 경우에는 그에게 자선을 베풂으로써 자신에게 주어진 능력과 부의 분배 원칙인 자카트를 이행하는 계기가 되기도 한다. 이와 같이 물질적인 여유가 있어서 남에게 자신의 부를 나누어 줄 수 있는 부자의 경우, 사회 구성원 한 사람 한 사람의 현실적인 아픔이나 고통을 이해하고 공유할 수 있는 마음가짐만으로도 신앙의 실천은 시작되는 것이며 나아가 다양한 방법을 통하여 자신의 부를 사회에 환원함으로써 하나님께서 맡기신 물질적 혜택에 대한 의무를 다하는 것이 된다.

9. 고리대금(이자)의 금지

이자를 금지하는 이슬람의 금융 구조는 부자들에 대한 일종의 경고이다. 왜냐하면 이자를 취함으로써 채권자의 부가 불공정하게 증식되며, 채무자는 부채를 상환할 의무와 함께 이자에 대한 중압감으로 더욱더 어려움이 가중될 수밖에 없기 때문이다. 이러한 이유로 이슬람은 이자를 받아 채권자의 부를 증식하는 것을 비도덕적이고 믿음이 없는 불신자들이 하는 행위로 여긴다. 하나님을 믿는 대표적인 종교 중의 하나인 유대교에서는 전통적으로 그들 사이에는 이자가 금지되어 있지만, 이방인들에게 이자를 허용한다. 또한 기독교의 경우에는 이자를 통해 경제적인 이윤을 추구하는 것을 모독하기는 했지만, 특별히 이자 자체를 금하지는 않았다. 그러나 가난한 사람들에게 빌려준 금액의 일부를 탕감해 줄 것을 권고한다.

그러나 이자에 대한 이슬람의 교리적 견해는 단호하다. 이자를 취하는 것은 불로소득에 해당하며, 정당하지 않은 경제행위에 해당하기 때문에 이를 금한다는『꾸란』의 가르침이 있기 때문이다.

> **오, 믿는 자들이여 하나님을 두려워하라, 만일 너희들이 믿는 자들이라면 남겨진 이자를 포기하라.(2:278)**
> **……하나님께서 거래는 허락하셨으나 이자는 금지 하셨느니라. 누가 하나님의 경고에 따라 이자놀이를 그만둔다면 그가 행한 이전의 잘못은 용서될 것이며 그의 선행은 하나님과 함께하리라. 그러나 이자놀이를 다시 행한다면 그들은 불지옥의 주인이 되어 그곳에서 영원히 머물게 되리라. 하나님께서는 이자를 취하는 것을 금하시고 자선을 행하는 것에 축복을 더하시니 실로 그분은 사악한 불신자 모두를 사랑하지 아니하시니라.(2:275~276)**

이슬람은 위『꾸란』구절들이 의미하는 것과 같이 믿음을 가진 사람들은 서로 간에 정당한 거래를 통하여 상행위를 할 수 있도록 허락하였다. 그래서 이자를 받아 부당한 이득을 취하고 사람들의 재산을 부정한 방법으로 갈취하는 것은 하나님에 대한 두려움이 없는 불신자들이나 하는 행동이라고 가르친다. 이에 예언자 무함마드는 믿음을 가진 사람이 자신의 재산을 상대방에게 빌려주는 것을 비유해 빌려준 것의 절반은 자선으로 간주된다고 말했다.

따라서 믿음을 가진 무슬림이 누군가에게 돈을 대출해 준다는 의미는 이미 그 대출 행위 자체를 절반의 자선으로 여기는 것이 이슬람이다. 이것은 돈을 대출해준 채권자는 자신에게 맡겨진 재산을 필요한 사람에게 빌려 줌으로써 자선을 행하는 것이며 채무자는 이를 이용하여 건전한 경제활동을 통해서 재기의 발판으로 삼고 이를 충실히 상환함으로써 그 역할을 다하는 것이다.

부록 2_『꾸란』들여다보기

－종교적 포용

"종교에는 어떤 강요도 없느니라. 반드시 바른길은 그릇된 길로부터 구분되나니, 누군가 따구트(Tāghut)[107]를 불신하고 하나님을 믿는다면 그것은 절대 끊어지지 않는 신뢰할 수 있는 손잡이를 잡은 것이니라. 실로 하나님은 모든 것을 듣고 모든 것을 아시는 분이시니라. 하나님은 믿는 자들의 보호자로 그들을 암흑으로부터 광명으로 인도하시니라. 그러나 이를 불신하는 자들의 보호자 따구트는 그들을 광명으로부터 암흑으로 인도할 것이니 그들은 불지옥의 주인으로 그곳에서 영원히 머물 것이니라."(02:256-257)

－예언자들의 공평성

"하늘과 땅에 있는 모든 것이 하나님께 속한 것이니 너희가 마음속에 있는 것을 밝히거나 또는 숨기더라도 하나님께서는 모든 것을 다 계산하고 계시느니라. 하나님께서는 누군가 진심으로 용서를 원하면 용서해 주시고 벌을 원하면 벌을 주시니 실로 그분께서는 모든 일에 전지전능한 분이시니라.

사도(무함마드)와 (그를 따르는) 믿는 자들은 그의 주 하나님으로부터 계시된 것을 믿느니라. 그들 모두는 하나님을 믿고, 그분의 천사

---

107) 따구트(Tāghut)는 많은 뜻을 포함하고 있다. 하나님을 경배하는 순수한 마음을 흐트러지게 할 수 있는 모든 것을 의미한다. 사탄이나 악마, 우상시 될 수 있는 모든 것들이 다 따구트에 포함되며 성인이나 위인, 묘지, 지도자 등을 숭배하며 추종하는 행위, 그리고 잘못된 판결을 맹신하며 따르는 것도 여기에 포함된다.

들을 믿으며, 그리고 그분의 (계시된 모든) 경전들과 사도들을 믿으며, "우리는 그분의 사도들 중 어떤 누구도 차별하지 않으며 (하나님의 명령에 따라) 듣고 복종하며 우리의 주님이신 당신에게만 용서를 구하고 그리고 당신에게로 돌아가나이다."라고 말하느니라.

하나님께서는 인간이 감당할 수 있는 한계 이상의 짐을 지워주지 않으시니라. 인간은 스스로 행한 것으로 보상받으며 그가 저지른 잘못으로 처벌받게 될 것이니라.

오, 주여! 잊어버리고 미처 행하지 못했을 때나 잘못을 저질렀을 때 저희를 벌하지 마시옵소서. 오, 주여! 선조들에게 무거운 짐을 지웠던 것과 같은 무거운 짐을 저희가 지지 않도록 하여 주시옵소서. 오, 주여! 저희들이 감당할 수 없는 능력 밖의 짐을 지지 않도록 하여 주시옵소서. 그리고 저희들이 저지른 잘못을 당신의 관대함으로 용서해 주시고 저희들의 회개를 받아들여 주시옵소서. 실로 당신만이 저희들의 유일한 보호자이시니 불신자들로부터 승리케 하여 주시옵소서."(02:274-276)

－마리아와 예수

"천사가 마리아에게 말하니, 오, 마리아! 실로 하나님께서 너를 선택하셔서 순결하게 하시고 너를 세상의 여성들과 다르게 하셨느니라. 오, 마리아! 너의 주님께 경건하게 경배 드리고 허리 숙여 예배하는 자들과 함께 예배하라.

이것은 우리(하나님)가 너(무함마드)에게 계시한 보이지 않는 소식들 중의 하나이니 누가 마리아를 보호할 것인가를 정하기 위하여 그들이 펜을 던졌을 때108)나 그것에 관하여 그들이 논쟁을 할 때도 너는 그들과 함께 있지 아니하였느니라.

천사가 마리아에게 말하니, 오, 마리아! 실로 하나님께서 너에게 말씀으로 그에 관한 소식을 주시니 그의 이름은 메시아 예수(al-Massih Isa bn Maryam)이니라. 그는 현세와 내세에서 영광스러운 자로 하나님과 가까이 있는 자들 중에 한 사람이니라.

그는 요람에서 그리고 성장해서 사람들에게 말을 할 것이니 의로운 자들 중에 있게 될 것이니라.

그녀가 말하니 오, 주여! 제가 어떻게 아이를 가질 수 있겠습니까? 어떤 남자도 저를 스치지 아니 하였습니다. 그가 말하길, 그렇게 되리라 그분의 뜻이라면 무엇이든 창조하시니라. 그분께서 무엇을 원하시면 말씀하시니, 있어라! 그러면 있을 것이니라."(03:42-47)

– 이브라힘의 종교 이슬람

"이브라힘은 유대인도 아니었고 기독교인도 아니었으니 실로 그는 순수하게 한 분 하나님을 믿은 사람(무슬림)으로 어떤 우상도 숭배하지 않았느니라. 그러니 이브라힘의 신앙을 따르는 사람들, 예언자(무함마드)와 그를 믿고 따르는 자들이 가장 정당한 믿음을 가진 자들이니라. 실로 하나님께서는 믿는 자들의 보호자이시니라. 성서의 백성들(유대교인과 기독교인) 중 한 부류는 너희들을 방황케 하려고 하지만 결국 그들은 스스로 방황케 되니 그들은 이를 알지 못하느니라."(03:67-69)

---

108) 이므란의 부인과 그녀의 딸 마리아에 관한 이야기, 예언자 무함마드에게 계시된 말씀들 중에서 무함마드가 직접 볼 수 없었던 이전의 예언자들에 관한 이야기들로 어떤 문제를 해결하기 위해서 화살이나 펜을 던져 점을 치거나 결정을 내렸던 이전의 관습을 말한다.

－일부다처

"만일 너희들이 고아들을 공정하게 대할 수 없을 것 같은 두려움이 있다면 둘 또는 셋 또는 네 명의 좋은 여성들과 결혼하라. 그러나 만일 그 여성들에게 동등하게 대할 수 없을 것 같은 두려움이 있다면 한 명의 여성과 결혼하는 것이 가장 좋은 것이니라. 그것이 너희들을 부정한 행위로부터 보호하기 위한 것이니라."(04:03)

－여성들에게 규정된 유산 상속

"하나님께서 유산상속에 대하여 말씀하셨으니 아들에게는 두 명의 딸에 해당하는 몫을 그리고 만일 두 명 이상의 딸만 있을 경우에는 유산의 삼분의 이를 그리고 한 명의 딸만 있을 때는 유산의 반을 상속하게 되느니라. 만일 망자에게 자식이 있을 경우 그의 부모에게는 각각 육분의 일씩이 주어지니라. 그러나 그에게 자녀가 없을 경우에는 그의 부모가 상속자로 그의 어머니에게는 삼분의 일이 주어지고 만일 망자에게 형제가 있다면 부채와 유언한 또 다른 몫을 감한 후 그의 어머니에게는 육분의 일이 상속되느니라."(04:11)

－아내와 남편의 도리와 정당한 권리

"남성은 여성의 보호자이니라, 왜냐하면 하나님께서 남성들을 여성들보다 더 강하게 하셨음이라. 그러니 너희(남성)들은 너희들의 재산으로 (여성들을) 부양하라. 그리고 정숙한 여성은 헌신적이고 순종적이어야 하며 부재중인 남편을 위해서 하나님께서 명하신대로 남편의 명예(재산)와 자신의 순결을 지켜야 하느니라. 만일 여성이 순종적이지 않고 품행이 바르지 못했다면 먼저 그녀에게 충고하라. 그리고 (그래도 고쳐지지 않으면) 잠자리를 함께하지 말라, 그럼에도 개선되지 않는다면 그녀를 벌할 수 있느니라. 그러나 (그녀가 잘못을 뉘우치고) 다시 너희를 믿고 따른다면 그녀들을 힘들게 하는 어떤 것도 요구하지 말라. 실로 하나님께서는 위대하신 분이시니라.

만일 너희들(남편과 아내)이 헤어질 우려가 있다면 양가에 한 사람씩 중재자를 선정하라. 만일 그들이 화해를 원한다면 하나님께서 그들을 하나 되게 하시니 실로 하나님께서는 모든 것을 알고 계시는 분이시니라."(04:34-35)

부록 3_ 이슬람과 종교 근본주의

성『꾸란』의 알 후즈라트 장에는 무슬림들에게 나눔과 포용으로 서로를 이해하며 공존의 틀을 지켜 나가는 것이 신앙의 길이며 삶의 목표임을 가르친다.

> "오 사람들이여! 실로 우리(하나님)가 남성과 여성으로부터 너희들을 창조하고 (서로 다른) 민족과 부족을 둔 것은 너희들 서로가 서로를 알게 하기 위함이라, 실로 너희들 중 하나님께 가장 고귀한 자는 경외심이 충만한 자이니, 하나님께서는 모든 것을 아시며 모든 것을 보시니라."(49:13)

이슬람 근본주의에 대하여 이해를 돕기 위해서 우리는 무엇보다 먼저 이슬람의 가르침이 무엇으로부터 시작되었으며 또한 무엇을 추구하기 위한 것인지 알아봄으로써 이에 보다 쉽게 접근할 수 있다. 성『꾸란』에는 이슬람국가의 통치 이념에 대하여 다음과 같이 정확히 명시하고 있다.

> "오 믿는 자들이여! 하나님의 말씀에 복종하고 선지자 무함마드에게 순종하라, 그리고 너희 중 책임 있는 자에게 순종하라……"
> (04:59)

위『꾸란』구절이 보여준 바와 같이 계시의 종교 이슬람은 원칙적으로 종교와 정치가 분리될 수 없는 신정정치의 원칙에 따라 통치의 근본을 삼고 있음을 알 수 있다. 그래서 이슬람은 선지자 무함마드 이후 통치 이념을 『꾸란』과 그의 관행인 하디스로 삼고 칼리파 시대와 왕조 시대를 거쳐 오면서 세계무대의 중심에서 정치, 경제, 사회, 문화를 이끄는 중세시대의 한 축으로서 큰 역할을 해왔다. 이와 같은 이슬람제국의 통치 이념은 오스만 투르크제국의 붕괴에 이르기까지 그 명분을 유지해 왔다. 그러나 근대 산업혁명 이후 서구 열강의 식민지배로 인하여 이슬람제국은 바둑판처럼 나누어지게 되었고 급기야 『꾸란』과 하디스에 기초를 두고 통치되었던 이슬람국가들은 통치의 명분과 정통성을 잃게 되었던 것이다. 이러한 정치적 배경으로 인하여 반이슬람 정서의 서구적 이념에 저항하는 움직임이 이슬람국가들로부터 일어나기 시작하였으며 이러한 움직임은 순수한 종교개혁 운동으로 폭넓게 확산되었던 것이다. 그 운동은 이슬람 교리를 정치와 사회질서의 근본으로 삼아 이슬람 본연의 모습인 선지자 무함마드 시대로 돌아가 이슬람의 정통성과 명분을 회복하고 본래의 모습을 되찾자는 일련의 신앙회복 운동이었다. 이러한 개혁의 움직임은 이슬람 세계를 하나의 이념으로 재집결하기 위한 충분한 명분과 이유를 가질 수 있었다. 그러나 반이슬람 정서의 서구지배에 대항하여 본래의 이슬람으로 돌아가자는 순수한 개혁 운동에도 불구하고 이러한 움직임은 아랍민족주의 운동으로 발전되어 원래의 취지를 무색하게 하는 계기가 되기도 하였다. 아랍민족주의 운동은 종교적 순수성보다는 정치적, 이념적 성향이 더 컸으며 이러한 성향을 실행으로 옮기는 운동가들은 종교적 배경을 바탕으로 자신들의 정치적, 그리고 국가적 이념을 부각시킴으로써 원래의 순수성을 잃게 되었고 나아가 자신들의 목적 달성을 위하여 이슬람의 이름을 빌려 무력에 호소하는 기회가 되기도 했다.

20세기 이후, 서구 학자들은 이러한 일련의 움직임을 이슬람 원리주의(Islamic Fundamentalism), 또는 이슬람 근본주의로 일컬었지만 원래의 이슬람 정신을 회복하고 이슬람 공동체를 종교적, 도덕적으로 재건하고자 하는 이슬람 운동가들에게는 - 다른 종교에서 이해되고 있는 근본주의적 개념과 목적이 다르기 때문에 - 이슬람 정통주의 또는 이슬람 부흥주의 등으로 불리는 것이 원래의 취지에 더 적합할 것이다.

이슬람은 정치, 종교, 사회적 측면에서 복잡한 문제들이 제기될 때 즉, 이슬람 공동체가 정치적 교리적 이견으로 분열되거나 분쟁이 일어났을 때, 또는 새로운 사상이나 환경에 의해 이슬람 공동체가 공격을 받게 되었을 때, 또는 이슬람 공동체를 지키기 위하여 구체적이고 논리적인 증거를 제시해야 할 경우, 그 근거를 무엇보다 먼저 하나님의 말씀인 『꾸란』에서 찾고 이를 가장 성실하고 모범적으로 실천한 선지자 무함마드의 가르침에서 찾도록 가르쳤다.

"그리고 만일 너희 사이에 분쟁이 일어났다면 그것을(해결 방법을) 하나님과 선지자 무함마드에게서 찾아라, 만일 너희가 하나님을 믿고 내세를 믿는다면 그것이 최선의 방법이라." (04:59)

일찍이 이러한 『꾸란』의 가르침은 이슬람 공동체를 하나의 사상과 이념으로 묶어줄 수 있었고 신앙의 이름으로 정치, 종교적 이견과 분열을 최소화하는 중요한 근거가 될 수 있었다. 그러나 9세기 초 이슬람은 아바스 왕조(AD750~1258)의 수도였던 바그다드를 중심으로 중세문화를 지배하던 황금기를 맞이하면서 명암이 뚜렷이 구분되었다. 그것은 왕조 초기에 맞이한 이슬람의 번성으로 인하여 보다 넓고 방대하게 제국의 지배력을 갖췄다는 것과 이로 인하여 태평성대를 이룬 이슬람제국의 통치자들이 보여준 오만함과 나태함은 정치적 중심을 잃게 되었고 급기야 외세의 침략으로부터 무방비한 상태에 놓이게 되었다는 것이다. 이로 말미암아 이슬람은 방대해진 제국의 문화와 관습, 그리고 이념과 사상을 아우르는데 많은 이견과 논쟁으로 분열을 가져올 수밖에 없었으며 이러한 혼란 속에서 생겨난 새로운 움직임이 바로 『꾸란』과 선지자의 언행을 바르게 이해하고 추종하자는 일련의 정통성 회복 운동이었다. 그러한 정통성을 지키고 유지하기 위해서는 이전에 있었던 훌륭한 위인(Salaf Sālih)들의 발자취를 따르자는 것이었고 그것은 바로 『꾸란』과 선지자의 가르침을 추종하여 정통성을 지키고자 했던 위인들의 모범적인 삶이었던 것이다. 이러한 일련의 정통적이고 보수적인 움직임을 일컬어 쌀라피야(Salafiya) 운동이라 불렀고 그 운동은 18세기 근대 이슬람 부흥운동의 효시로 불리는 와하비즘(Wahabizm)으로까지 이어지게 되었다.

와하비즘은 이슬람제국의 중심축이 오스만 투르크제국(1299~1922)으로 옮겨가면서 이슬람 사회가 성인 숭배사상이나 신인동형적 수피즘에 의해 유일신관에 반하는 행위들이 만연해지자 아라비아 반도의 나지드(Najid)지역에서 무함마드 븐 압둘와합(Muhamad ibn Abdul Wahāb, 1703~1792)에 의해 시작되었다. 그는 당시 이슬람 사회가 낙후된 원인을 무슬림들이 이슬람의 바른 가르침에서 벗어났기 때문으로 보았으며 이를 바로잡기 위해서는 인간과 창조주 사이에 중개자가 있다고 믿는 수피 사상을 강력히 배척하고 『꾸란』을 문자 그대로 해석하여 원칙에 입각한 삶을 영위하도록 가르쳤던 것이다. 와하비즘은 이슬람 복고주의 운동이자 이슬람 부흥운동으로 무슬림들에게 신앙관을 되돌아보게 하고 각성하는 충분한 이유가 되었음에도 불구하고 아라비아 반도를 벗어나 이슬람세계 전체를 아우르는 역할을 하지는 못했다. 오히려 그 사상은 원래의 의도와 다르게 변질되어 지나치게 보수적 성향으로 제한되고 한정된 종교관이나 과격행동주의로 비춰졌으며 심지어 오늘날에 와서는 극단적인 행동으로 변질되어 이슬람국가들의 부패정권 청산과 서방세계를 몰아내는 형태로까지 보이게 되었다.

이와 같이 이슬람의 본모습을 찾고자 하는 순수한 의도의 이슬람 부흥운동은 오늘날 근본주의라는 이름으로 대변되어 특정 집단의 정치적 목적이나 집단적 이익을 추구하는 테러집단으로 알려져 있으며 그럼에도 불구하고 이슬람은 세계 속에서, 특히 유럽국가들을 중심으로 수적 성장을 거듭하고 있음을 확인할 수 있다. 이슬람 근본주의의 이름을 빌려 세계 곳곳에서 테러가 자행되고 있는 이면에, 중동지역은 분쟁의 중심에서 열강들이 자신들의 국익을 위하여 수많은 무슬림들의 희생을 요구하고 있는 실정이다. 성『꾸란』에는 인간의 존엄성과 생명의 중요성에 대하여 다음과 같이 언급하고 있다.

"그리하여 우리(하나님)가 이스라엘의 자손들에게 명하니, 어떤 사람도 해치지 않았고 지상에 어떤 해로움도 끼치지 않은 (선한)한 사람을 살해하는 것은 모든 사람을 다 살해하는 것과 같으며, 또한 (선한)한 사람의 생명을 구하는 것은 모든 사람의 생명을 구하는 것과 같은 것이라." (05:32)

부록 4_ 간추린 이슬람 용어

구슬(Ghusl)

온몸을 씻는 세정 의식을 말하며, 부부관계나 몽정 후 또는 여성들의 경우 생리나 산욕기 오로가 끝났을 때, 그리고 죽은 자를 매장하기 전에 구슬을 해야 한다.

꾸란(Quran)

꾸란은 순수한 하나님의 계시 말씀이 담긴 이슬람 경전으로, 하나님께서 지브리일 천사를 통해 예언자 무함마드에게 계시한 하나님의 마지막 성서이다.

끼블라(Qiblah)

이슬람의 예배 방향을 가리킨다. 모든 무슬림들은 메카에 있는 카으바를 향해 예배를 한다.

끼야스(Qiyās)

꾸란이나 하디스를 근거로 유추해서 이슬람법을 해석하는 것을 말한다.

디크르(Dhikr)

하나님을 찬미하고 기억하기 위하여 반복하여 암송하는 것을 말한다.

이슬람과 꾸란

라마단(Ramadan)

이슬람력으로 9월을 일컫는 말이며, 조건을 갖춘 성인 무슬림들은 라마단 한 달 동안 새벽예배가 시작되는 아잔부터 해가 지는 일몰까지 의무적으로 단식을 해야 한다.

라크아(Rak'a)

일정한 형식에 따른 예배의 횟수를 뜻한다. 각 예배(쌀라)는 둘, 셋, 혹은 네 라크아로 구성된다.

마드라사(Madrasa)

이슬람 학교.

마스지드(Masjid)

이슬람교 성원.

무슬림(Muslim)

이슬람 신자를 뜻하며, 하나님 말씀에 복종하는 사람을 말한다.

무앗진(Muadhin)

아잔을 부르는 사람.

무프티(Mufti)

꾸란과 하디스에 근거하여 이슬람법을 해석(Fatwa)할 수 있는 권위 있는 이슬람 법학자.

무함마드(Muhammad)

하나님께서 인류에게 보내신 마지막 예언자이자 사도이다. 그는 570년에 메카에서 태어나 40세에 지브리일 천사를 통해 하나님의 계시를 받아 이슬람을 전파하였다.

비스밀라(Basmallah)

'자비로우시고 자애로우신 하나님의 이름으로' 라는 뜻을 아랍어로 말하는 것을 의미하며, 아랍어로는 '비스밀라 히르라흐마 니르라힘' 이라고 말한다.

사다까(Sadaqa)

세율에 관계없이 자율적으로 내는 순수 희사.

사움(Saum)

단식을 의미하며, 무슬림들은 1년에 한 번 라마단 달 동안 의무적으로 하는 단식과 임의로 행하는 권장 단식이 있다. 단식은 무슬림들로 하여금 의지력을 키우며, 동정심을 느끼게 하고, 그들의 마음과 몸을 정화시키며, 사회적 관계를 강화시키는 데 도움을 준다.

사후르(Sahūr)

단식을 위하여 새벽예배(Fajr)전에 먹는 아침 식사.

샤리아(Sharī'a)

이슬람법. 이슬람법의 원천으로 꾸란, 하디스, 이즈마아(합의), 끼야스(유추)가 있다.

샤하다(Shahada)

이슬람에 입문하는 첫 번째 과정이자 의무인 신앙고백을 말한다. "앗슈하두 알라 일라하 일랄라 와 앗슈하두 안나 무함마단 라수룰라 (하나님 외에는 어떤 것도 신이 아니고 무함마드는 그분의 사도임을 증언합니다)"라는 의미의 문장을 외워 신앙고백을 한다.

수라(Surah)

꾸란의 장을 뜻하며, 꾸란은 총114장으로 구성되어 있다.

수피(Sufi)

이슬람 신비주의자들에 대한 총칭이다. 율법적 규범보다 명상과 기도를 통해 인간과 신의 합일을 추구한다. 이들의 사상을 수피즘 (Sufism)이라 부른다.

순나(Sunna)

예언자 무함마드의 언행을 말한다. 무슬림들은 예언자 무함마드 의 모범적인 언행을 추종하는 것으로 축복을 받는다고 여긴다. 그래 서 전승 과정이 정확하고 분명한 순나는 꾸란과 함께 이슬람법의 원 천으로 중요한 역할을 한다.

순니(Sunni)

예언자 무함마드의 모범적인 언행을 충실히 따르는 자들을 말한다.

쉬르크(Shirk)

유일신 하나님(알라)과 비교 대상을 두거나 다른 피조물을 숭배하는 다신 행위를 말한다.

쌀라(Salah)

하루에 다섯 번 규칙적으로 행하는 예배를 말하며, 이는 모든 무슬림의 의무로 하나님과 믿는 자를 위한 연결 고리이다.

아잔(Adhan)

이슬람에서 예배를 알리는 소리를 말한다. 오늘날에도 이슬람 성원에는 하루 다섯 번씩 거행되는 매 예배 때마다 육성으로 아잔을 한다.

알라(Allah)

아랍어로 창조주 하나님을 뜻하며, 무슬림들은 오직 한 분이신 유일신 하나님을 믿는다.

'알라'는 아랍권의 기독교인들과 유대인들이 유일신 하나님을 표기할 때 사용하는 것과 같은 말이다.

우두(Udu)

예배하기 전에 손이나 얼굴, 발 등을 씻는 세정 의식.

우무라(Umrah)

정해진 날짜와 시간에 행하는 대순례와 달리 연중 자유롭게 할 수 있는 소순례.

움마(Ummah)

이슬람의 신앙 공동체를 뜻한다. 현대 아랍어에서는 민족, 국가
등으로 이해되기도 한다.

이맘(Imām)

예배인도자를 말하며, 이슬람 공동체의 지도자.

이슬람(Islam)

아랍어로 하나님에 대한 복종과 평화를 뜻하며, 그분의 인도에 헌
신함으로써 자신의 평화와 하나님께서 창조하신 창조물과 평화를
함께함을 뜻한다. '마호메트교'나 '회교'라 불리는 종교명은 그릇된
호칭이다.

이프따르(Iftār)

낮 시간 동안 행한 단식을 깨고 먹는 음식. 무슬림들은 보통 물과
대추야자로 이프따르를 한다.

자카트(Zakāt)

무슬림들이 의무적으로 내야 하는 희사금. 자카트는 다섯 가지 범
주의 재산, 즉 곡물, 과일, 가축(낙타, 소, 양, 염소), 금, 은, 동산(動
産)에 부과되며 소유한지 1년이 경과되면 해마다 수입금 중에서 순
수 저축금의 2.5%, 즉 40분의 1을 자카트로 이슬람 성원이나 자선

단체에 납부해야 한다.

지하드(Jihād)

아랍어로 '노력'과 '분투'의 의미를 가지고 있으며, 무슬림이 자신의 신앙을 지키기 위하여 내외적으로 노력하는 모든 것을 일컬어 지하드라고 한다. 지하드는 정신적 지하드와 육체적 지하드 그리고 자신의 재산을 이용한 물질적 지하드로 나눌 수 있는데, 이중 가장 중요한 지하드는 종교적으로 자신을 지키기 위하여 노력하는 정신적 지하드이다.

카으바(Ka'bah)

메카 하람 성원 내에 있는 카으바는 원래 아담에 의해 건립되었고, 예언자 이브라힘과 이스마일에 의해 재건되었다. 카으바는 경배를 위한 장소일 뿐 그 자체가 경배의 대상은 아니다. 모든 무슬림들은 예배를 드릴 때 카으바를 향한다.

칼리파(Khalifa)

예언자 무함마드의 뒤를 승계한 승계자. 정교일치인 이슬람 사회의 최고 통치자.

타프시르(Tafsir)

아랍어로 '해설'의 의미이며, 이슬람 경전인 꾸란을 해설하는 학문.

파트와(Fatwa)

무프티가 내리는 종교적 유권 해석.

파티하(Fātiha)

꾸란의 첫 장. 모든 예배에는 파티하 장을 암송해야 한다.

피끄흐(Fiqh)

아랍어로 '이해' 라는 뜻으로 이슬람 법학.

하람(Harām)

금지된 것이나 행위.

할랄(Halāl)

허용된 것이나 행위.

핫지(HaJJi)

대순례를 말한다. 이슬람의 5대 의무 실천 사항 중 하나로 무슬림은 일평생에 한번은 반드시 거행해야 한다. 이슬람력으로 12월인 순례 달에 건강이 허락하고 경제적 여건이 되는 무슬림은 반드시 성지 메카를 순례하도록 되어 있다.

히즈라(Hijrah)

아랍어로 '이주'를 의미한다. 서기 622년에 예언자 무함마드와 추종자들이 하나님의 명령에 의해 메카에서 메디나로 출발한 것을 말한다. 이것이 이슬람력의 시작이 되었다.

참고문헌

1. 『꾸란』(아랍어 원전).
2. 최영길, 성『꾸란』의미의 한국어 번역, 1417H, 킹 파하드『꾸란』출판청, 메디나, 사우디아라비아.
3. 손주영, 『꾸란』선(35개 장의 의미번역과 주해), 2009, 한국외국어대학교 출판부.
4. 손주영, 이슬람 교리, 사상, 역사. 2005, 일조각.
5. Muhammad Taqiudin Al-Hilali & Muhammad Muhsin Khan, The Noble Quran(English Translation of the meanings and commentary), 1417H, King FAHD Complex for The Printing of the Holy Quran, Medinah, K.S.A.
6. Safiyu Al-Rahman Al-Mubarakfuri, Tafsir Ibn Kathir, 2003, DARUSSALAM, Riyadh.
7. Imam Abu Ja'afar Muhammad ibn Jarir Al-Tabari, Tafsir Al-Tabari, 1997, Dar Al-Bashir, Jeddah, Kingdom of Saudi Arabia.
8. Al-Sayed Sabiq, Fiq Al-Sunna, 1365H, Sharkat Al-Dar Al-Qiblah, Jeddah.
9. Wahbat Al-Zuhaili, Al-Fiqh Al-Islami wa Adilatuhu, 1989, Dar Al-Fikr.
10. Ibn Hisham, Al-Sirat Al-Nabawiya, 1955, Al-Ulum wa Al-Hikam, Madinah Munawara.
11. Muhammad Ridah, Muhammad Rasulullah, 1988, Dar Al-Kutub Al-Ilmiya, Beirut, Lubnan.
12. Safiyu Al-Rahman Al-Mubarakfuri, Al-Rahiq Al-Makhtum, 2010, maktabat Al-Ubaikan.
13. Imam Ibn Hajar Al-Asqalani, Fathu Al-Bari(Sharh Sahih Al-Bukhari), 2000, Dar Al-Salam, Riyadh.
14. Imam Muhiddin Al-Nawawi, Sahih Muslim, 2009, Dar Al-Ma'rifa, Beirut.
15. Al-Fairu Zabadi, Al-Qamus Al-Muhit, 1978, Muasasat Al-Risalat.
16. 이주화(공저), 종교 부를 허하다, 2011 미래를 소유한 사람들.
17. 이주화, 이븐 타이미야의 유일신관에 관한 연구, 2005.

이주화

사우디아라비아 메디나 국립 이슬람대학교에서 아랍어 및 이슬람 신학을 전공하였
으며 명지대학교 대학원에서 아랍지역학 박사를 수료하였다. 한국 이슬람교 사무총
장을 역임하였고 현재 한국 이슬람교 서울 중앙 성원의 이맘으로 재직 중이다.

이슬람과 꾸란

초판인쇄 2018년 4월 13일
초판발행 2018년 4월 13일

지은이 이주화
펴낸이 채종준
펴낸곳 한국학술정보㈜
주소 경기도 파주시 회동길 230(문발동)
전화 031) 908-3181(대표)
팩스 031) 908-3189
홈페이지 http://ebook.kstudy.com
전자우편 출판사업부 publish@kstudy.com
등록 제일산-115호(2000. 6. 19)

ISBN 978-89-268-8361-7 03280